现代服务领域技能型人才培养模式创新规划教材

# 广告原理与策划

主　编　王玉波　李　琼

副主编　夏　黎　侯晓文

中国水利水电出版社
www.waterpub.com.cn

## 内 容 提 要

本书共 4 个情境。情境一：广告认知；情境二：广告策划；情境三：广告设计；情境四：广告测评与管理，通过 11 个项目展开，包括了解广告学基础知识、知晓广告心理、广告调查、广告预算、广告创意、广告媒体策略、广告策划、广告文案创作、广告设计与制作、广告效果测评、广告管理。每一项目前面用一个情境引入，后面有情境提示。每一项目用相应的情境案例或情境延伸来说明市场营销概念、原理与方法，有较强的针对性。每项目后面都附有知识巩固练习和实训操作。

本书由长期从事广告教学的骨干教师和企业专家合作编写，内容精练，通俗易懂，实用性强。

本书的开发以职业能力培养为核心，以广告应用项目为载体，利用情境引导学生积极思考、乐于实践，从而提高学习效果。本书可作为高职高专院校经济管理类广告课程的教材，也适合广告爱好者自学使用。

本书配有免费电子教案，读者可以从中国水利水电出版社网站以及万水书苑下载，网址为：http://www.waterpub.com.cn/softdown/或 http://www.wsbookshow.com。

## 图书在版编目（CIP）数据

广告原理与策划 / 王玉波，李琼主编. -- 北京：中国水利水电出版社，2011.9
现代服务领域技能型人才培养模式创新规划教材
ISBN 978-7-5084-8802-8

Ⅰ. ①广… Ⅱ. ①王… ②李… Ⅲ. ①广告学—教材 Ⅳ. ①F713.8

中国版本图书馆CIP数据核字(2011)第137610号

策划编辑：杨 谷　　责任编辑：宋俊娥　　加工编辑：刘晶平　　封面设计：李 佳

| 书　　名 | 现代服务领域技能型人才培养模式创新规划教材<br>**广告原理与策划** |
|---|---|
| 作　　者 | 主　编　王玉波　李　琼<br>副主编　夏　黎　侯晓文 |
| 出版发行 | 中国水利水电出版社<br>（北京市海淀区玉渊潭南路1号D座　100038）<br>网址：www.waterpub.com.cn<br>E-mail：mchannel@263.net（万水）<br>　　　　sales@waterpub.com.cn<br>电话：（010）68367658（发行部）、82562819（万水） |
| 经　　售 | 全国各地新华书店和相关出版物销售网点 |
| 排　　版 | 北京万水电子信息有限公司 |
| 印　　刷 | 北京召心印刷有限公司 |
| 规　　格 | 184mm×260mm　16开本　12.5印张　304千字 |
| 版　　次 | 2011年9月第1版　2011年9月第1次印刷 |
| 印　　数 | 0001—4000册 |
| 定　　价 | 24.00元 |

凡购买我社图书，如有缺页、倒页、脱页的，本社发行部负责调换

**版权所有·侵权必究**

# 现代服务业技能人才培养培训模式研究与实践课题组名单

顾　问：王文槿　　李燕泥　　王成荣
　　　　汤鑫华　　周金辉　　许　远
组　长：李维利　　邓恩远
副组长：郑锐洪　　闫　彦　　邓　凯
　　　　李作聚　　王文学　　王淑文
　　　　杜文洁　　陈彦许
秘书长：杨庆川
秘　书：杨　谷　　周益丹　　胡海家
　　　　陈　洁　　张志年

# 课题参与院校

| | |
|---|---|
| 北京财贸职业学院 | 常州纺织服装职业技术学院 |
| 北京城市学院 | 常州广播电视大学 |
| 国家林业局管理干部学院 | 常州机电职业技术学院 |
| 北京农业职业学院 | 常州建东职业技术学院 |
| 北京青年政治学院 | 常州轻工职业技术学院 |
| 北京思德职业技能培训学校 | 常州信息职业技术学院 |
| 北京现代职业技术学院 | 江海职业技术学院 |
| 北京信息职业技术学院 | 金坛广播电视大学 |
| 福建对外经济贸易职业技术学院 | 南京化工职业技术学院 |
| 泉州华光摄影艺术职业学院 | 苏州工业园区职业技术学院 |
| 广东纺织职业技术学院 | 武进广播电视大学 |
| 广东工贸职业技术学院 | 辽宁城市建设职业技术学院 |
| 广州铁路职业技术学院 | 大连职业技术学院 |
| 桂林航天工业高等专科学校 | 大连工业大学职业技术学院 |
| 柳州铁道职业技术学院 | 辽宁农业职业技术学院 |
| 贵州轻工职业技术学院 | 沈阳师范大学工程技术学院 |
| 贵州商业高等专科学校 | 沈阳师范大学职业技术学院 |
| 河北公安警察职业学院 | 沈阳航空航天大学 |
| 河北金融学院 | 营口职业技术学院 |
| 河北软件职业技术学院 | 青岛恒星职业技术学院 |
| 河北政法职业学院 | 青岛职业技术学院 |
| 中国地质大学长城学院 | 潍坊工商职业学院 |
| 河南机电高等专科学校 | 山西省财政税务专科学校 |
| 开封大学 | 陕西财经职业技术学院 |
| 大庆职业学院 | 陕西工业职业技术学院 |
| 黑龙江信息技术职业学院 | 天津滨海职业学院 |
| 伊春职业学院 | 天津城市职业学院 |
| 湖北城市建设职业技术学院 | 天津天狮学院 |
| 武汉电力职业技术学院 | 天津职业大学 |
| 武汉软件工程职业学院 | 浙江机电职业技术学院 |
| 武汉商贸职业学院 | 鲁迅美术学院 |
| 武汉商业服务学院 | 宁波职业技术学院 |
| 武汉铁路职业技术学院 | 浙江水利水电专科学校 |
| 武汉职业技术学院 | 太原大学 |
| 湖北职业技术学院 | 太原城市职业技术学院 |
| 荆州职业技术学院 | 兰州资源环境职业技术学院 |
| 上海建桥学院 | |

# 实践先进课程理念 构建全新教材体系
## ——《现代服务领域技能型人才培养模式创新规划教材》
## 出版说明

"现代服务领域技能型人才培养模式创新规划教材"丛书是由中国高等职业技术教育研究会立项的《现代服务业技能人才培养培训模式研究与实践》课题[①]的研究成果。

进入新世纪以来,我国的职业教育、职业培训与社会经济的发展联系越来越紧密,职业教育与培训课程的改革越来越为广大师生所关注。职业教育与职业培训的课程具有定向性、应用性、实践性、整体性、灵活性的突出特点。任何职业教育培训课程开发实践都不外乎注重调动学生的学习动机,以职业活动为导向、以职业能力为本位。目前,职业教育领域的课程改革领域,呈现出指导思想多元化、课程结构模块化、职业技术前瞻化、国家干预加强化的特点。

现代服务类专业在高等职业院校普遍开设,招生数量和在校生人数占到高职学生总数的40%左右,以现代服务业的技能型人才培养培训模式为题进行研究,对于探索打破学科系统化课程,参照国家职业技能标准的要求,建立职业能力系统化专业课程体系,推进高职院校课程改革、推进双证书制度建设有特殊的现实意义。因此,《现代服务业技能人才培养培训模式研究与实践》课题是一个具有宏观意义、沟通微观课程的中观研究,具有特殊的桥梁作用。该课题与人力资源和社会保障部的《技能人才职业导向式培训模式标准研究》课题[②]的《现代服务业技能人才培训模式研究》子课题并题研究。经过酝酿,于2008年底进行了课题研究队伍和开题准备,2009年正式开题,研究历时16个月,于2010年12月形成了部分成果,具备结题条件。课题组通过高等职业技术教育研究会组织并依托60余所高等职业院校,按照现代服务业类型分组,选取市场营销、工商企业管理、电子商务、物流管理、文秘、艺术设计专业作为案例,进行技能人才培养培训模式研究,开展教学资源开发建设的试点工作。

《现代服务业技能人才培养培训方案及研究论文汇编》(以下简称《方案汇编》)、《现代服务领域技能型人才培养模式创新规划教材》(以下简称《规划教材》)既作为《现代服务业技能人才培养培训模式研究与实践》课题的研究成果和附件,也是人力资源和社会保障部部级课题《技能人才职业导向式培训模式标准研究》的研究成果和附件。

《方案汇编》收录了包括市场营销、工商企业管理、电子商务、物流管理、文秘(商务秘书方向、涉外秘书方向)、艺术设计(平面设计方向、三维动画方向)共6个专业8个方向的人才培养方案。

《规划教材》是依据《方案汇编》中的人才培养方案,紧密结合高等职业教育领域中现代服务业技能人才的现状和课程设置进行编写的,教材突出体现了"就业导向、校企合作、

---

① 课题来源:中国高等职业技术教育研究会,编号:GZYLX2009-201021。
② 课题来源:人力资源和社会保障部职业技能鉴定中心,编号:LA2009-10。

双证衔接、项目驱动"的特点,重视学生核心职业技能的培养,已经经过中国高等职业技术教育研究会有关专家审定,列入人力资源和社会保障部职业技能鉴定中心的《全国职业培训与技能鉴定用书目录》。

  本课题在研究过程中得到了中国水利水电出版社的大力支持。本丛书的编审委员会由从事职业教育教学研究、职业培训研究、职业资格研究、职业教育教材出版等各方面专家和一线教师组成。上述领域的专家、学者均具有较强的理论造诣和实践经验,我们希望通过大家共同的努力来实践先进职教课程理念,构建全新职业教育教材体系,为我国的高等职业教育事业以及高技能人才培养工作尽自己一份力量。

丛书编审委员会

# 现代服务领域技能型人才培养模式创新规划教材
## 市场营销专业编委会

**主　任：** 郑锐洪

**副主任：**（排名不分先后）

| | | | | | |
|---|---|---|---|---|---|
| 平建恒 | 刘金章 | 杨家栋 | 闫文谦 | 孙京娟 | 李建峰 |
| 张翠英 | 施风芹 | 白福贤 | 刘艳玲 | 李占军 | 饶　欣 |
| 陈　娟 | 王　涛 | 刘　凤 | 张于林 | 李子剑 | 马峥涛 |
| 王玉波 | 孙　炎 | | | | |

**委　员：**（排名不分先后）

| | | | | | |
|---|---|---|---|---|---|
| 易正伟 | 彭　娟 | 李正敏 | 严　琳 | 王麟康 | 孙肖丽 |
| 张桂芝 | 赵立华 | 毛锦华 | 王霄宁 | 周志年 | 林祖华 |
| 杨贵娟 | 蒋　平 | 蒋良俊 | 李春侠 | 王　方 | 赵　轶 |
| 包发根 | 金欢阳 | 郑荷芬 | 吴文英 | 陈竹韵 | 董　媛 |
| 邓迪夫 | 王社民 | 雷锋刚 | 张馨予 | 张　洁 | 赵志江 |
| 王心良 | 方志坚 | 赖月云 | 谭清端 | 王海刚 | 张　涛 |
| 王建社 | 王福清 | 陈　宇 | 张晨光 | 周彦民 | 赵润慧 |
| 王霖琳 | 王汉忠 | 王连仁 | 刘　伟 | 王慧敏 | 马会杰 |
| 刘艳丽 | 刘　媛 | 王　云 | 孙吉春 | 刘　凤 | 田学忠 |
| 胡　皓 | 郝亚坤 | 余　荣 | 顾　伟 | 卞进圣 | 晏　霞 |
| 周万发 | 谢　刚 | 薛　莉 | 陆　玲 | 李柏杏 | |

# 前　言

德国一位教育学者做过这样一个比喻：把一勺盐放在你面前，你根本难以下咽，而把这勺盐放入一锅汤中，你会觉得是那么美味。情境对于学习而言，如同盐与汤一般，学习就是那勺盐，而汤就是情境。只有学习，没有情境，学习是枯燥无味的，只有把学习置于具体的情境中，才能让学生享受到学习的乐趣。正如盐放入汤中后，人们才能享用到美味的汤一般。本书是根据教育部《关于全面提高高等职业教育教学质量的若干意见》的精神，以高等职业院校学生为主要对象编写的融教、学、做于一体的情境化教材，本教材特点如下：

（1）情境化。学习情境与职业情境紧密结合，尽量运用形象化、具体化语言，使学生可以直观、形象地获取经验，从而可以轻松获取实际职业行动能力。

（2）项目化。以项目为导向，任务驱动统领教学过程的实施，极大诱发学生学习的自主性、积极性。使学生学习中树立职业目标，通过学习培养职业能力。

（3）任务化。每个项目按"提出任务、分析任务、完成任务"三个层次进行编写。加强了工作任务与知识、技能的联系，增强了学生的直观体验，诱发学生学习的参与性和主动性。在关键技能环节，有针对性地设置实训操作，加大技能培训力度，提高学生职业技能。

本教材设计了情境引入、情境案例、情境延伸、知识巩固、实训操作等栏目，构建了相对完整的广告理论与实务体系，回归了以培养学生技术应用能力为主线的高职高专教育本位，突出强调学生学习的参与性与主动性，适合高职高专院校市场营销专业及相关专业选用。

本书由武汉商业服务学院王玉波副教授设计编写方案并担任主编，编写项目一（了解广告学基础知识）、项目二（知晓广告心理）、项目十（广告效果测评），武汉商业服务学院李琼老师担任第二主编，编写项目三（广告调查）、项目八（广告文案创作）、项目九（广告设计与制作），武汉商业服务学院夏黎老师编写项目四（广告预算）、项目五（广告创意）、项目六（广告媒体策略）、项目七（广告策划），武汉商业服务学院侯晓文老师编写项目十一（广告管理）。王玉波老师、李琼老师对全书统一加工整理，总纂定稿。

在编写过程中，我们参考国内外营销学者大量研究成果；得到大量企业专家的帮助，他们是武汉长江日报广告部主任李峰、红人集团文甲平副总经理、武汉锐巢体育用品有限公司张欢经理等。在此，一并表示以衷心感谢。

由于编者水平有限，书中疏漏与不妥之处在所难免，敬请有关专家和读者批评指正。

编　者<br>
2011 年 5 月

# 目　　录

前言

## 项目一　广告学基础知识 1
- 任务一　知晓广告的概念 1
- 任务二　掌握广告的功能与类型 4
- 任务三　了解广告学研究的内容和对象 8

## 项目二　广告心理 14
- 任务一　了解广告与消费行为的关系 14
- 任务二　广告受众心理分析 15
- 任务三　广告心理策略 20
- 任务四　广告心理诉求 24

## 项目三　广告调查 34
- 任务一　广告调查的概念和作用 34
- 任务二　广告调查的内容 36
- 任务三　广告调查的方法 40
- 任务四　广告调研的程序 48

## 项目四　广告预算 54
- 任务一　广告预算的内容 54
- 任务二　广告预算的编制方法 56
- 任务三　广告预算的分配与广告预算书的编写 61

## 项目五　广告创意 70
- 任务一　了解广告创意的内涵 70
- 任务二　掌握广告创意的方法 78
- 任务三　了解广告创意的表现形式 80

## 项目六　广告媒体策略 84
- 任务一　了解广告媒体的概况 84
- 任务二　广告媒体的分析 86
- 任务三　广告媒体的选择 92

## 项目七　广告策划 100
- 任务一　了解广告策划概况 100
- 任务二　广告策划书的撰写 104

## 项目八　广告文案创作 114
- 任务一　了解广告文案 114
- 任务二　广告标题写作 117
- 任务三　广告语写作 123
- 任务四　广告正文写作 126

## 项目九　广告设计与制作 135
- 任务一　广告作品设计的一般流程 135
- 任务二　平面广告作品设计和制作的基本技巧 137
- 任务三　电子广告作品设计和制作的基本技巧 146

## 项目十　广告效果测评 156
- 任务一　了解广告效果 156
- 任务二　广告效果测评意义和原则 159
- 任务三　广告效果测评的方法 162

## 项目十一　广告管理 168
- 任务一　了解广告代理制 168
- 任务二　广告公司的经营管理 171
- 任务三　广告的法律管理 175
- 任务四　广告行业自律 181

## 参考文献 186

# 项目一　广告学基础知识

> **情境引入**
> 你是否在经历或看到你身边的朋友这样生活：
> 　　一天早上，小张送儿子去红黄蓝接受教育后，把需要干洗的衣服送到象王洗衣店，顺便在附近新开的百思买、国美、宏图三胞里选购一些电器，接着去真功夫、成都小吃或小肥羊吃个午饭，下午去合富地产把多余的那套房子给他们代理出售，再去更香茶楼喝杯茶，或者去迪欧咖啡享受中式文化，顺便上273网站看有没有合适的二手车，晚饭前去佳美口腔检查下蛀牙情况，然后去宝迪沃健身，回家时想起了昨天在慈铭体检时医生的建议，于是去金象大药房购买一些保健药品，顺便在物美购买明天的早餐配料，睡觉前和爱人商量全家旅游时该入住如家、7天还是速8酒店……
> 　　你是否想过，在城市中离开这些连锁企业我们的生活将变成怎样？

建议你先学习下列任务：
1. 知晓广告的概念。
2. 掌握广告的功能与类型。
3. 了解广告学研究的内容和对象。

广告的产生和发展，已有悠久的历史。它是社会和经济发展的产物，是人类社会发展到一定阶段、社会生产达到一定水平之后，人们从事商品买卖和物质交换的辅助手段。因此，可以这么说，广告伴随着商品的出现而出现，并随着商品经济的发展而发展。随着经济的繁荣，科学技术的不断进步，广告已深入到社会、经济、文化等各个领域，成为人们日常生活的组成部分，现代人的生活几乎被广告包围。广告学作为一门独立学科，也越来越受到人们的重视。

## 任务一　知晓广告的概念

### 一、广告的定义

广告活动是随着商品经济的产生、发展而不断进步的，广告的含义也经历了一个演变和深化的过程。广告这门学科自创立以来，国内外的专家、学者及从事广告业界的人们都试图从不同的角度去阐述广告，力求给广告下一个权威的定义，但迄今为止，由于对广告运动范畴的界定不同，以至于目前广告界还没有一个一致公认的定义。

"广告"一词是舶来品。它首先源于拉丁文 Adverture，其意思是吸引人注意。中古英语时代（1300～1475 年），演变为 Advertise，其含义衍化为"使某人注意到某件事"，或"通知别人某件事，以引起他人的注意"。直到 17 世纪末，英国开始进行大规模的商业活动。这时，广告一词便广泛地流行并被使用。此时的"广告",已不单指一则广告,而指一系列的广告活动。静止的物的概念的名词 Advertise,被赋予现代意义,转化成为"Advertising"。

广告的定义甚多,我国 1980 年出版的《辞海》给广告下的定义是:"向公众介绍商品,报道服务内容和文艺节目等的一种宣传方式,一般通过报刊、电台、电视台、招贴、电影、幻灯、橱窗布置、商品陈列的形式来进行。"

中国大百科全书出版社出版的《简明不列颠百科全书》对广告的解释是:"广告是传播信息的一种方式,其目的在于推销商品、劳务,影响舆论,博得政治支持,推进一种事业或引起刊登广告者所希望的其他反应。广告信息通过各种宣传工具,其中包括报纸、杂志、电视、无线电广播、张贴广告及直接邮送等,传递给它所想要吸引的观众或听众。广告不同于其他传递信息形式,它必须由登广告者付给传播信息的媒介以一定的报酬。"

美国市场营销学会(AMA)对广告的定义是:"广告是由明确的主办人通过各种付费媒体所进行的各种非人员的或单方面的沟通形式。"

还有下述提法,广告是:"被法律许可的个人或组织,以偿款的、非个人接触的形式介绍物品、事件和人物,借此影响公众意见、发展具体的事业。"

"凡是以说服的方式(不论是口头方式还是文字图画方式),有助于商品和劳务的公开销售,都可以称为广告。"

"广告是有计划地通过各种媒体介绍商品和劳务,借以指导消费,扩大流通,促进生产,活跃经济,建设物质文明与精神文明的手段。"

"广告能直接发生销售的效果,确立商品和制造者的声誉,并能扩展市场,排除障碍。"

"广告是广告主有计划地通过媒介体传递商品或劳务的信息,以促进销售的大众传播手段。"

"广告是一种说服性的武器。"

"广告是一种传播信息的说服艺术。"

基于上述内容,我们给出广告的定义:广告是广告主为了推销其商品、劳务或观念,在付费的基础上,通过传播媒介向特定的对象进行的信息传播活动。

广告有广义和狭义两种。

广义的广告,是指所有的广告活动,一切为了沟通信息、促进认知的广告形式都是广告,主要有商业广告与非商业广告。

商业广告是指那些传递有关经济方面的信息、能够带来营利的广告。

非商业广告是指商业广告之外的一切广告。如政府部门、社会团体发布的公告、声明、启事,个人传递的广告信息等,这些广告不是以营利为目的,如公益广告。

狭义的广告,仅是指商业广告。

## 二、广告的构成要素

商业营利性广告的定义,是从广告的动态过程来说明广告是一种促销商品的传播手段的。对于具体的某一则广告而言,它仅是广告活动的结果或表现。

对于一则具体的广告,它有这样一些基本要素:广告主体、广告信息、广告媒介和广告受众。

### 1. 广告主体

广告主体是指从事广告活动的当事人,包括广告主、广告经营者、广告发布者等。根据《中华人民共和国广告法》规定,"广告主,是指为推销商品或者提供服务,自行或者委托他人设计、制作、发布广告的法人、其他经济组织或个人。"

2. 广告信息

信息是指广告的主要内容，包括商品信息、劳务信息、观念信息等。广告的实质是信息的传播与沟通。

3. 广告媒介

广告活动是一种有计划的大众传播活动，其信息要运用一定的物质技术手段，才能得以广泛传播。广告媒介就是这种传播信息的中介物，它的具体形式有报纸、杂志、广播、电视等。国外把广告业称为传播产业，因为广告离开媒介传播信息，交流就停止了。可见广告媒介的重要性。

4. 广告受众

广告受众是广告信息的接收者，是广告信息传播和影响的对象，是广告诉求的目标群体。包括现实消费者和潜在消费者，都是广告活动的客体。

### 三、广告的特征

1. 营利性

广告传递商品或服务信息的最终目的是为了使广告主获得营利。即使是非直接推销产品的广告，如企业形象广告，其目的也是通过树立企业的良好形象，博得消费者的好感，使其产生购买行为，最终达到营利的目的。

2. 信息性

广告是含有信息的，具有信息的特点和作用。同时，又是将信息传播出去的手段，这是基于它所采用的媒介特点而言。现代广告不仅是宣传商品实物信息，更是推销有利于商品销售的消费理念，刺激消费需求。

3. 投资性

广告主发布广告是一种有偿的经济活动，目的是为了扩大销售。整个广告活动由多个环节构成，既要管理、策划，又要制作、发布等，因此，既要自身管理费用，又要支付媒体经费。随着广告的不断发布，显现出的广告效果是企业的无形资产，如企业的名称、产品的品牌、商标、企业的形象等财富不断增加。因此，广告也是一种投资活动。

4. 说服性

广告不仅把特定的消费信息传播给特定的传播对象，还要考虑传播的效果是否能够打动消费者。广告以特有的诉求技巧和劝说的魅力，唤起消费者的潜意识购买欲望，产生购买行为。

5. 重复性

一则广告只有刊登或播放多次，对目标消费者反复刺激，才能累积起一定的广告效果，达到广告的最终目标。

6. 艺术性

广告是独立的艺术和科学，它借助自己特殊的艺术表现技巧及手法强烈吸引消费者的注意，进而影响消费者行为，这正是广告的艺术魅力所在。真正意义上的现代广告，应具备一定的艺术性（图1-1）。

图 1-1　广告的艺术性

## 任务二　掌握广告的功能与类型

### 一、广告的功能

1. 沟通产需信息、促进商品销售

这是广告最基本的功能。广告是企业面向社会、面向消费者交流信息的重要手段和方式。通过广告传播信息，将生产与消费、供应与需要有机地连接起来，密切了企业与市场、市场与消费者之间的关系，从而沟通了产销，促进了生产和消费。

2. 疏通渠道、扩大销售

促销功能是广告得以生存和发展的原动力。随着市场竞争的日渐激烈，一个企业生产出产品是重要的，而将产品顺利地销售出去，并且不断扩大市场则是更重要的。在这个过程中，广告就扮演着重要角色。广告大师伯恩巴克说过："广告业界中的任何人如不说他的目的是销售，则他不是无知就是骗子。"国内外许多企业十分注重广告在扩大销售过程中的功效。

3. 引导消费、方便购买

广告能引导消费者的消费，是因为广告能够通过介绍商品引起消费者的兴趣，激起其购买欲望，并使消费者按广告的劝导指引产生购买行为。在这个过程中，广告以潜默移化、非强制性的方式达到它的目的。首先，广告的大肆宣传有助于人们消费观念的转变。由于社会的变革、经济的发展，必然带来思想意识的变化，消费者的消费观念也会随之发生变化，由过去保守、节俭型转向为追求新潮、享受型消费。其次，广告有助于消费者了解商品的特征和特点。通过介绍商品的性能、成分、功效、用途，使广大消费者能更好地认知商品，进而根据自己需要决定购买与否。第三，广告提供商品信息，方便消费者购物。企业经过广告媒体传播商品销售信息，宣传商品的新颖点和能给消费者带来什么利益以及销售地点、时间、方式等。这就使广大消费者能在选择商品时有一个比较明确的目标，既省力省时又能提高购买效率。

4. 激发竞争活力、推动企业发展

竞争是商品经济的产物。当市场上有几个企业生产和销售同一类产品或劳务时，就必然产生竞争。广告能增加竞争的声势，向消费者提供选择和比较、激发竞争的活力。

通过广告宣传，必然促进企业开发市场，扩大市场容量，大量生产并大量销售，从而降低成本、降低售价、提高市场竞争能力。例如，杭州"娃哈哈"集团，就是通过大量的广告宣传，使"娃哈哈"系列产品推向全国，家喻户晓。"娃哈哈"企业也像滚雪球般越做越大。

## 二、广告的类型

广告分类是为了适应广告策划的需要，按照不同的目的与要求将广告划分为不同类型。

### （一）按广告的最终目的性质分类

1. 商业广告

营利性广告又称商业广告或经济广告，广告的目的是通过宣传推销商品或劳务，从而取得利润。

2. 非商业广告

非营利性广告，一般是指具有非营利目的并通过一定的媒介而发布的广告。主要有政治广告、公益广告、社会广告和文化广告等。例如，登载寻人启事、职员招聘、征婚、挂失等以启事形式发布的广告和有关政府、社会团体或企事业集团、单位的会议通知、公告和通告等。此外，由一些团体或组织、机构以宣传招贴的形式发布的涉及有关观念立场宣传的广告也是非营利性广告。

### （二）从广告的直接目的划分

1. 商品销售广告

这是以销售商品为目的，从中直接获取经济利益的广告形式。此类广告又可分为3类：

（1）报道式广告，通过对消费者如实报告和介绍商品的性质、用途和价格，以及商品生产厂家、品牌、商标等，促使消费者对商品产生初级需求，属于开拓性广告。

（2）劝导式广告，这是以说服消费者为目标，通过突出商品的特优品质，使消费者对某种品牌的商品加深印象，刺激其产生选择性需求和"指牌购买"，属于竞争性广告。

（3）提醒式广告，这是在消费者已习惯于使用和购买某种广告商品后，广告主为了保持消费者的购买习惯，提醒他们不要忘记这个商品，刺激重复购买，以防止消费者发生偏好转移。

2. 企业形象广告

这是以建立商业信誉为目的的广告，它不直接介绍商品和宣传商品的优点，而是宣传企业的宗旨和信誉、企业的历史与成就、经营与管理情况，其目的是为了加强企业自身的形象，沟通企业与消费者的公共关系，从而达到推销商品的目的。实践证明，企业形象广告不仅有利于商品的销售，而且对企业提高自身的社会地位、为企业在社会事务中发挥其影响力以及从社会上招徕更多、更好的人才、使企业能够加快发展速度等都很有好处。

3. 企业观念广告

这种广告又可分为政治性和务实性两类。政治性的企业观念广告，是通过广告宣传，把企业对某一社会问题的看法公之于众，力求唤起社会公众的同感，以达到影响政府立法或制订政策的目的。在这里企业所关心的社会问题，一般是能直接影响到企业的利益的。立法或政策将直接影响到企业的长远利益。例如，美国伯明翰钢铁公司通过企业观念广告向美国人民公告他们对进口钢铁的看法，从而赢得公众支持，使美国的保护钢铁工业的法案得以顺利通过，就是典型的一例。务实性广告，是建立或改变消费者对企业或某一产品在公众心目中的形象,从而建立或改变一种消费习惯或消费观念的广告,而这种观念的建立是有利于广告者获取长久利益的。例如,在国外饮料市场中,在可口可乐独霸天下的情况下,生产七喜汽水的厂商有意识地通过广告宣传,把饮料分为可乐型与非可乐型两大类,从而使七喜饮料脱颖而出,打破了可乐型饮料的垄断地位,就是一个很成功的例证。

一切皆有可能。——李宁牌系列运动服

——直击现代都市人的核心欲望,激人奋进。其寓意是:有李宁,哪里都是运动场;有李宁,怎么运动都时尚;有李宁,就能满足您的任何运动的欲望。

（三）从广告的不同对象划分

1. 消费者广告

此类广告的诉求对象为直接消费者,是由生产者或商品经营者向消费者推销其产品的广告,因而,也可以称之为商业零售广告。

不走寻常路——美特斯·邦威广告词

——富有个性挑逗力的广告语,体现当代年轻人充满自信,追求自然,渴望个性独立的时代气息。

2. 工业用户广告

此类广告的诉求对象为产品的工业用户、由工农业生产部门或商业物资批发部门发布,旨在向使用产品的工业用户推销其产品。广告的内容一般为原材料、机器、零配件、供应品等,广告形式多采用报道式,对产品作较为详细介绍。

3. 商业批发广告

其诉求对象为商业批发商和零售商,主要由生产企业向商业批发企业、批发商之间或批发商向零售商推销其所生产或经营的商品。这种广告所涉及的都是比较大宗的产品交易,也多用报道式广告形式。

4. 媒介性广告

其诉求对象是对社会消费习惯具有影响力的职业团体或专业人员,广告发布者——工商企业旨在通过他们来影响最终消费者。此类广告专用于介绍一些专业性产品,如药品和保健品由医疗单位或医生来介绍。消费者考虑到权威的可靠性、易使用购买。

（四）按广告的诉求地区分类

1. 国际性广告

国际性广告是指在具有国际性影响力的传播媒体上发布的广告。比如在卫星广播、卫星电视或者全世界发行的报刊上刊播的广告。国际性广告的产品,一般是适应性很强的消费用品和最新技术产品。

随着国际化市场的发展,国际广告将具有比国内广告更重要的意义。国内产品要顺利打入国际市场,必须要利用国际广告作开路先锋,才能迅速提高产品在国际市场上的知名度和美誉度。例如,可口可乐、万宝路、柯达等饮誉全球的世界名牌产品,都是善于利用国际广告的典型案例。

2. 全国性广告

全国性广告是指在全国性的传播媒体上发布的广告。比如国内企业在中央电视台、中央人民广播电台、《光明日报》、《人民日报》、《经济参考报》等媒体上刊播的广告。

刊播全国性广告主要是为了激发国内消费者的普遍反响,占领国内市场,塑造行销全国的名牌产品。

3. 区域性广告

区域性广告是指在省级报刊、杂志、广播、电视等区域性的传播媒体上发布的广告。主要是介绍一些带地方性消费习惯的产品。此类广告多适用于中、小工商企业或者配合差异性的市场营销策略。

4. 地方性广告

与上述广告相比，这是一类传播范围最窄、市场范围最小的广告。此广告使用的媒体多是地、市、县级地方性传播媒体，如地方报纸、电台、路牌、霓虹灯等。广告主是立足于商业零售企业和地方性工业企业，广告宣传的重点是促使人们使用地方性产品和认点购买。

（五）按广告诉求方式划分

按照广告的诉求方式来分类，是指广告借用什么样的表达方式以引起消费者的购买欲望并采取购买行动的一种分类方法。

1. 理性诉求广告

广告采取理性的说服手法，有理有据地直接论证产品的优点与长处，让顾客自己判断，进而购买使用。

2. 感性诉求广告

广告采取感性的说服方式，向消费者诉之以情，使他们对广告产品产生好感，进而购买使用。

（六）按广告产生的效应的快慢划分

1. 速效广告

速效广告是指广告发布后要求立即引起购买行为的一种广告，又叫直接行动广告。

2. 迟效广告

迟效广告是指广告发出后并不要求立即引起购买，只是希望消费者对商品和劳务留下良好的深刻印象，日后需要时再购买使用，又叫间接行动广告。

（七）按商品生命周期不同阶段的广告划分

1. 开拓期广告

开拓期广告是指新产品刚进入市场期间的广告。它主要是介绍新产品功能、特点、使用方法等，以吸引消费者购买使用（此阶段也是创牌阶段）。

2. 竞争期广告

竞争期广告主要指商品在成长期与成熟期阶段所作的广告。它主要是介绍产品优于竞争产品的优点特色，如价格便宜、技术先进、原料上乘等，以使其在竞争中取胜，扩大市场占有率。

3. 维持期广告

维持期广告主要是指商品在衰退期阶段所作的广告。它主要是宣传本身的厂牌、商标来提醒消费者，使消费者继续购买使用其商品。其目的是为延缓其销售量的下降速度。

（八）按不同媒体的广告划分

按广告所选用的媒体，可把广告分为报纸广告、杂志广告、印刷广告、广播广告、电视广告及电传广告。此外，还有邮寄广告、招贴广告、路牌广告等各种形式。广告可采取一种形式，亦可多种并用。各种广告形式是相互补充的关系。

# 任务三  了解广告学研究的内容和对象

## 一、现代广告学的产生与发展

广告行为作为一种社会活动已有几千年的历史，从原始社会末期的"抱布贸丝"到春秋时代的"鼓刀扬声"，从《水浒传》中的"三碗不过岗"到《清明上河图》中的肩挑担卖，无不显示出广告作为一种行为存在其中。但是，它发展成为一门学科理论还是近百年的产物。

广告学最早创立于美国。1866 年，J.劳德和巴哈特编著了《路牌广告史》；1874 年，H.辛普森编著了《广告的历史》。这些著述对广告的历史进行了系统的研究。在这之后，市场学在美国建立并发展起来，广告学成为市场学的组成部分，营销学注入广告活动，使广告成为营销的一部分。

广告学真正成为一门独立的学科，是在 20 世纪初。代表人物是美国西北大学心理学家瓦尔特·狄尔·斯科特。1901 年，他在芝加哥的一次集会上，第一次提出应把现代广告活动发展为科学。到 1904 年，斯科特发表了《广告原理》一书，首次较系统地阐述了广告活动应该遵循的一般原则。在此基础上，1908 年，他又撰写出《广告心理学》，从心理学的角度，初步构建了广告心理学的基本原理。随后经济学家席克斯编著了《广告学大纲》，对广告活动进行了较为系统的理论探讨。美国一些著名大学如加州大学、密歇根大学等，开设了广告学课程。

1926 年，美国市场学和广告学教员协会成立，为开展广告学的研究提供了较好的条件和环境，一大批有关广告方面的著述相继问世，广告学逐步从市场学中分离出来，成为独立的学科。

这一时期，日本的广告活动和广告学研究也开始起步。1914 年，早稻田大学创建广告研究会，开设广告学课程，到 20 世纪 30 年代，初步形成具有现代意义上的广告学科体系。英国在这一阶段相继出版了《广告学》、《实用广告学》等学术著作，标志着对广告学的研究也逐渐成熟起来。

在 20 世纪 20 年代初，我国也开始了广告学的研究。当时，广告学是作为新闻学教学研究的一个分支的。1919 年，徐宝璜在《新闻学纲要》中有一章《新闻纸的广告》，专门阐述报纸广告问题。上海圣约翰大学、北京燕京大学等大学报学系、新闻系都开设了广告课程。

随着现代科技的发展和四大传播媒体的出现，尤其是以电视为代表的电波媒体迅速运用于广告，极大地促进了广告业的发展。为提高广告效力，广告业开始重视广告调研。到 20 世纪 50 年代，"广告策划"成了广告运动获得成功的标准程序。这时现代广告学业开始问世。

20 世纪 60 年代以后，在世界经济形势的推动下，广告学研究有了空前的飞跃，不再局限于单一的经济学、市场学的范围，而是从社会、政治、文化、伦理、心理、科技、传播等社会科学和统计学、预测学、电子科学、声学光学等自然科学的多角度对广告进行了全方位的研究，使广告学的发展进入到了一个新的阶段。

现代营销学和传播学这两门新兴的学科先后被引入广告实践中，广告与营销、广告与传播紧密结合，从而将广告战略和广告技巧置于科学的基础上，极大地增强了广告活动的有效性，为广告理论的发展起到了促进作用。广告学也逐步形成了以广告策划为主体，以创意为中心，以科学和艺术为基础，以系统科学为方法，融合各门学科于一体的现代学科体系。

## 二、现代广告学的研究对象

广告学是广告学科体系的核心和基础。它研究和探讨一切社会制度下所共有的、各种不同社会制度下所特有的广告活动及其发展规律。广告学作为一门独立的综合性科学，是经过人们长期实践，在经济学、市场学、心理学、社会学、美学等学科发展的基础上逐渐形成和发展起来的。随着广告学研究的日渐深入，在广告学研究的基础上发展起来的诸如广告心理学、广告设计学、新闻广告学、广告管理学、广告发展史等新的分支和新的学科。

广告学是什么性质的学科？它的研究对象和内容是什么？由于广告学的交叉性和综合性，人们对于广告学的研究对象有不同的看法。

一种意见强调广告的科学性。认为广告是一门科学，不是艺术，它是经济运行中传递信息不可缺少的要素。广告虽然也运用了艺术，但只是广告活动的一种表现形式，是广告活动的手段。并且广告学是经过广大的广告科研人员与广告工作者的共同努力，总结了大量的广告活动的成功与失败的经验，运用先进的研究方法，借助现代科学的运算分析，通过对广告知识的系统整理、总结、提高，探索出广告活动的规律，形成广告原理，揭示了广告活动怎样促进商品销售的规律。因此广告学属于经济科学。

与此相对的另一种意见认为，广告学虽然是一种经济活动，但它深受各种社会因素的影响，是一门艺术，不是科学。广告的经济效益是很难测定的，同时在同等条件下刊登不同的广告，其经济效果也是不一样的。广告经济效益的因果关系不明显，有很大程度上的偶然性。例如，一则报纸广告，究竟有多少人看，看了的人能记住多少内容，又有多少人是看了广告才去购买商品的，这些问题都难以测定。所以，广告活动缺乏规律性和科学性，广告只是通过各种艺术表现形式和造型，引起人们的注意和欣赏，从而传递经济信息，刺激人们的心理欲求。广告活动的效益是心理性和艺术性的。

还有一种看法是综合了以上两种意见，认为广告学是一门边缘学科。它的核心部分是经济科学，但它又与其他学科有密切的关系，如经济学、心理学、新闻学、市场学、企业管理学、社会学等社会科学，也涉及绘画、摄影、书法、音乐、戏剧、文学等艺术，在广告制作中也要具体运用到物理学等自然科学的原理。广告学虽然是一门综合性的边缘学科，但它基本上是一门属于社会科学领域里的经济学科。它揭示了广告促进商品销售的规律，只要依据这些规律进行广告活动，就会收到最大的经济效益和心理效果。

以上3种对于广告学研究对象的陈述，都具有一定的合理性，但也存在着明显的缺陷。前两种说法强调了广告学的独立性，但忽略了广告学的交叉性和综合性，后一种说法过于强调广告学与其他相关学科的联系，把广告学的研究对象与其他学科的研究对象搅在一起，实际上是否定了广告学的相对独立性。因此，对于广告学研究对象的表述，既要从其多学科交叉的特点出发，又要注意保持广告学的相对独立性。因此，即使是边缘科学也应有自己独立的研究对象和特定的范围体系。

广告学是一门科学。广告学反映了广告活动的客观规律。符合客观规律就有科学性。所谓科学，是在社会历史发展过程中所积累起来的关于自然、社会和思维的各种知识的总和。科学的目的就是要揭示各种现象的客观规律和正确地解释各种现象；它的任务是透过偶然的、杂乱的现象去发掘和研究表面上看不出的规律，并以这些客观规律去指导实践。广告学虽是一门综合性边缘学科，但它基本上是属于社会科学领域里的经济学科，它揭示了广告促进商品生产的规律，人们只要依照这些规律进行广告活动，就必然会收到最大的经济效益和心理效果，否则就要失败。

广告学又是一门独立的科学。广告学包括广告史、广告写作、广告策划、广告战略、广告战术、媒体选择、广告心理、广告摄影、广告设计、广告管理、广告道德规范等一系列原理和理论。这些原理和理论揭示了广告活动的基本规律。

很多科学在某些方面依然存在着未知的空白区和不完善的地方。广告学是新生科学，自然也存在着不完善的地方和未知空白区，但绝不能因此而否定它是一门科学。

### 三、广告学与相关科学

广告学是综合了经济学、管理学、传播学、心理学、社会文化、艺术、法律等多学科的知识后形成的独立学科，这里主要探讨广告学与市场营销学、新闻学、公共关系学等学科之间的关系。

1. 广告与市场营销

市场营销学是在19世纪末，广告学亦在这一时期兴起。从一开始，这两门学科就紧密地结合在一起，相互影响。研究广告学需要从市场营销的角度去审视深入；研究市场营销学，又必须考虑广告的原理和运作方式。

广告是一种信息传播活动，但它的起点和落点都是在经济领域，传递什么样的信息内容及如何进行传播，需要研究市场，了解营销环境，研究消费者，从满足消费者的需要和欲望出发；也需要研究产品，以适应不同的市场环境，制定相应的广告策略，争取较好的传播效果。研究广告学，离不开对市场营销理论的探讨。

现在提出"整合营销传播"理论，要求各种促销策略的统合，进行综合信息交流，广告活动则是其中的重要手段和方式。对于企业生产来说，市场营销的中心任务是完成产品销售，广告正是为实现市场营销目标而开展的活动。广告策略要服从于市场营销策略，作为营销活动的先导，在市场营销的总体目标下发挥作用，二者都是针对消费者的需要和欲望，采取种种措施，最终促成消费者的购买行为，实际上二者之间体现了一种整体与局部的关系。

因此，市场营销的有关原理，对于把握认识广告的基本理论和运作方式是很有帮助的。要学好广告学，必须也要了解市场营销学方面的知识。

2. 广告与新闻

广告与新闻之间有着密切的联系，如果从传播的角度来讨论，它们都属于大众传播研究领域的学科。不过，它们也有不同的传播特点和表达方式。

广告与新闻相同之处，主要表现在以下几个方面：

（1）都重视对传播媒体的研究和应用，都对传播媒体有着强烈的依赖性。

（2）都注重信息的传播。

（3）对信息内容的要求和表述方式上也都近似。

广告和新闻的不同之处是，广告是有偿服务，新闻是无偿传播，这是二者最根本的区别。

其次，广告和新闻虽都重视信息的传播，但认识和态度却截然不同。新闻从大众的利益和需求出发，从新闻政策和新闻价值着眼，选择新近发生的、变动的事实，进行客观介绍和报道。广告传递的信息，则是自我宣传，反映的是广告主的利益和意志。

再次，广告是媒体信息服务的补偿与回报，同时为媒体的生存与发展提供了经济保障。

没有广告，新闻就不能持续发展。广告和新闻存在着相互依存的关系。

3. 广告与公共关系

广告与公共关系之间的关系主要体现在以下几点：

（1）广告活动需要公共关系的指导，它们之间实际上体现了一种战术与战略的关系。广告作为战术行动，广告活动展开的各个环节、各个阶段，往往需要根据公共关系的总体战略来运筹。

（2）广告活动需要公共关系的推动，增强其说服力和传播效果。

（3）公共关系活动需要广告活动配合。公共关系是长远的、稳定的、具有战略性的信息传播活动。广告可以随时随地发挥作用。公共关系的许多内容，如 CI 战略，也是广告活动。公共关系是放大的广告，是广泛意义上的广告活动。有些广告，如企业广告（形象广告）、公共关系广告等，就把公共关系和广告的功能融为一体，起到两方面的作用。

另外，广告活动本身也需要公关活动。

4. 广告与心理学

科学的广告是依照心理学法则设计的。心理学是研究人的心理活动及其规律的科学。心理学是一门基础理论学科，又是一门有着广泛应用价值的学科，是广告学研究的理论基础之一。一则广告从策划、设计、制作到广告时间、空间的选择、媒介的运用，都要遇到一系列心理学问题。一则广告能否成功，就要看它是否能够打动消费者的心理。要提高广告效果，实现广告目标，就要使广告符合人的心理活动规律。在信息社会里，各种信息浩如烟海，为了吸引消费者注意自己的信息，广告传播者必须运用心理学知识，深入研究公众的认识规律和思维规律，针对不同社会层次的消费者心理要求策划和设计广告，增强广告的有效性。

5. 广告学与美学

广告是一种艺术。广告的设计制作要给人们以高雅的美的享受，就必须运用美学原理。艺术史审美的集中表现，艺术的美比现实的美来得更典型、更强烈、更深刻。对美的追求，是广告艺术文明与进步的表现，是广告生命力所在。广告的构思、创作和设计，都离不开美学，广告形象化的表现手法，使艺术的美与所要传播的信息和谐一致，给人以美的感受，激发人们的审美情趣，使人产生某种美好的欲望和意向。

> **情境引入**
>
> 真要做好广告，并不那么容易，往往很难把握好，很难准确定位，很难突破。作好广告的基本前提是要求广告人必须懂得广告主所属行业的专业知识，能找到广告主和所要广告内容的优势，能找好广告的切入点、表达点、记忆点和突破口。看看下面这句，你觉得如何。
>
> "你的面子很关键，谁也替代不了！——辨脸通人脸识别考勤机"

## 课堂讨论

1. 举例说明我们生活在广告的海洋之中。
2. 举例说明广告学是一个复杂的巨系统。

## 知识巩固练习

### 一、选择题

1. 广告的构成要素包括（　　）。
   A. 广告主　　　　B. 广告信息　　　C. 广告费用　　　D. 广告对象
2. 广告按广告内容分类可分为（　　）。
   A. 商品广告　　　B. 劳务广告　　　C. 文娱广告　　　D. 社会广告与公益广告
3. 广告按广告形式分类可分为（　　）。
   A. 报刊广告　　　B. 广播广告与电视广告
   C. 招贴广告　　　D. 直邮广告　　　E. 电子网络广告
4. 广告按广告区域分类可分为（　　）。
   A. 国际性广告　　B. 全国性广告　　C. 区域性广告　　D. 地方性广告
5. 广告作为营销组合要素之一，其地位与作用包括（　　）。
   A. 市场营销是广告、促销和宣传推广
   B. 市场营销是制造微笑和友好的气氛
   C. 市场营销是产品的革新
   D. 市场营销是市场定位
6. 企业市场营销组合中各种因素的交互作用包括（　　）。
   A. 较高的广告支出可以降低消费者对价格的敏感，因此采取高定价策略的广告主应该在广告方面支出较多的费用。
   B. 较高的广告支出可以降低推销的总成本。因为广告支出可以使顾客预先产生购买的欲望，这样广告主在人员推销和直接促销方面就可以节省部分资源。
   C. 如果产品价格较高，消费者一般会认为其质量也较高。
   D. 削减或增加销售努力会给营销渠道增加负担，因为需要扩大或者修改配销系统。
7. 广告的核心作用主要包括（　　）。
   A. 广告的基本作用：赋予广告主市场话语权
   B. 广告的首要作用：赋予产品"候选人"资格
   C. 广告的根本作用：赋予消费者购买理由
   D. 广告的战略作用：赋予品牌无形价值
   E. 广告的独特作用：赋予市场发展刺激力
8. 广告的负面效应是（　　）。
   A. 对大众心理的控制　　　　　　B. 对弱势群体的侵犯
   C. 对性别角色的歧视　　　　　　D. 对消费主义的张扬

### 二、判断题

1. 广告产生在 3000 多年以前，不同的时代、不同的国家、不同的学者从不同的角度对广告的含义有不同的理解。（　　）
2. 我国广告业虽然起步较晚，但对于广告理论的研究从一开始就得到了广泛的关注与重

视。我国大型辞书1980年版的《辞海》对广告的定义是：向公众介绍商品、报道服务内容或文娱节目等的一种宣传方式。（　　）

3. 广告主对其发出信息的真伪负责，对广告的策划、制作、发布、传播有一定的控制权，同时是要支付费用的。任何广告都必须明确广告的信息是由谁发出的。广告主是指发布广告的团体或个人，它是广告活动的主体，是广告内容的决定者。（　　）

4. 广告是有偿的，广告主是要付费的。广告费用可以分为绝对费用、相对费用和不变费用。（　　）

5. 广告按广告目的分类可分为消费者广告、工业用户广告、商业批发广告等（　　）

### 三、简答题

1. 什么是商业广告？
2. 广告的构成要素有哪些内容？
3. 简述广告的作用。

## 实训操作

**案例：广告作用**

广东一个地方的某些人以养蛇走上了致富的道路，其他的人效仿养蛇而成风，致使出现了严重的滞销状况，百般无奈之下，他们在香港地区的一家报纸上刊登了一则推销蛇的广告。不出两周，竟引来了东南亚的两位经销商，在经销商考察了产品质量后，决定包销这里的产品，从而解决了这里的销售危机。

【实训目标】了解广告的作用。
【实训组织】学生分组，可以结合其他材料讲广告的作用。
【实训提示】结合其他材料，分析广告的作用。
【实训成果】各组分析，教师讲评。

# 项目二　广告心理

> **情境引入**
>
> 　　买房对于大多数消费者来讲，是一件极为慎重的事。大半生积蓄是很难被一些虚无缥缈的东西所打动的，消费者希望通过购房能使今后的生活得到实际的改善，因此明确的优势陈述（地段、环境、配套、物业管理等）往往会比一些朦胧的情感表达更能引起消费者的共鸣。
>
> 　　如果广告要你来做，你会怎么做？

建议你先学习下列任务：
1. 了解广告与消费行为的关系。
2. 广告受众心理分析。
3. 广告心理策略。
4. 广告心理诉求。

## 任务一　了解广告与消费行为的关系

### 一、广告心理学发展简史

可以说，广告学诞生的过程，与心理学有着非常密切关系。

1895年，美国明尼苏达大学心理实验室的H.盖尔所开展的关于消费者对广告及广告商品的态度与看法的调查研究，开创了广告心理学研究的先河。而更有影响的工作则是美国心理学家W.D.斯科特。在1901年年底，他提出广告工作应发展成为一门科学和心理学，并连续发表有关论文12篇，于1903年汇编成《广告原理》一书出版。该书被认为是广告心理学正式诞生，同时也被看成是消费者心理学的雏形。1908年，斯科特进一步将广告心理的知识进行整理使之系统化，出版了《广告心理学》。

据1953年的报道，美国广告研究基金会还公布了80多个商业机构的购买动机研究结果，其中，具有代表性的工作是对销售速溶咖啡的研究。该研究揭示的消费者不愿购买该新品种的深层动机，有力地促进了对该广告主题的修正及采取有效的策略。

### 二、广告对消费行为的作用

广告在消费行为过程中，主要发挥的作用是：一是唤起消费者的潜在需要，产生购买欲望，激起购买动机；二是提供相关商品信息，进而指向具体的购买物品或劳务；三是指明广告的商标，以便选择特定的商品。

广告对消费者消费行为过程的这种客观作用，相应地确定了广告心理的基本任务：一是广告如何提高说服消费者产生购买行为的效率；二是广告如何以最快的方式使消费者迅速、准确地接受及记住特定的商品信息。

### 三、消费行为过程

凡是利用广告来招揽顾客的广告主，无不希望自己的广告能够发挥出最佳的效力，达到推销自己的产品的目的。然而，怎样的广告活动才能够激起消费者的欲求，促使他购买并持久地使用广告主的产品呢？要探讨这个问题，就必须对消费者心理进行研究。例如，人的需要是怎样产生的？消费者有哪些需要心理？消费者对商品是怎样进行决策的？哪些因素影响着消费者进行决策？消费者的购买动机是怎样产生的？只有弄清了这些问题，才可能使广告符合消费者心理，打动消费者的心，达到预期的广告效果。

心理学是研究心理现象、心理规律的科学。把心理学的基本原理运用于广告，就是我们现在要研究的广告心理学。

广告是以说服的形式，让消费者自觉自愿地购买商品。说服的过程是一个非常复杂的过程，有时一次性的说服不能使消费者产生欲望，要经过反复说服。说服者事先还要对消费者购买商品前后的一些心理活动有所了解，如自尊、求实、求新、求美、求廉、求乐、求荣、求速、求情、求名等心理。有的消费者购买商品时是几个心理活动并存。另外，消费者在决定购买之前心理活动还要经历这样一个过程：注意—知觉阶段；兴趣—探索阶段；欲望—评估阶段；确信—决策阶段；购买—行动阶段。

只有真正了解消费者的这些心理活动及心理活动过程，才能使广告的知觉与观念、理智与情感的诉求产生预期目的。所谓说服过程就是让消费者对广告的内容有兴趣，引起注意及共鸣，相信广告内容，接受广告内容，按照说服者的意图采取购买行动。由此看来，掌握心理学的基本原理在广告活动中的运用是非常重要的。如果说没有对市场进行调查分析的广告计划是无根据的，那么，没有对消费者心理进行研究的广告更是盲目的。

## 任务二　广告受众心理分析

### 一、广告受众心理活动过程

广告心理是心理学的一个分支。心理学是研究心理现象、心理规律的科学。广告心理是指广告受众在接受广告信息时所产生的一系列心理活动，包括感性的、理性的、情感的和意志性的、个体性的或社会群体性的等心理现象和心理规律。

根据心理学理论分析，人的心理活动包括认知、情感和意志3个方面。认知是人的大脑对客观事物的表面属性和内在联系进行反映的心理过程。当客观刺激物作用于人的眼睛、耳朵等器官时，人的认知过程便由此开始了。它涉及感觉、知觉、记忆、想象和思维等活动。情感是客观事物能否满足人的主观需要所产生的一种内部体验过程。人的情感主要包括喜、怒、哀、欲、爱、恶、惧七情，情感的性质和程度会随着对客观事物的了解发生变化，人的心理会受到个人情感及社会情感的共同影响。意志是为实现既定目标而表现出来的有目的地、自觉地支配和调节自己行为的心理活动。

认知、情感和意志这3个过程相互联系、互相促进、统一在一起，使公众逐步深化对企业形象和商品形象的认识。因此，广告活动必须要以广告受众的认知、情感和意志过程为策划线索，遵循广告受众的心理变化特性及发展规律。

### 1. 广告受众的认知过程

认知过程是广告受众为了弄清企业或商品形象而产生的心理活动。当一则广告作用于广告受众的感官时，广告受众就会通过记忆、思维、想象等一系列复杂的心理过程，形成对某商品的理性认知。广告受众对企业或商品的认知有一个基本的过程。首先企业广告鲜明的特征吸引公众的注意，然后在广告宣传的影响下，强化、巩固公众对企业或商品的印象，在公众对企业或商品有了比较丰富的感性认识，并对这些感性认识进行分析、综合后，再判断出企业的性质、发展战略目标和商品的整体形象。因此，广告宣传对公众施加影响的基础就是认知过程，其结果就是引起公众的高度注意，强化广告受众的记忆。

### 2. 广告受众的情感过程

广告受众在接触广告时，会根据自己的需求、动机、兴趣和信念等个性心理特征，对广告或广告中的商品或企业产生喜或讨厌、满意或不满意、愉快或不愉快等方面的情感体验，这就是广告受众的情感过程。广告受众的情感过程会对其购买行为产生决定性的作用。因此，广告宣传的一个重要任务就是要及时地将广告受众从认知过程转化为情感体验过程，使广告受众在需求心理上认同企业及其商品，为完成意志过程创造出良好的前提条件。

### 3. 广告受众的意志过程

从本质上讲，广告受众的意志过程就是其消费行为的决策过程。广告受众在自己对企业及其商品的认知和情感体验的基础上，明确购买目的，克服各种困难，将计划付诸实施，这个自觉地确定购买目标并力求实现的心理过程，就是广告受众的意志过程。如果广告受众不能完成意志过程，就不可能购买企业提供的商品或服务，因而也就不可能实现广告宣传的基本目标。因此，企业在广告宣传中，要加强对广告受众的心理影响，以坚定广告受众对企业及其商品的意志信念，促成广告目标的实现。

总而言之，广告受众的认知过程、情感过程和意志过程是相互关联、互为一体的，它们互相依赖、促进、调节、制约着广告受众的心理。从某种意义上讲，广告宣传活动就是不断地对广告受众施加心理影响的过程。

## 二、广告受众心理的基本内容

从静态角度考察，广告受众心理的基本内容包括：广告受众的感觉和知觉，这是认知消费对象的起点；广告受众的记忆和思维，它在感觉和知觉的基础上，形成对商品信息的认知和经验；广告受众的注意和想象，它巩固并丰富所接受的商品信息；广告受众的情绪和情感，它在实践活动中产生和发展，与人的社会需要及意识紧密相关，促成或干扰消费行为。

### （一）广告受众的感觉和知觉

感觉和知觉是人类认识客观世界的最基本形式。感觉和知觉统称为感知，是广告作用于广告受众心理活动的起点。

#### 1. 感觉

感觉就是当外界事物作用于感觉器官时，人脑对特定对象的个别属性的直接反映。如看见的颜色和光线、听到的声音、嗅到的气味、品尝到的味道、触摸到的东西等，这些都是感觉的反应。人类不仅感受到外界的事物，而且还可以感受到自己体内器官的状态，如疼痛、饥饿、干渴等。感觉过程非常简单，但却是人类认识世界的基础。

广告受众的感觉过程，是指商品直接或间接作用于其感觉器官并加以刺激而引起的过程。在这一过程中，广告受众可以借助人类的五大感觉器官——视觉、听觉、嗅觉、味觉和触觉来接收各种广告信息，这些信息通过人的神经系统，从感觉器官传递到大脑中，由此产生对商品表面的、个别的、孤立的心理反应。所以有经验的广告主在设计、制作广告作品时都会千方百计地突出企业或商品的特性，以强化对广告受众的感官刺激，为其留下深刻的印象，从而获得良好的宣传效果。

2. 知觉

知觉是在感觉的基础上，借助已有的知识经验，经过人脑的加工（选择、组织和解释），对客观对象整体属性的反映。知觉是一个比较复杂的心理过程。感觉是对客观刺激的个别属性的直接反映；而知觉则是选择、组织和解释客观刺激，使之成为一个有意义的、连贯的现实映像的过程。例如，斑点图如图 2-1 所示，我们直接看到的是一些离散的图块，这是感觉到的东西。而从这些离散的图块上，判断它的具体形象，这是从感觉信息中推得的知觉。正是以知识、经验为基础的理解作用，使我们填补了画面信息的不足：把对象知觉为一个有意义的整体。从这一定义可以看出，广告受众的知觉决定着广告的效果及其记忆和后来的市场购买情况。因此，广告宣传要通过对广告受众的视觉、听觉及其他感官的刺激，使他们更好地知觉广告的内容，使之对广告的认知和理解更加深入，对广告商品形成良好的印象。当然广告受众对广告商品的知觉速度、准确度、清晰度和知觉内容的充实程度往往又会受到个体先前的经验、知识、态度、情绪等因素的影响。

图 2-1 斑点图

【小知识】

**错觉在广告中的应用**

错觉是对客观事物不正确的知觉，是在客观事物刺激下，产生的一种歪曲主观的知觉。错觉是由物理的、生理的和心理的多种因素引起的。其中，事物受到并存的其他刺激的干扰，是形成错觉的主要原因；人的主观因素如经验、情绪、年龄和性别等对错觉的形成也有重要影响。例如，用手去比较一斤铁和一斤棉花的重量，常常感到铁比棉花重；在火车上候车，临近的火车开动时，常常以为是自己乘坐的火车在动。

错觉的种类有许多。在广告中最常用到的是视错觉，如透视错觉。1956 年霍尔茨·舒赫尔牌汽车的两张推销广告照片，两张广告的标题与文案完全一致，整个画面的布局也相似，只是两张广告中，一张是模特站在汽车的后侧面拍摄的，另一张是模特站在汽车的前方拍摄的。这样车子本身的大小虽未改变,但由于照片透视却造成了错觉。即模特站在汽车前面的照片,人物突出,汽车显得较小;而模特站在汽车后侧面的广告照片则汽车显得较大,人物较小。

在广告中可以通过拍摄角度等技术手段来制造视错觉。还可利用物体制造视错觉,如商店店面不大,但在墙上装上大镜子,即可产生空间扩大的错觉。在包装及广告画面设计中也常利用视错觉,相同容积的两个小盒,一个是正方形,一个是菱形,菱形就好似大于正方形。同样容积的两个塑料瓶,瘦高状比矮胖状显得容量要大。还有一些厂家,故意使容器的底部向里凹陷,从而增加容器的高度,给消费者造成容量大的视错觉。

在视错觉中,还有颜色错觉。例如,法兰西共和国的国旗由蓝、白、红 3 种色带组成。人们总认为这 3 种色带的宽度是相等的,其实不然。蓝、白、红之比为 30:33:37。据说,法国国旗最初是按 1:1:1 的比例分配这 3 种颜色的,可是却给人一种 3 种色带并不一样宽的错觉。

上述这些错觉规则常常在广告设计中被综合使用,而在销售活动中,错觉的应用更广泛。如对重量错觉的应用。台湾地区某茶叶店经营有方,在称茶叶时,只许一次放少量的茶叶在秤中,之后再逐量增添,而不许一次放入多出消费者购买重量的茶叶,再一次次减少。老板发现,如果一次放了超过消费者所要重量许多的茶叶,再一次次减少会使消费者感到这样可能会缺斤短两,而如果每次少放,之后再添加,则会使消费者较放心。可见错觉规则已被精明的商家充分利用了。

(资料来源:江波. 广告心理新论. 广州:暨南大学出版社,2002)

(二)广告受众的记忆和思维

1. 记忆

记忆是一个人过去的经验、感受在其头脑中的反映。广告的记忆就是一个人过去接触过的广告在其头脑中的反映,是人脑积累经验的功能表现。人的记忆一般经历识记、保持、再认和回忆 3 个过程,其中识记和保持是前提,再认和回忆是结果。只有识记准确、保持牢固,再认和回忆才能实现。人们对广告的记忆过程也与此相同。

在广告活动中,广告识记是广告记忆的开端,广告受众就是通过看、听和接触广告,在人脑皮层上形成客观事物之间的暂时神经联系,来记住广告信息的。

保持是对头脑中识记内容的保存和巩固。只有在头脑中得以保持的信息,日后才能回忆起来。因此,在广告传播中,广告必须保持一定的重复率,才能使广告受众在反复的感知过程中把广告信息牢固地保持下来。

当曾经见过的广告再度出现时能够加以识别是广告的再认;能够回想起来过去见过的广告是广告的回忆。再认和回忆都取决于人们对旧广告信息的识记和保持的程度。因此,在广告设计和制作时,要注意为广告受众实现广告再认和回忆提供必要的线索,如企业标志、商品商标、广告语等,通过强化这些要素的宣传,加强人们对广告信息的识记,以便更好地促成再认,引起回忆,巩固广告效果。

2. 思维

思维是在表象、概念的基础上进行分析、综合、判断、推理等认知活动的过程,是认知活动的高级阶段,是依靠语言来进行的。语言对思维起储存、指示、感应等作用。在商业活动中,销售现场的广告宣传、营业员的语言都会对消费者产生一定的刺激作用,引起他们的思维活动。反过来,广告主体可以通过把握消费者思维程度,运用恰当的广告手段来达到商业活动的预期目的。

德芙巧克力：牛奶香浓，丝般感觉

——之所以够得上经典，在于那个"丝般感觉"的心理体验；能够把巧克力细腻滑润的感觉用丝绸来形容，意境够高远，想象够丰富。充分利用思维，把语言的力量发挥到极致。

（三）广告受众的注意和想象

1. 注意

所谓注意，指的是心理活动或意识对一定对象的指向与集中。注意本身不是一个独立的心理过程，而是感觉、知觉、记忆、思维等心理过程的一种共同特性。任何心理过程，总是开始于人们把注意力集中指向特定的事物。吸引广告受众的注意是广告产生效果的基础，广告要想对消费者发生作用，前提是首先必须在众多广告中脱颖而出，引起消费者的注意。正如广告界流传的一句名言："让人们注意到你的广告，就等于你的产品推销出去一半。"如果一则广告无法引起人们的注意，那么这则广告就是失败的。

心理学根据引起和保持注意时有无目的性和意志努力的程度，把注意分为无意注意和有意注意。无意注意是事先没有预定目的，也不需要付出努力的注意。例如，我们逛商场时，可能事先没有打算买什么东西，但看到商店新颖的广告海报，抢眼的商品包装，或很多人正在抢购某商品时，往往我们的注意力就会被吸引。有意注意是有预定的目的，需要付出努力的注意。如急需购买某品牌汽车的消费者，会刻意寻找、搜集相关的广告信息，并在众多的同类商品中，把注意力集中于期望的品牌上，这就属于有意注意。

根据广告作用心理历程的 AIDMA 模型，即广告作用于广告受众的心理过程一般可分为以下 5 个阶段：A——Attention，吸引注意；I——Interest，引发兴趣；D——Desire，激发欲望；M——Memory，强化记忆；A——Action，促成行动。从这个模型中可以看出，"吸引注意"是发挥广告作用的第一步，也是至为关键的一步。从广告受众的心理方面讲，广告能否吸引受众的注意是其成败的心理基础。只有引起了广告受众的注意，才有可能对广告信息进行全面的审视和探究，从而全面、深刻和准确地认知广告信息。所以，从这个意义上讲，"吸引注意"是广告成功的前提和条件。

2. 想象

想象，就是在已有知识经验的基础上，在头脑中建立新事物形象的心理过程。想象是人所特有的一种心理活动，人们通过想象，可以扩充知识，理解事物，创造发明，预见行为。想象中的事物可以是过去的、现在的和将来的事物，也可以是现实中根本不存在的事物或者形象，如孙悟空、猪八戒、唐老鸭、米老鼠等。

想象可分为再造想象和创造想象。依据语言的描述或图示，在人脑中形成相应的新形象的过程，叫做再造想象；不依据现成的描述，而独立创造新形象的过程，称为创造想象。再造想象和创造想象有很大差别，但是它们之间却又难以截然分开。对于广告设计者来说，所构思的新形象是创造想象的结果；而对于广告受众来说，依据广告作品中的描述或图示，在脑中再造设计构思的形象，则是再造想象的结果。

广告的成功离不开广告设计者的创造想象，也离不开广告受众的再造想象。新颖独特的创造想象是吸引受众注意力、增强广告感染力的前提；而广告受众通过再造想象，才能正确领会广告所描绘的产品性能、用途等信息，并由此唤起一定的情感体验，从而形成一定的广告态度、品牌态度和购买意向。

**【小案例】**

北京某房地产公司打出广告"远眺西山的文化豪宅"。广告中除了效果图,还有文字描述。

喜欢在图书馆里习惯地深思,隔着看见透着禅意的山水、竹林的神韵,鱼儿在水里戏弄着樱花的倒影……

仿佛能进入村上春树的世界,能和余秋雨心灵对谈……

在××(某商品房小区名称)精致的室内装修、学知的会所配套、涵养的园林气质,从内而外都充满着精装人文的味道……

生活在这里,看得见文化的精装修。

这则广告充分地诉求受众的想象。一是描述具体的景象——图书馆、山水、竹林、鱼儿、樱花的倒影,充分调动受众头脑中的具体表象,营造一个令人轻松愉悦的环境;二是对心理感受的再造——通过提及很多读者都喜欢的村上春树、余秋雨来突出文化的氛围,让受众仿佛感受到阅读大师的文化作品时的心灵触动。

(资料来源:王诼,管益杰. 现代广告心理学. 北京:首都经济贸易大学出版社,2005)

### (四)广告受众的情绪和情感

情绪和情感是十分复杂的心理现象,西方心理学著作常常把无限纷繁的情绪和情感统称为感情。这样,感情的概念就包含了心理学中使用的情绪和情感两个方面,二者从不同的角度来表示感情这种复杂的心理现象。

1. 情绪

情绪是与有机体的生理需要相联系的体验。如进食之后所引起的满足的体验、危险情境所引发的恐惧的体验及搏斗时所引发的愤怒的体验等。这些体验往往伴随着生理的变化和外部表现。当人们生理上的需要得到满足时,产生积极的情绪体验,反之可能产生消极的情绪体验。同样,广告受众在接受广告时,对广告形式及其宣传的广告商品会产生不同形态的情绪体验,这些情绪体验就是广告受众对广告商品的主观态度。

2. 情感

情感是人类在社会历史进程中所产生的与社会性需要相联系的体验,如道德感、集体感、荣誉感、责任感、美感、求知欲、亲情、友情等。它们都是人们在社会生活条件下所形成的高级情感,具有社会历史性。由于情感大都与人的社会需要相联系,情感的性质常与稳定的社会事件的内容方面密切相关。因此,情感一般具有较强的稳定性和深刻性。

如有创意的广告作品,以及橱窗布置、商品陈列、服务态度、商业信誉等,都能满足消费者的物质和精神生活的需要,使之产生愉悦、赞赏、幸福等肯定的情感,从而促进经常性的购买行为。

## 任务三 广告心理策略

广告要想取得预期的宣传效果,就必须根据广告受众的心理特性和心理需求,分析广告受众的心理,制定出科学而合理的广告心理策略,运用心理影响技巧来强化广告作品的感染力。

**一、吸引注意策略**

吸引公众对广告的注意，是广告产生效果的基础，是策划广告最基本的心理策略之一。很多时候，人们对广告是不特意地加以注意的，即广告受众对广告以无意注意为主。因此，为了吸引公众对广告的注意，特别是无意注意，在广告设计时应该有效地运用以下几种方法：

1. 增加广告的刺激强度

心理物理学的研究表明，刺激要达到一定的强度才能引起有机体的反应。刺激强度越高的信息，越能引起公众的注意。因此，在广告策划中，应该增加广告的刺激强度。这也是为什么一些企业明知电视广告时间越长、报纸广告版面越大，费用也越贵，但还是选择长时间和大版面的广告的原因。

当然，增加广告的刺激强度，还可以通过广告的色彩、声音、字体的设计等方面来诱发视觉和听觉对广告受众的影响，从而提高广告作品的刺激强度。美国一项调查表明，在报刊广告中增加一种颜色（如套红），比黑白广告增加50%的销售额，全色广告的收益比黑白广告高出70%。再如闪烁的霓虹灯广告，不断变换其字体与图案，就比固定不变的广告更能吸引受众的无意注意。

2. 使用对比的手法

在广告中，还常用对比的手法达到吸引广告受众注意的目的。对比指的是知觉对象与知觉背景之间的差异。也就是说，在同一刺激物中突出部分特点，或者在不同刺激物之间进行鲜明的对比，都容易引起人们的无意注意。例如，洗衣粉、洗洁精等产品的广告就比较喜欢使用对比手法，将同类产品的效果进行比较，以突出自己产品的性能。又如，某防晒化妆品广告，以海滩泳池作背景，一个游泳者背部一半使用防晒露，另一半没有使用，皮肤的反应有明显的不同，这种对比就显示出此种化妆品的功效。

3. 加强广告的新奇感

求新求异是人类的本性，一旦受众对某类广告习以为常、熟视无睹时，对它的反应也将淡漠，因此新奇是提升广告吸引力的强心剂。在广告设计中，谋求与众不同，追求新奇独特，是吸引公众注意的基本技法。

4. 增强广告的艺术性

人类对美的追求始终存在着，美的东西容易引起人们的注意。而艺术可以给人们带来美的享受，可以满足人们追求美的需要，因而只要增强广告的艺术性，提升广告作品的艺术品位，自然可以吸引受众的注意。

广告的艺术性应是创意新颖、不落俗套；表现技巧精湛，声音、图像、文字配合得当。如动听的广告歌曲、富有趣味的故事情节、恰当的广告模特等，都能调动广告受众的情绪，达到吸引其注意的目的。

5. 利用悬念吸引注意

听广播评书的时候，说书先生总是在紧要关头戛然而止："欲知后事如何，且听下回分解！"给听众留下一个悬念，使得听评书的人总是期盼着下次播出时间的到来。广告中也经常利用这种手法，让受众对广告从被动的状态转为主动的状态，吊起他们的胃口，让他们主动地去注意悬念的结果。这种广告形式是利用语言刺激来达到注意目的的一种广告形式，一般是通过系列广告，由粗至细、由部分到整体，或者说是通过广告系列的不断发展，得以逐渐完善和充实。在报刊广告中，此类悬念广告经常大片留空，引起的一个直接的心理效果是受众的好奇心。在好奇心的驱使下，受众可能更加注意去寻找信息或信息的线索，这无疑有利于无意注意向有意注意的转化，并加深对已有信息的记忆。

6. 选择恰当的时空位置

广告的时间位置，以电视、广播广告为例，通常在收视率、收听率较高的黄金时段播出的广告，更容易被受众所注意。电视广告一般在正式节目播出之前播放效果较好，节目结束后次之。插播广告中，排在首播和末播的效果最好。

广告的空间位置，以报刊广告为例，是指广告所占整个报刊版面的比例，又指广告本身面积的大小。心理学家斯特朗（E.K.Strong）曾以心理实验方法，对广告面积大小和广告注意程度的关系作了研究，其结果是：如果 1/4 页广告的注意值为 100，那么 1/2 页广告的注意值为 156，全页广告的注意值为 240。由此可见，一般来说，大幅面的广告比较容易引人注意，但不等于说广告版面越大越好，而且，广告的尺寸和得到的注意率不一定完全成正比。

## 二、增强记忆策略

广告主除了希望其广告能够有效地吸引受众的注意外，还希望受众能够永久地记住其广告信息，起码能在一定时间内留存。因此，提高受众对广告作品的记忆程度，成为策划广告的基本心理策略之一。为了增强受众对广告的记忆，应该遵循以下的 3 条原则。

1. 广告内容适度重复原则

要提高广告受众对广告的记忆效果，一个重要的原则就是将广告信息不断地加以重复。重复不仅可以加深广告受众对广告内容的记忆，而且根据社会心理学的研究结果，随着对一个中性刺激接触次数的增多，被试者对其亲切感也会随之增加。但是，广告重复次数越多，广告费用也越高，并且广告重复次数过多也可能引起受众的厌烦情绪。因此，应该适度地重复广告信息，帮助广告受众识记广告中的信息，并且保持对这些信息的有效记忆。

广告的重复应从经济和技巧上通盘考虑，尽可能做到以最少的支出，取得最大的效果。一般来说，广告通常采用的适度的重复形式有 3 种。

（1）对广告中的主题部分加以重复。如曾经在各地电视台热播的广告片——"康师傅对辣方便面"。它选用《欢乐颂》为背景音乐，以欢乐颂的音乐旋律，利用"辣"和"啦"的谐音，不断重复"辣"的概念，最后用一句旁白点明主题"要吃辣，找康师傅，对辣"。

（2）在同一媒体上进行系列广告宣传。系列广告是指用不同的广告内容和情节表现同一广告主题。通过连续的系列广告，既可以加深广告受众对品牌的印象，又可以使其对产品有一个全面的认识。

（3）利用多种媒体进行广告传播。当今是一个信息时代，广告媒体众多，除了报纸、杂志、电视、广播四大传统媒体之外，还有互联网、灯箱、路牌、霓虹灯、橱窗、招贴等广告媒介。如果可以将有关的广告信息在多种媒体或媒介上呈现，就可以使广告受众分别在不同的时间、不同的地点、不同的活动中，利用不同感官接受同一品牌的广告信息，从而大大增强广告受众对广告的记忆效果。

2. 广告信息数量恰当的原则

心理学研究表明，学习的材料越多，遗忘的速度越快。人们容易记住较少的信息，容易淡忘内容较多的信息。广告是一种短时的记忆，广告中所传播的信息只有简短、易懂才能获得较好的记忆效果。国外广告心理学的研究发现，广告标题在 6 个字以下，读者的回忆率为 34%，6 个字以上时，则只有 13%。电波广告时间有限，转瞬即逝，其文字说明更应简洁。但遗憾的是，现在国内很多商家却试图在十几秒的广告时间内把所有的情况都告诉受众，看起来好像充分利用了时间，实则广告过后人们什么也没有记住。

一些经典的广告作品都是遵循这一原则的。首先看广告宣传语，雀巢咖啡"味道好极了"，M&M 巧克力"只溶在口，不溶在手"，飞利浦"让我们做得更好"，美的电器"原来生活可以更美的"等，无不是简洁明了，字字千金。再看两则经典的雀巢咖啡平面广告作品，亦无不简洁明了。雀巢咖啡"金鱼篇"（图 2-2），一条金鱼闻到雀巢咖啡浓浓的香味时忍不住要冲出鱼缸的画面，简洁、生动，使人过目不忘。雀巢咖啡"汤匙篇"（图 2-2），整个画面就是一把盛满咖啡粉的小汤匙，图案的左上方标有雀巢的品牌标志。整个构图简洁明了，意义明确，给人以强烈的视觉冲击力和非常高的记忆度。

图 2-2　简洁明了的广告

3. 广告形式新颖独特的原则

新颖独特的信息刺激强度较高，记忆比较牢固。在广告策划中，选择创意新颖独特的广告形式，不仅有利于吸引受众的注意，而且也是提高广告记忆度的一个有力的手段。广告形式的新颖独特应当包括以下 3 个方面。

（1）广告表现形式新颖独特。

（2）广告媒体形式新颖独特，如利用人造云朵在空中做广告。

（3）广告编排形式的新颖独特。例如，一般来讲，报纸广告排版形式都是矩形的，因此，描绘其面积大小，用整版、半版、1/4 版、1/8 版来表达，也就是说，版面造型是很规整的，但诺基亚 8250 在香港地区推出时，设计的报纸广告就打破了这种常规的排版形式，而是把这一型号手机的各种款式的图案毫无规律地插到报纸娱乐版的各个部分，从而起到了很好的记忆效果。

三、诱发受众需求策略

广告不仅要吸引受众的注意，增强受众对广告的记忆度，更重要的是要通过广告宣传对受众心理施加刺激，诱发受众的需求，从而产生消费行为。因此，在具体的运用中，其策略技巧主要体现在以下 4 个方面。

1. 准确了解受众的消费需要

人的行为都是在某种需要心理和动机心理支配下产生的。受众对商家不仅有物质性的需要，期望商家提供物美价廉的商品和优质的服务，而且还希望满足其精神方面的需要，希望商家实事求是、诚实守信、平等待人、尊重受众的意见和舆论等。

这就要求在进行广告宣传时要注意二者兼顾，既要满足受众物质方面的需要，又要满足受众精神方面的需要，两者不可偏废。当然，在进行广告策划时，还应调查受众在当前市场消费中的需要变化趋势及其内在规律，考虑其他影响受众需要的各种因素，从而选择受众最敏感和最关注的需要作为广告宣传的切入口，突出重点，使受众获得一种全方位的满足。

2. 积极诱发受众的合理需要

商家应该采取主动策略，通过广告宣传积极诱发受众对企业、商品产生合理的需要。受众只有在两个前提条件相结合的情况下才能产生强烈的需要心理：一是公众感到缺乏某种东西，有不足之感；二是期望得到某种东西，有求足之欲。需要就是这两种状态共同形成的心理需要。如果没有外在刺激物，受众就可能感觉不到缺少某物，没有不足之感就不会有求足之欲，也就没有需要心理。由此可见，需要的产生是一个自发的过程，而且需要的方向和强度也是自发的。

3. 引导受众把需要心理转化为消费动机

受众的需要是其消费行为的基础和根源，但它并不直接支配、驱动受众的消费行为。可以说，动机是促使受众消费的直接原因。当今社会消费者的消费动机多种多样，包括求实动机、求新动机、求优动机、求名动机、求廉动机、求美动机、求简动机、习惯动机、嗜好动机和攀比动机等。商家只有通过广告宣传等外在刺激，激发出受众对某种商品的心理需要后，再及时地宣传此商品的性能优势、价格优势、品牌优势等内容，为受众提供理想化的目标物品对象，把需要心理转化为消费动机。这样，才能有效地引导受众的消费行为。

4. 不断刺激受众产生新的需要

当受众的某种需要满足之后，企业应该设计新的产品，策划新一轮的广告宣传，使受众在新层次上产生"不足之感"和"求足之欲"，引导受众不断地进行需要的自我更新。对于企业来说，这就是在创造新市场。因为在广告的影响下，很多商品的生命周期会缩短，受众就会寻求新的替代品，市场的有效需求就会扩大，这为企业的可持续化发展提供了良好的经营基础。

## 任务四　广告心理诉求

所谓诉求，是指诉以愿望或需要，博得关心或共鸣，最终达到诱发购买的目的。广告诉求，是指广告主运用各种方法，激发广告受众的潜在需要，形成或改变广告受众的某种态度，告知其满足自身需要的途径，促使其出现广告主所期望的购买行为。显然，广告诉求能否达到预期目的，与广告主是否透彻地了解、娴熟地把握广告受众的心理息息相关。因为，尽管广告所宣传的产品种类繁多，但它总是通过人（广告受众）而起作用的。对广告受众心理的任何方面的忽视，都将招致广告效果锐减，甚至是完全失败。

广告心理诉求的基本目标是：诉诸感觉，引起需求；赋予特色，激发兴趣；创造印象，诱导欲望；加强记忆，确立信息；坚定信心，促成购买。

一般来说，广告诉求方式可以分为3种：理性诉求方式、情感诉求方式和暗示诉求方式。

## 一、广告的理性诉求

理性诉求指的是广告诉求定位于受众的理智动机，通过真实、准确、公正地传达企业、产品、服务的客观情况，使受众经过概念、判定、推理等思维过程，理智地作出决定。也就是说，理性诉求是以商品功能或属性为重点的诉求方式。在广告中突出强调自己的商品所具有的特性或优越性，通常是提出事实或进行特性比较。例如，大宝护肤品的广告"要想皮肤好，早晚用大宝"；保健品黄金搭档的广告"花一样钱，补五样"；王老吉的广告"怕上火，喝王老吉"等都是采用了理性诉求的方式，达到了很好的广告宣传效果。

在广告实践中，如何判断一个广告是否使用了理性诉求手段，这就涉及理性诉求标志的问题。有人指出，只要一个广告中包含以下14条关于产品的事实性信息线索中的一个或一个以上时，该广告就是理性诉求广告。这些线索有价格、质量、性能、配料、销售的时间、地点及联系的电话、特价销售、口感、营养、包装、售后服务、产品安全特点、独立研究（即由独立研究机构进行的研究）、公司研究（即由广告主进行的研究）、新产品的概念。

### （一）理性诉求的心理策略

从心理学角度看，理性诉求广告要想达到预期的最佳效果，必须科学地运用以下策略：

1. 要有简短有力的论点

广告学家指出：做广告要考虑两个要素，一是够不够直接，二是够不够犀利。因为文字广告不可能很长，形象广告呈现的时间也很短。除了费用的因素外，受众也不可能花很多的时间与精力去细品某则广告。因此，无论从哪个角度来看，在广告宣传中都有必要拟定一个简短有力的论点，即说服受众的重点。并且，这个论点的确定不能是随意的，也不能是一厢情愿的，应当经过反复推敲和论证，得出最能代表当前阶段品牌诉求主题的话，只有这样的广告才能出现震撼人心的说服力量。

2. 注意阐述与论点相符的论据

无可否认，消费者对厂商有一种天然的怀疑与抗拒心理。因此，厂商的说辞再动人、再有道理，他们也不见得真正相信。"卖瓜的不说瓜苦"这一心理定式无时无刻不在起作用。受众更想看到、也更愿相信的是强有力的论据。因此，在理性诉求广告中，广告主在说产品好的同时，不要忘记加上"为什么好"，理性的论据比漫天说好更重要，也更有说服力。

在做论据的时候，可以用精确的数据说话，让人听来更为真实可信。如号称西裤专家的九牧王，其论据是：108道工序，30次熨烫，800万条人体曲线，23000针缝制。这样专业的西裤你不想穿吗？又如，"鸿星尔克"运动鞋的论据为：GDS减震系统，360°空气循环系统，300万个活性透气孔等。这一系列专业名词和数据引出了"科技运动装备"的差异定位。且不说此广告诉求的真实性及是否与其他产品的同质化，但此举一出，确确实实让受众对其产品产生了较高的信赖度，由此鸿星尔克也将诸多对手远远地甩在后面。

3. 运用双向信息交流，增加可信度

所谓双向信息交流，是指广告主在大力彰显产品优点的同时，也要说出产品的一些不足之处。这样可以有效地消除受众对商业性色彩的广告宣传所持有的不相信或半信半疑的态度，从而增加其对广告宣传内容的可信度。例如，有人曾将同一型号的汽车做了两则广告，一则广告说:"这种汽车的内把手太偏后了一点,用起来不顺手,但除此之外,其他地方都很好。"另一则广告中没有这一条,全部讲优点。结果受众大部分都相信前一则广告。细加分析,前一则广告的成功乃是由于采用了"欲擒故纵"的手法。消费者具有怀疑心理,好的,那么就对这一心态予以满足,坦诚相告产品的不足之处。使怀疑烟消云散,然后再展开正面攻势,这样就可长驱直入,攻占消费者的心理世界。

### (二)理性诉求的方法

在现代广告中,产品科技含量不断增加,使用功能多样化、复杂化,同时受众文化层次也普遍提高,因此,理性诉求在广告中的运用越来越普遍和重要。

理性诉求的基本思路是:明确传递信息,以信息本身和具有逻辑性的说服力加强诉求对象的认知,引导受众进行分析和判断。理性诉求的内容多种多样。但在实际运用中,具体的诉求方法主要有以下几种:

1. 阐述重要的事实

当广告集中传达产品特性、性能、购买利益时,阐述最重要的事实并做利益承诺是最常用的方法。阐述的语言要求精练、准确。经常采用直接陈述、提供数据佐证、列图表、与同类产品对比等方法,提供给受众产品信息。例如,舒肤佳香皂主要强调其"杀菌和长时间抑制细菌再生",其广告就是一个小孩在公共场所受到不洁环境的影响,然后一家庭主妇出现,提出细菌危害家人健康,而舒肤佳则可以杀菌和抑制细菌再生,所以舒肤佳才是最佳的选择。广告正是通过这种方式告诉消费者如果购买宝洁产品会获得什么样的利益,以达到劝说消费者购买的目的。

2. 解释说明

在传达产品特性时,广告还可以做一系列的特性演示并示范功能和效果。从而加深受众的理解。提供的成因或示范均可以以图文结合的方式展现,增加可信度。而提出疑问并解答的方式可以有效地将受众的关心点引向广告的诉求重点。例如,海尔药业为了推销自己的海尔采力,不厌其烦地对人们进行亚健康科普教育,从而使亚健康观念深入人心。

3. 理性比较

比较主要采用理性诉求的方式进行,和竞争对手做比较,以凸显自身优势。既可以含蓄地比较,不指明品牌,也可以针锋相对地比较。优势品牌通过比较可以展示自身的优势;弱势品牌通过比较可以提升品位,展示独特处。例如,著名的阿司匹林就曾经遭到过泰诺的挑战。泰诺在广告中说:"有千百万人是不应当使用阿司匹林的。如果你容易反胃或者有溃疡,或者你患有气喘、过敏或因缺乏铁质而贫血,在你使用阿司匹林前就有必要先向你的医生请教。阿司匹林能侵蚀血管壁,引发气喘或者过敏反应,并能导致隐藏性的胃肠出血。"结果泰诺一举击败了老牌的阿司匹林,成为首屈一指的名牌止痛退烧药。

4. 观念说服

理性诉求还可以就本产品或服务给受众带来一种新的消费观念、产品选择观念、企业的理念或者观点等方面进行深入的诉求。可以从正面来阐述自己的新观念或理念,也可以反驳旧有的错误观点。例如,李维斯牛仔裤广告制造了黑色代表流行的理念。牛仔裤的正统颜色无疑是蓝色,但是李维斯却推出了黑色牛仔裤。广告是这样的:在一个歌舞厅门口凡是穿蓝色牛仔裤的人不得入内,但是一个帅气的小伙子却因为身穿黑色牛仔裤而备受歌舞厅的欢迎。中国商务通的"呼机、手机、商务通一个都不能少"的广告无疑也是成功地运用观念说服手法的代表之作。

## 二、广告的情感诉求

如果说理性诉求方式是经由人们的理性知觉通道将信息传递到大脑中枢，那么，情感方式则是通过非理性知觉通道传输到大脑中枢。这条通道较之理性知觉通道要短得多，也直接得多，因而传递速度也就快得多。并能够更加深刻地"印刻"在人们的心里，产生巨大的感染力与影响力。如果说理性诉求是一种"晓之以理"的广告诉求方式的话，那么情感诉求就是一种"动之以情"的广告诉求方式。

情感诉求是指针对受众的心理、社会或象征性需求，表现与企业、产品、服务相关的情感和情绪，通过引起受众情感上的共鸣，引导受众产生购买欲望和行为。在一个高度成熟的社会里，消费者的消费意识也日益成熟，他们追求的是一种与自己内心深处的情感和情绪相一致的"情感消费"。在广告创意中有效地运用情感诉求，以亲切、柔和的广告画面，自然流畅的广告语言，诚恳的广告诉求，去打动消费者的情感，这样不仅能够强化人们对企业产品的好感，而且更有助于人们建立对企业产品的忠诚度。因此，以情感为诉求重点来寻求广告创意是当今广告发展的重要趋势。

### （一）情感诉求的心理策略

唐代大诗人白居易曾经说过："感人心者，莫先乎情……上自圣贤、下自愚骏、微及豚鱼、幽及鬼神，群分而气同。形异而情一，未有声入而不应，情交而不感者。"在广告中运用情感诉求的方式不仅是重要的，也是可能的。通过采用一些情感诉求的策略，以达到影响受众的心理，实现购买行为的目的。具体来说，广告情感诉求的心理策略有下述几种：

#### 1. 触发兴奋点刺激需求

以充满情感的语言、形象、背景气氛作用于消费者需求的兴奋点，每个人的内心都会有自己的精神兴奋点，一旦触发了他的需求兴奋点，其情绪必然高涨，而情绪高涨则满足需要的行为也将更快、更强烈地出现。这当然是广告主最希望看到的现象了。为了达到这种状态，广告制作者必须从受众的角度去思考和挖掘，抓住受众的精神兴奋点去诉求，从其需求入手，把产品与某类需求紧密相连，使得受众一出现这类需求便想到此产品，则广告就取得了良好的促销效果，达到了广告主最大最终的希望。情感诉求正是诉求产品能满足受众某类需要，自然能实现上述效果。

#### 2. 增加产品的心理附加值

作为物质形态的产品或服务，本来并不具备心理附加值的功能，但通过适当的广告宣传，这种心理附加值便会油然而生。正如美国广告学者所言："广告本身常能以其独特的功能，成为另一种附加值。这是一种代表使用者或消费者，在使用本产品时所增加的满足的价值。"因为人类的需要具有多重性，既有物质性的需要又有精神性的需要，并且这两类需要常处于交融状态，即物质上的满足可以带来精神上的愉悦；精神上的满足又以物质作为基础，有时可代替物质上的满足。因此，产品质量是基础，附加值是超值，多为精神上的需要，受众更乐意购买有超值的产品。因为购买这类产品可得到双份满足——物质上的满足与精神上的满足。

人类的如此心态，便给广告制作者辟出了一个发挥聪明才智的广阔空间。如果经由广告宣传，使产品增加了并非本来固有的附加价值，那么受众就有一种超值享受的感觉，在进行购买抉择时，"心理天平"势必向这类产品倾斜。

许多杰出的情感诉求广告都是在这一方面痛下工夫。例如，麦氏咖啡"情浓意更浓"，戴比尔斯"钻石恒久远 一颗永流传"等，无不是以"动之以情"的方式来打动广告受众。

3. 利用"晕轮效应"

晕轮效应是社会心理学中的一个概念，它是指某人或某物如果被认为具有某种优点，往往也会被认为其具有其他许多优点。人们在认识人或事物时，经常会把某一特征推广为整体印象。比如，公众认为某些运动员在运动场上是杰出的，他们往往还会赋予这些运动员许多不属于运动方向的专长。这些本不属于他们的专长宛如月亮旁的晕轮，故而称之为"晕轮效应"。许多企业不惜重金聘请体育界、娱乐界的明星甚至是政界人物为自己的产品做广告，从理论上来分析，就是想借助晕轮效应的威力来达到产品促销的目的。

晕轮效应之所以能具有良好的促销效果，从心理学的角度来看，其原因是公众对某些明星人物有挚爱之情，他们的行为直接影响到公众，使得公众爱明星之所爱，喜明星之所喜，自然，也就会"购"明星之所"购"了。公众通过与明星购同类产品，在心理上便把明星身上的优点转移到自己身上，于是，便对明星所用之物，所推荐之物趋之若鹜了。如喜欢周杰伦的人购买可比克薯片，喜欢王力宏的人购买哇哈哈纯净水等。

（二）情感诉求的方法

情感诉求在广告中具有极大的魅力和说服力，在实际运用中，情感表现应注意克服庸俗的感情投入，要使情感自然融入广告诉求点。现代受众比较青睐的情感诉求方法主要有以下几种：

1. 美感

今日的受众已不仅仅追求物质满足，他们在要求广告能告之他们信息的同时，还要求具有艺术性和娱乐性，以满足其心理上的审美需要，所以，没有震撼的艺术感染力的广告是很难与受众产生情感共鸣的。众多的广告活动表明，具有极强的艺术性和表现力的广告总是容易引起受众的注意与兴趣，起到引导消费的作用。因为它使人们在获得信息的同时得到了美的享受，正因为具有艺术表现力，它才能营造一种生机勃勃、富于情趣的意境，才能极大地增强广告作品的吸引力和感染力。因此，一则令人赏心悦目的广告，可以使人心情舒畅，给人带来美的享受，获得以情动人的效果。

例如，"ABSOLUT 伏特加酒"的传奇广告，以瓶形作为所有广告创作的基础和源泉——"ABSOLUT 酒瓶是永远的主角"，来诠释 ABSOLUT 的核心价值——纯净、简单、完美。在其系列城市广告中，其经典的瓶形化身为世界各地的各种物体，无论是在罗马、维也纳、日内瓦、伦敦，还是在阿姆斯特丹、马德里、里斯本、巴塞罗那，目之所及皆可化作伏特加酒的象征物。ABSOLUT 通过伟大的广告创意渗透入消费者生活的每个细节。如此智慧的表达方式不仅获得了众多广告人的认可，更重要的是，它打动了每一位消费者。

2. 幽默感

莎士比亚说："幽默和风趣是智慧的闪现。"幽默广告的表现手法使人发笑，产生兴奋、愉快等情感体验。当今社会商品经济高度发达，大量的信息符号通过广告向社会传播，使受众目不暇接，在一定程度上已显现饱和状态，受众在精神上产生了保护性抑制情绪。在这种情形下，广告采用幽默诉求的方法，可有效缓解受众精神上的压抑情绪，排除其对广告所持的逆反心理。使受众在一种轻松、愉快、谐趣的氛围中自然而然地接受广告所传递的商业信息，并完成对商品的认识、记忆、选择和决策的思维过程，从而更有效地达成广告的宣传目的（图2-3）。麦柯克伦·施皮曼研究机构也曾对500则电视广告做过调查，结果表明，逗人发笑的广告更容易记忆，而且更具有说服力。

图2-3 富幽默感的广告

目前在美国黄金时段播出的广播和电视广告中，幽默广告分别占30.6%和24.4%。在其他国家，幽默广告所占的份额也不少。在戛纳国际广告节上获奖的作品中，也有不少是采用幽默诉求的手法。它们超越了民族语言和接受心理的障碍，成为普遍受欢迎的广告诉求方式。

【小案例】

在马来西亚柔佛州的交通要道上有不少幽默式交通广告，有一则广告文案如下。

阁下：

驾驶汽车时速不超过30英里，您可饱览本地的美丽景色；

超过80英里，欢迎光顾本地设备最新的急救医院；

上了100英里，那么请放心，柔佛州公墓已为你预备了一块挺好的墓地。

此广告幽默的警告，别出心裁，独具匠心。其中并无星点警告性语言，也没有片言惩罚的字样，但大凡读过此广告的人都会禁不住拍案叫绝，相信这则交通广告要比我们常见到的"超速行驶，罚款××元"的广告更具说服力。

（资料来源：http://www.kancr.com/article/gexing/info-8691.html）

但幽默广告本身具有一定的风险。如果幽默广告与产品特点结合不恰当的话，受众会因为幽默的无趣而对产品产生厌恶感。如果没有不同凡响的创意，不如退而求其次，用一种更保险的方法来制作广告。换言之，幽默广告需要广告主有更高的想象力、知识、经验和道德感。同时，不是所有的产品都适合做幽默广告。一般而言，感情需求性产品（如快餐、甜点、软饮料等）多用幽默广告促销。例如，一则餐馆广告是这样的："请来本店用餐吧！不然你我都要挨饿了。"一语双关，使人发出会心的微笑。然而，与生命、财产有关的产品或服务则不宜用幽默诉求，如药品、保险产品等。因为人们认为金钱、财产、生命和死亡都不是被取笑的对象，应当严肃对待，而不应被当作儿戏。

3. 亲热感

亲热感反映着肯定的、温柔的、短暂的情感体验，它往往包含着生理的反应及有关爱情、亲情、友情的诉求。广告画面中人物的亲热关系，如深情的恋人、嬉戏的母子、互勉的朋友等，都容易使受众产生同感，引起共鸣。

贵州青酒"喝杯青酒，交个朋友"、好丽友蛋黄派"好丽友，好朋友"，这些都是以友情为诉求点，都在诉诸热诚无羁的友情，深受消费者的青睐。而神威药业"五福心脑康"的电视广告则以"关爱老人的健康"为诉求点，以"孝心"来引发中国人内心深处的亲情，产生了较好的效果，从而从"病例实证式"、"专家证言式"、"理性说理式"的广告中脱颖而出。此外，戴比尔斯（De Beers）"钻石恒久远，一颗永流传"和依波路表（Ernest Borel）"浪漫时刻，一生相伴"则是以爱情为诉求的典范之作。

【小案例】

美国贝尔电话公司的一则广告如下：一天傍晚，一对老夫妇正在进餐，这时电话铃响起，老妇去另一房间接电话，回来后，老先生问："谁的电话？"老妇回答："是女儿打来的。"又问："有什么事？"回答："没有。"老先生惊奇地问："没事？几千里打来电话？"老妇呜咽道："她说她爱我们！"俩人顿时相对无言，激动不已。这时，旁白道出："用电话传递你的爱吧！"

这则广告从最易引起人们共鸣的亲情入手，通过远在千里之外的女儿用电话向年迈的父母传达爱。而赋予电话以强烈的情感色彩，营造一种浓浓的亲情，最后水到渠成地推出要宣传的企业——贝尔电话公司。整个过程自然得体，情真意切，有很强的感染力。

（资料来源：http://blog.5d.cn/user8/newsea/200601/203077.html）

4. 恐惧感

优秀的广告能打动受众的心灵，在心理层面上造成震撼力和影响力。这种"打动"、"震撼"、"影响"，不仅来自正面诉求，也来自反面诉求，利用人们普遍存在害怕、担忧、担心的心理，在广告创意中运用和发展恐惧诉求，这正是国内外不少广告大师的创作手法。

所谓"恐惧"诉求，是指通过特定的广告引起受众害怕、恐惧及其有关的情感体验，从而使受众渴望追求一种解救，自然就引向广告推荐的产品。广告主通过它来说服消费者，改变其态度与行为。从心理学角度来看，恐惧诉求广告，其恐惧的强度在于与商品或服务之间的关联性。如果恐惧的强度太小不足以引起受众的注意，而强度太强则会导致受众的逃避。对于与生命密切相关的商品或服务，应用强度大的恐惧诉求广告；而对一般的商品或服务，则多以比较弱的恐惧来传播，如"飞利浦"曾采用恐惧强度较弱的广告来传达其家庭影院的逼真效果。

【小案例】

奥美广告公司（中国台湾地区）创意总监孙大伟先生为美商保德信人寿保险公司所做的"智子篇"就是一个比较有效的恐惧诉求广告。广告依据一份空难书信而设计。文案如下：

"日航123航次波音747航班，在东京羽田机场跑道升空，飞往大阪，时间是1985年8月15日下午6点15分，机上载着524位机员、乘客及他们家人的未来。"

"45分钟后，这班飞机在群马县的偏远山区坠毁，仅4人生还，其余520人已成为空难的统计数字……"

"在空难现场一个沾有血迹的袋子里,智子女士发现了一张令人心碎的信条。在惊慌失措呼天抢地的机舱里,为人夫为人父的谷口先生写下了给妻子的最后叮咛:'智子,请好好照顾我们的孩子。'就像他要远行一样。"

　　"你为谷口先生难过吗?还是为人生的无常而感叹?免除后顾之忧,坦然面对人生,享受人生,这就是保德信117年前成立的原因。走在人生的道路上,没有恐惧,永远安心——如果你与保德信同行。"

　　(资料来源:http://www.tianyablog.com/blogger/post—show.asp)

　　目前,恐惧诉求广告应用最广泛的是在公益广告领域,因为它往往可以改变人们早已固定形成的行为模式和观念。如戒烟,虽然"吸烟有害健康"的道理人人都懂,可是并不一定能引起人们对生命的关注。有一则运用恐惧诉求传播戒烟的公益广告可以说是比较成功的:随着香烟的燃烧,鲜红的肺部逐渐变黑,把死亡的恐惧呈现给人们看。此广告用真实的客观的事实说明了吸烟对人体造成的危害,一经播出,反映强烈,效果非同寻常。

### 三、广告的暗示诉求

　　波兰心理学家认为:"暗示的含义就是一个人不用命令和理性的思考就对另一个人的信仰、观点和决定产生某种影响。在受到暗示影响时,人们不能控制它对自己的影响,而且也缺乏自己的行为动机。对暗示的易接受性叫暗示性。总之,暗示性是一种使人在无足够的动机甚至在相反的动机的情况下完成某些行动时的状态和特征。许多专家认为,暗示起作用不仅可以不顾个人的意志,甚至可以违反个人的意志。"

　　在广告创意中,运用暗示诉求的方式,向受众暗示这种商品代表着什么,选择这种商品的人品位怎样、生活怎样。在广告中出现一种高贵、优雅、成功……总之是令人向往的形象,受众在看广告的同时自然会渴望成为广告中所描绘的那个优秀的形象,这就会使受众似乎在莫名其妙、不知不觉之中接受某种观念、某种情绪、某种行为模式,进而表现出暗示者所希望的行为。暗示诉求削弱了"王婆卖瓜"的嫌疑,既不直接陈述产品的功能,也不讲产品带给人的精神内涵,而是以第三人称的姿态陈述关于其品牌、企业或领导所发生的事,而这样的事通常具有巨大的渗透力。

　　具体而言,暗示诉求方式的心理策略主要有以下两种。

　　其一,"不著一字,尽得风流。"也就是说,不是用直接的陈述,而是通过其他语言与形式的暗示,表述出自己的意图,让消费者在潜意识中自觉地得出结论。例如,美国饮料市场是可口可乐与百事可乐的天下,"七喜"欲插足其中难度很大。在精心策划后,他们做了一则这样的广告:"汽水饮料有两种类型,一种是可乐,另一种是非可乐,而七喜饮料即属于后者。"从表面文字看它只是陈述一个事实,但所暗示的信息是,如果你要喝非可乐饮料,那就是"七喜";并且,将"七喜"与可口可乐、百事可乐放在一起,亦使人们形成一个印象,"七喜"与可口可乐、百事可乐属于同一档次的两种不同类型的饮料。这则广告乍看上去平淡无奇,实质上具有很强的心理冲击力。

　　其二,利用群体压力进行暗示。人类有一种天然的愿望,那就是尽可能地与周围的人保持一致。这在社会心理学家阿希的"群体压力"实验中得到了最为清晰的体现。的确,在群体压力的作用下,人们有时甚至得出与自身判断相左的认识与行为。在广告说服中,如能巧妙借助群体压力的话,那将比自己站出来声嘶力竭地叫喊要好得多。

"××产品全国销量第一。"这不仅是陈述事实,也不仅是对自身成就的夸耀,实际上,它最大的功效可能也是厂商的真正目的,就是暗示其他消费者:这是大部分人的选择,如果你相信大部分人的看法通常是有道理的,那么就请购买我们的产品吧。一般人们的心态是:与众多的人有相同的选择则出错的概率低,即使是错了,由于大家一起错,心理也平衡。再就是利用群体压力的方式制造时尚,迫使消费者"就范"。在这方面一个成功的范例就是"海飞丝"洗发香波的广告。这家公司通过一场旷日持久的广告宣传,制造了一种时尚,使用低价劣质洗发水会有头屑,有头屑者难以进入高层次社交圈,这引起了欲成为绅士、淑女者的恐慌,而要从这种恐慌中解脱出来则必须使用"海飞丝"。于是,美国海飞丝洗发香波的广告走俏一时,成为时尚男女扮靓的必需品。

古人云:大凡用计者,非一计之可孤行,必有数计以襄之也。理性诉求、感情诉求和暗示诉求虽各有千秋,但这3种诉求方式并非是彼此不相容的,经过精心的策划,它们可以和谐地统一于一则广告之中,三者经常相互渗透,在很多情况下被穿插使用。它们也可以于不同的产品生命周期、不同的传播媒体或针对不同的目标市场消费者,分别用不同的诉求方式来达到更好地宣传产品、促进购买行为的目的。它们之间没有优劣之分,在广告宣传的实际运作中主要选用哪一种方式的唯一标准就是看它是否能够最贴切、最充分地表现产品,最能与这一产品的潜在消费者的心理相契合。

**情境提示**

如万科·四季花城广告"金银湖畔,万科在造一座城"。在似简朴的陈述实际上已包括了三大诉求方向:品牌:万科;规模:造城;环境:金银湖畔。宝安加州花园的户型广告:"有宝安的家,有花房的家,全国独创阳光花房"。

## 课堂讨论

1. 谈谈广告与消费者的关系。
2. 举例说明广告的心理诉求。

## 知识巩固练习

### 一、选择题

1. 广告对消费行为的作用是(     )。
   A. 唤起消费者的潜在需要       B. 提供相关商品信息
   C. 以便选择特定的商品
2. 广告受众的(     )就是其消费行为的决策过程。
   A. 认知过程       B. 意志过程       C. 思维过程       D. 情感过程
3. 在报刊广告中增加一种颜色(如套红),比黑白广告增加50%的销售额,原因是(     )。
   A. 增加了刺激       B. 增强了记忆       C. 改变了思路       D. 诱发了欲望
4. 广告诉求方式可以分为3种,即(     )。

A．理性诉求方式　　　　　　B．情感诉求方式
C．暗示诉求方式

5．"××产品全国销量第一。"这则广告属于（　　）。

A．理性诉求　　B．情感诉求　　C．暗示诉求

## 二、简答题

1．广告的心理策略有哪些？
2．广告的心理诉求有哪些？

# 实训操作

**案例：广告心理**

新春新意新鲜新趣，可喜可贺可口可乐（可口可乐）
真金不怕火炼（金正 VCD）
福气多多，满意多多（福满多方便面）
非常可乐，非常选择（非常可乐）
农夫山泉有点甜（农夫山泉）
海尔，中国造（海尔）
男人应有自己的声音（阿尔卡特手机）
从更大到更好（长虹电器）
清凉舒爽，全家共享（六神沐浴露）
家有三洋，冬暖夏凉（三洋空调）
27层净化（乐百氏纯净水）
飘柔，就是这么自信（飘柔）
足及生活每一天（搜狐）
知识改变命运（公益广告）
科技让你更轻松（商务通）

【实训目标】了解广告的心理作用。
【实训组织】学生分组，讲述不同广告词的心理诉求。
【实训提示】结合其他材料，分析广告心理。
【实训成果】各组分析，教师讲评。

# 项目三 广告调查

> **情境引入**
>
> ××饮料企业秉承传统配方历经多年发展,已成为了该行业的领导者。近年来,虽然公司广告开销巨大、分销手段先进、网点覆盖面广,但市场占有率却还是一直在下滑。通过初步了解,现在市场上消费者的口味偏好更甜一点的软饮料,是迎合这一需要调整传统配方吗?如果你是该企业的领导者你将如何做?
>
> 如果广告主要你帮他选择,你会怎么做?

建议你先学习下列任务:
1. 了解广告调查的概念和作用。
2. 了解广告调查的内容。
3. 了解广告调查的方法。
4. 了解广告调查的程序。

## 任务一 广告调查的概念和作用

对于一个广告来说,创意是最为重要的,但是广告创意好,并不代表消费者认知好、产品销售好、品牌传播好、媒介选择好。调研在某种程度上甚至比广告创意还要重要。由于广告在执行过程中常常会出现很多偏差,尤其是结合目标消费群和消费环境的快速消费品广告,广告的制作和媒介选择很容易变化,而这些变化常常对企业的传播又是至关重要的。在这种情况下,与其说广告调查是一种前期投入,倒不如说是一种必要的投资。

广告调查来源于英文单词"Advertising Research",也可以叫做广告调查。广告调查有广义和狭义之分。狭义的广告调查是市场调研的一种特殊形式,侧重服务于广告的策划、创意和发布,是商业性的调研活动。

### 一、广告调查的含义

1. 狭义的广告调查

狭义的广告调查可以定义为:企业组织为有效地开展广告活动,利用科学的手段和调查研究方法,对与广告活动有关的资料进行有计划地、系统地搜集、整理和分析的过程,其目的是为市场营销决策提供科学的依据。从该定义可以看出,广告调查具有两个基本的特点:一是计划性,广告调查不是一种盲目随意的活动,而是一种有目的,经过精心策划的活动;其二是系统性,广告调查是一项系统工程,在这个系统中,研究人员必须依照规范的运作程序有条不紊地进行。

2. 广义的广告调查

广义的广告调查可以定义为:为了探讨广告活动的有关规律,揭示广告现象本质,或为广告决策提供科学客观依据，广告学者（或企业组织）进行的一切研究活动。

由上述可以看出，狭义的广告调查目的是为广告决策提供科学的依据，往往与某一具体的产品或服务相联系。而广义的广告调查不仅包括企业组织的活动，还包括学术性的调研活动，可以解释广告活动中的基本规律，解决广告理论中存在的问题。

## 二、广告调查的作用

1. 广告调查是整体策划的依据，是制作有效广告的保障

要使广告达到预期效果，广告投资得到最大收益，必须制定有效的广告。而广告调查则可以最大限度地提供各种信息，这些信息是为分析复杂多变的市场和形形色色的消费者所需要的，通过广告调查可以清楚地了解广告对目标消费者心理、行为等各个层面的影响，获得大量关于广告效果的指标。

2. 广告调查可以帮助企业了解市场状况

广告调查是围绕广告活动而组织开展的调查研究活动。广告调查比一般的市场调研范围更广，获得的信息量更大，特别是广告公司代理企业进行的广告调查所获信息更客观，更能反映市场的真实情况。可以说，广告调查是了解市场状况和产品状况的最佳途径，从而为下一步开展广告宣传策划活动准备了依据。

例如，高露洁牙膏进入中国市场之前，首先就是花大力气做市场调研。通过调查发现，国内牙膏竞争激烈，但日趋同质化，诉求对象几乎全是中老年人，广告表现手法和格调平淡，针对于此，高露洁采取独特广告视角，使高露洁成为中国牙膏市场霸主，最高使用率达到了29.9%。

3. 广告调查为指导广告设计提供具体的资料

广告主题的产生，广告创意的新颖，不是源于工作人员的闭门造车，它建立在对市场、产品、消费者行为、营销策略的研究之上，建立在对大量的具体资料的分析之上，这些具体资料，要靠广告调查工作给予提供。

4. 广告调查是广告效果的评价手段

为了检验广告的作用大小，测试广告效果好坏，更好地改进和完善以后的广告活动，必须进行广告效果调研。通过广告效果调研得到市场信息和消费者信息，可以检验广告表现主题是否正确、广告媒体选择是否适当、广告发布时间和频率是否适宜、广告预算费用是否合理。

【小资料】

### 国外广告调查的产生和发展

国外广告调查经历了初期的调查研究和现代的调查研究萌芽及广告调查研究大发展三大阶段。

1. 初期的调查研究

早在19世纪，在广告领域就出现了调查研究。

初期的调查研究，在调查内容上比较单一，缺乏系统性。在调查的方式上所采用的大多是经验性和简单性的方法。广告调查研究工作缺乏连续性和完整性，在手段上缺乏一定的科学性。

2. 现代的广告调查研究萌芽

第一次世界大战以后,市场调查和广告调查开始出现了显著的进步。1918年,哈佛大学销售学教授丹尼尔·斯达奇(Daniel starch)开始研究检测广告文案的识别方法。几乎在同一时期,印第安纳州大学统计学教授乔治·盖洛普(George Gallup)也研究和实践着文案检测的方法。1929年,盖洛普应雷蒙·罗必凯的邀请来到纽约的扬·罗必凯广告公司建立了第一个广告公司内部的调研部。斯达奇和盖洛普在20年代中所做的研究,为现今文案检测提供了基本概念,如文案的"受读程度"和"被理解程度"仍然被当今广告界沿用。

3. 广告调查研究大发展阶段

第二次世界大战后,广告市场调查研究进入到一个全方位发展时期。出现了"消费者动机和行为调查"、"细分市场和确定目标市场调查"、"产品调研和产品定位调查"、"广告目标和广告策略调查"等广告调查理论大板块。

(资料来源:http://club204.allchina.cn/communication/showtopic-11940.html)

# 任务二　广告调查的内容

广告调查的内容主要包括4大部分,即广告市场调查、企业形象调研、广告媒体调研和广告效果调研。

## 一、广告市场调查

广告市场调查是编制广告计划的依据,具体包括广告市场所在的社会环境调研、消费者调研和产品调研等。

1. 社会环境调研

任何事物都是在一定的社会环境中生存的,广告也是一样,对广告进行市场调研时,首先是社会环境调研。社会环境构成的因素很多,在广告调查中,具体应该着重于以下几个方面的调研。

(1)政治和法律环境的调研。主要是分析政策法规对营销的利与弊。

(2)经济环境的调研。广告市场的经济环境调研,主要包括目标市场所在地的经济发展水平和市场容量,如就业、国民收入、工农业发展、工资收入等情况。

(3)文化环境的调研。对文化环境进行调研主要是为了了解广告产品所处环境的文化特征、文化禁忌等,使广告及广告产品能够与社会文化相融合,而不至于发生严重的冲突;或者能够使广告及广告产品在扩展其市场空间时,避免与新开拓的活动环境的文化规则相冲突。例如,日本索尼收录机刚打入泰国市场的时候,做了一则电视广告。广告的画面是这样的:佛祖释迦牟尼安祥侧卧,双目紧闭,进入忘我的境界……不一会儿,画面上索尼收录机放出美妙的音乐,佛祖居然凡心萌动,全身随着音乐不停地摆动,最后睁开双眼……广告在泰国播出后,佛教之都的泰国认为这是对其所崇敬的佛祖的莫大侮辱,是对泰国的公然挑衅。泰国当局通过外交途径向索尼公司抗议,索尼公司不得不停播,并致以公开道歉。试想,如果索尼公在做这则广告之前,了解一下泰国的文化禁忌、风俗习惯,能犯这样的错误吗?可见,文化环境的调查至关重要。

(4)地理气候环境调研。不同地理条件、气候条件的消费者对商品的需求是不同的。

## 2. 消费者调研

所谓消费者调研是对与广告产品有关的各种消费者购买行为的调研。具体包括生理因素、心理因素和个性因素的调研。消费者动机和行为调研的研究与实践，所追求的是帮助广告决策者挖掘人们内心的购买动机，而不仅仅是"要"或者"不要"的简单回答。例如，20世纪五六十年代，当时比较有名的消费者行为和动机研究大师是美籍奥地利人厄尼斯特·迪希特博士，参与了康普顿广告公司象牙牌香皂的广告策划。他认为，沐浴并非仅仅把身体清洗干净，这还是一个摆脱心理束缚的仪式，他断定"洗澡是一种仪式，你洗掉的不仅是污垢，而且还有罪过"。由此，他拟定的广告口号是："用象牙牌香皂洗去一切困扰，使自己洁净清醒"。此广告促销效果十分显著，一时被许多广告主和广告公司效仿。可见，消费者的生理因素、心理因素和个性因素的调研对于广告的创意具有十分重要的意义。

## 3. 产品调研

产品调研是指对预定的广告产品的调研，以了解其是否适销、符合市场的要求和消费者的习惯。产品调研具体包括产品本身属性的调研和产品竞争结构的调研。首先要对预定的广告产品的质量、功能、设计、式样、颜色、包装、价格、品牌、销售指数和产品市场占有率进行调研；其次要了解同类产品在目标市场中销售的具体数目、品牌规格、来源、生产厂家、经营单位、价格等，要了解同类产品在市场上的占有率和销售指数、竞争力情况。产品调研是建立在消费者调研基础之上的，因此，产品调研还要了解消费者对于特定产品或服务的看法，以有利于改进产品和帮助广告宣传中扬长避短，争取一个相对于竞争者有利的地位。美国通用粉公司贝蒂·克罗克牌蛋糕料，只需兑上水搅拌后就能烤成蛋糕，初上市试销时无人问津。后来一位精明的调研员经过努力调研与研究，发现家庭主妇们以为使用这种蛋糕料会变懒，从而产生一种内疚感。这家公司为了让主妇们改变这种想法，修改了配方，要使用者在使用前加进一个鸡蛋，以让主妇们得到蛋糕是自己动手做的感觉。随后加以修改过的广告进行宣传，销量大增，成为广告调查研究的典范。

## 4. 竞争者调查

竞争者调查包括竞争者的广告内容、广告费用、分销渠道、价格水平、顾客构成、产品的优势和弱点、广告与促销的配合等。

中国是目前世界上洗发水生产量和销售量最高的国家，根据相关机构报告，2007年洗发水市场规模达220亿元，即使是全球经济危机在2008年第四季度冲击中国，在2009年洗护发产品销售额仍保持较快增长，去屑市场则占据了一半左右。但是国内去屑洗发水市场竞争已相当激烈，所有的洗发护发品牌里几乎都包含了去屑的品种，海飞丝、飘柔、风影、好迪等都在市场上占据了一席之地。联合利华对5351人进行的网络调查显示，对于"去头屑"这个日常问题，60%的人对去屑效果不满意。由此可见，消费者对去屑品牌认同的程度并不太理想，市场潜力仍然巨大。在这种需求之下，清扬品牌的"高调"与"自信"无疑对现有市场的秩序和格局产生根本影响（图3-1）。

图3-1 洗发水广告

## 二、企业形象调研

企业形象调研是对社会公众所给予企业的整体评价与认定的情况调研。由于在 20 世纪 90 年代的广告发展被公认为是系统形象广告时代阶段，企业形象调研就显得尤为重要。企业形象调研的内容很多，具体包括品牌形象、技术形象、企业识别系统等。这些企业形象转化为具体的指数就是企业的知名度和美誉度。

所谓知名度，是指一个企业被社会公众知晓、了解的程度，以及企业对社会产生影响的广度和深度。这一指数是评价企业在社会上名气大小的客观尺度。所谓美誉度是指一个企业获得社会公众认可、信任、赞许的程度，以及企业在社会上产生影响的美与丑、好与坏等。这一指数是评价企业在社会上名声好坏的客观尺度，是任何一个企业都极力追求的目标。

通过对企业形象进行调查，其结果会有下列 4 种情况之一：

（1）低知名度、低美誉度。
（2）高知名度、低美誉度。
（3）低知名度、高美誉度。
（4）高知名度、高美誉度。

通过对企业形象进行调研，就会得到社会公众对企业整体形象认识的真实和完整的情况，使之与企业自身设定的形象进行比较，就会找到企业开展广告活动和公共关系活动的工作重点或区域，从而为企业制定有的放矢的广告目标策略，特别是为实施企业的观念诉求提供必要的条件。

如果广告主是一个具有悠久历史的、有一定美誉度的企业，广告诉求就可以突出其光辉的历史。例如，兰陵美酒厂的广告语："兰陵美酒，中国老字号"；香港地区某银行的广告语："历史悠久，安全可靠的英资银行"。

如果广告主是一个实力雄厚、服务完善的企业，它的广告诉求就可以突出其规模与服务。例如，新加坡海鲜餐馆广告语："海里游的，这里都有"，恒生银行广告语："充满人情味，服务态度最佳的银行"。

## 三、广告媒体调研

### 1. 印刷类媒体的调研

这类广告媒体调研重点是报纸杂志等媒介。在进行这类媒体调研时，首先，要调查其性质。要分清楚是晚报还是早报、日报，是机关报还是行业报、专业期刊，是娱乐性还是知识性、专业性，是邮寄送达还是零售、直接送达等。其次，要调查其准确的发行量。发行量越大则覆盖面也就越广。每千人广告费用就越低。第三，要调查清楚读者层次。对于读者的年龄、性别、职业、收入、阅读该刊所花费的时间等情况要清楚地加以了解。最后，要调查其发行周期，即报刊发行日期的间隔，如日报、周报、周刊、旬报、旬刊、月刊、双月刊、季刊等。目前，长春市发行量最大的报纸是新文化报，其次是长春晚报、城市晚报、东亚经贸新闻。这四大报纸均是每日发行，其中东亚经贸新闻侧重于经济，而其他三类报纸是综合性报纸。四大报纸在长春市采用零售和直接送达相结合的方式发行。

### 2. 电子类媒体调研

这类调研重点放在广播、电视等媒介上。首先要调研其覆盖区域，即传播范围；其次要调研其节目的编排与组成,哪些节目比较有特色,节目的质量如何;第三要调研其收听收视率,要精确到各个节目的收听收视率。例如,某产品要做电视广告,首先要弄清楚哪一个电视台影响最大、范围最广;再调研拟做广告的电视台覆盖范围、收视的户数或人数;最后要调研收看该台电视节目的人们喜欢什么样的节目,多在哪一时间内收看电视,对电视及其广告的态度如何。

### 3. 其他媒体调研

除了大众传播媒介之外,户外、交通、特制品等均归入这一类,主要调研它们的功能特点、影响范围、广告费用等。例如,调研交通广告、霓虹灯广告、路牌广告,一般是通过调研交通人数、乘客人数、进出商店人数等来测算这些广告的接触率,接触率越高,则广告传播范围越大。

## 四、广告效果调研

广告效果调研分事前调研、事中调研和事后调研。事前调研是指广告在实施前对广告的目标对象进行小范围的抽样调研,了解消费者对该广告的反应,以此而改进广告策划及广告表现,提高随后的广告效果。事中调研是指广告作品正式发布之后到整个广告活动结束之前的广告效果的调研,它主要是对广告作品和广告媒介组合方式的调研。事后调研是指在广告之后的一段时间里,对于广告的目标对象所进行的较大规模和较广泛范围的调研,通过广大消费者对该广告运动的反应,而测定广告效果的调研工作。其目的在于测定广告预期目标与广告实际效果的态势,反馈广告活动的受众信息,为修正广告策略和随后进一步开展广告工作奠定量化基础,以便使广告主或广告公司的广告活动更好地促进企业目标的实现。

广告效果调研必须以严格的定量化指标为结果和表现形式,所有的定性内容都必须基于严格的量化参数。这就要求在广告效果的调研活动中,采用科学化的手段与方法,去进行各个调研环节的工作,以达到广告效果测定结果的可信性与有效性。

【小案例】

### 耐克广告的失败

2007年耐克为其运动鞋所拍摄的广告片《恐惧斗室》播出不久,被国家广播电影电视总局紧急叫停。篮球鞋广告内容:一位篮球运动员(美国NBA巨星——勒布朗·詹姆斯)进入一个5层高的建筑,在每层的恐惧斗室(分别名为"夸张的宣传"、"诱惑"、"嫉妒"、"自满"和"自我怀疑")中,对手包括武者、美女、金钱、两条盘龙等,詹姆斯逐一挑战这些对手,直至取得最后的胜利(图3-2)。

据介绍,广告有3个场景涉嫌有"侮辱中国"的形象。第一,詹姆斯与身穿长袍中国人模样的老者"争斗",詹姆斯将老者击倒。第二,身穿中国服装的妇女(与敦煌壁画中的飞天造型极其相似)暧昧地向詹姆斯展开双臂。随着詹姆斯扣碎篮板,"飞天形象"随之粉碎。第三,篮板旁出现了两条中国龙的形象,二龙吐出烟雾和阻碍詹姆斯的妖怪。

许多观众看过这则广告片后,感到心里很不舒服。市民侯先生说:"看到出现的中国人都被击败了,还有中国的图腾龙的形象,我觉得有损中国人形象,说明中国人无能……广告中把飞天形象和美元放在一起,玷污了中国文化,甚至是侮辱了中国人。"

据了解,"恐惧斗室"广告目前正在亚洲地区热播,但也在亚洲各民族间引起了轩然大波。

新加坡当地的华裔联名向政府请愿，要求对耐克的这则广告进行"严打"。

对此，耐克公司近日发表声明称，"恐惧斗室"宣扬了一种积极的人生态度。耐克希望借此鼓励年轻人直面恐惧，勇往直前，广告运用的各种元素是一种比喻形式。

声明还说，耐克在中国投放广告前是经过慎重考虑的。公司认为可借助詹姆斯的偶像力量来激励中国青少年不断进取、战胜自我。

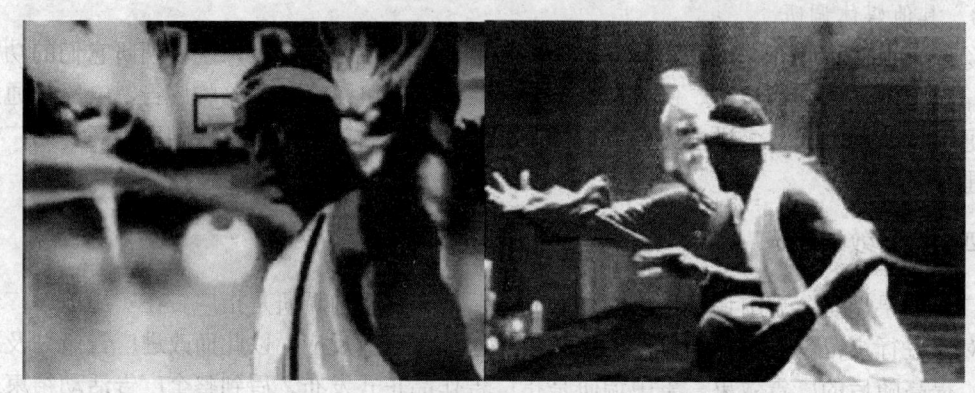

图3-2 耐克广告

【议一议】
1. 你觉得耐克的创意如何？
2. 这则广告导致众多消费者质疑甚至反感的原因是什么？
3. 耐克在进行这个广告调研时，忽略了哪些方面？
4. 这次的广告严重影响了耐克的声誉，假设你是耐克的广告商，你将采取哪些措施来进行补救呢？

## 任务三 广告调查的方法

广告调查方法是指为了完成广告活动的目标，收集各种有关原始资料的方法。广告调查的方法很多，一般来说，按调查材料的来源可分为文献调查和实地观察；按调查时所使用语言形式可分为问卷调查和访问调查；按调查的范围可分为全面调查和非全面调查。非全面调查包括抽样调查、典型调查和案例调查。下面介绍几种常用的调研方法。

### 一、文献研究法

文献研究法是指调查者对文献资料进行收集、整理和分析的调查方法。文献调研所收集的资料，都以某种形式存在。与其他的研究方法相比，它有以下两个优点：一是比较简单，速度快；二是费用低。不足的是收集的资料可能是过时的、不全面的或是不可靠的。因此，如何克服文献资料所存在的不足是文献研究值得注意的问题。

从我国目前实际情况来看，有关市场信息的文献种类包括：第一，国家统计局和各级地方统计部门定期发布的统计公报、定期出版的各类统计年鉴，这些都是权威性的一般综合性资料文献。第二，各种经济信息部门、各行业协会和联合会提供的定期或不定期信息公报。

这类文献或数据定向性较强，是市场调查中文献的重要来源。第三，国内外有关报纸、杂志、电视等大众传播媒介。这些传媒提供种类繁多、形式多样的各种直接或间接的市场信息，他们是文献调查中主要的查找对象。第四，各种国际组织、外国驻华使馆、国外商会等提供的定期或不定期统计公告或交流信息。第五，国内外各种博览会、交易会、展销订货会等营销性会议，以及专业性、学术性会议上所发放的文件和资料。第六，工商企业内部资料。第七，各级政府部门公布的有关市场的政策法规，以及执法部门有关经济案例。第八，研究机构、高等院校发表的学术论文和调查报告等。

## 二、问卷调查法

将要调查的资料设计成表之后，让接受调查的对象将自己的意见或回答，填入问卷中，它是统计调查方法的一种。问卷法是一种间接的、书面的访问，调查者一般不与被调查者见面，而由被调查者自己填答问卷。根据调查目的设计好问卷是做好调查工作的关键。

一份完美的问卷，必须是问题具体，重点突出，使被调查者乐于合作，能准确地记录和反映被查者回答的事实，而且便于资料的统计和整理。问卷法省时、省力、匿名性强。但调查质量难以保证，并要求被调查者有一定的文化水平。

### 1. 按照问卷发放的途径分类

（1）当面调查。即亲自登门调查，按事先设计好的问卷，有顺序地依次发问，让被调查者回答。

（2）通信调查。指将调查表或问卷邮寄给被调查者，由被调查者填妥后寄还的一种调查方法。这种调查的缺点是问卷的回收率低。

（3）电话调查。指按照事先设计好的问卷，通过电话向被调查者询问或征求意见的一种调查方法。其优点是取得信息快，节省时间，回答率较高；其缺点是询问时间不能太长。

（4）留置调查。指调查人员将问卷或调查表当面交给被调查者，由被调查者事后自行填写，再由调查人员约定时间收回调查问卷的一种调查方法。这种方法可以留给被调查人员充分的独立思考时间，可避免受调查人员倾向性意见的影响，从而减少误差，提高调查质量。

### 2. 调查问卷的结构

一份完整的问卷，一般由说明词、收集资料部分、被调查者基本情况的资料部分、计算机编码、作业证明记载等5部分构成。

（1）说明词。一般在问卷的开头，或者作为问卷的附信。目的是让被调查人了解调查的意义，引起重视和兴趣，争取支持与合作。

（2）收集资料部分。它是问卷设计最重要的部分，是使用问卷的目的所在。这一部分设计得如何，关系到该项调查有无价值和价值的大小。收集什么样的资料，是通过语句设计来表示的，包括调查的问题和回答的方式等内容。

（3）被调查者基本情况的资料部分。被调查者包括两大类，一是个人，二是单位。如果被调查者是个人，其特征分类资料包括性别、年龄、文化程度、职务或技术职称、个人或家庭收入、民族等项；如果被调查者是企事业单位，则包括行业类别、资金、营业额、营业面积、经营商品种类、职工人数等项目。

（4）计算机编码。开展问卷调查时，计算机处理工作量一般比较大。所以，在问卷上设计计算机编码，当取得第一手资料后，便于使用计算机处理、汇总、分类、排序、分析等。

（5）作业记载证明。它主要是调查人与被调查者的记载。如调查人的姓名、调查时间、被调查者的姓名或单位名称、地址。采用匿名性调查则不写被调查者姓名。作业记载证明在于说明该项作业完成情况，调查人的责任，从而有利于检查、修正调查资料。

3. 调查问卷的题型

一般而言，问卷的题型有3种：问答题、单项选择题、多项选择题。简单说明如下：

（1）问答题。直接提出问题，问题本身并不揭示任何暗示的答案，让被调查者自由发表自己的看法。

（2）单项选择题。一般设置相互对立的两个答案，让被调查者选出其中一项。

（3）多项选择题。一般设置3个以上的答案（答案的多少视情况而定，可以多达10余个），让被调查者选出其中的一项或多项。

（4）构造问句时应注意的问题。

1）拟定的问句要使被调查人容易理解其含义。问句应当是常见的、含义明确的字，尽量避免用生僻、暧昧和模棱两可的字，如"也许"、"好像"、"可能"等词。

2）问句要使被调查者能够回答并且愿意回答问题，不要询问对方不了解、难以回忆、专业性太强的问题，避免涉及私人生活。

3）拟定的问句要有明确的界限。能够量化的问题，应当规定明确的数量界限。对何时、何地、何人、何事等都要规定明确的范围。

4）问句语气和内容要适合调查总体内各阶层的被调查者。如问句中使用过于专业化的术语，使不具备本专业知识的人在作答时容易产生不满。只有适合调查总体中的各个阶层，被调查者的回答率才可能高，才能收到预期的效果。

5）问句要能协助被调查者表达自己的意见。问句的排列顺序要有系统性，最好是把被调查人认为是最容易回答而且具有趣味性的问题排在前面；而把可能引起被调查者不愉快或困扰的问题排在最后。另外，问句的排列还要易于调查后的资料整理和分析的顺利进行。

6）问句要问得具体，一般一个问题只包含一个内容，不要一题多问。

7）问句要客观，避免使用带诱导性和倾向性的词句。如果被调查人按某种暗中提示作答，就不能反映真实意愿。例如，"许多人认为诺基亚手机性能确实良好，您的印象如何？这一提问的本身已经包含了明显的倾向性，是在让被调查人回答"印象好"。

8）问句的数量要适中。一般在10~20个题之内，让被调查人能在10~20分钟之内填答完毕。

**【补充知识】**

1. 结构型问卷

其也称为封闭式问卷，是把问题的答案事先加以限制，只允许在问卷所限制的范围内进行挑选。

结构型问卷包括是否式、选择式、评判式、划记式4种问题型式。

（1）是否式。把问题可能答案列出两种极端情况，从中取一，"是"与"否"、"同意"与"不同意"。

示例：关于学生自主性情况的调查。

我自己决定的事,别人很难让我改变主意。
①是　　②否
我的行为不受班里舆论的影响。
①是　　②否
学习上,我总有自己的目标和计划。
①是　　②否
当我干事情不顺利时,我从不轻易放下。
①是　　②否
我不愿别人提示而愿独出心裁。
①是　　②否
我每天坚持记日记,从没有间断过。
①是　　②否
生活上我能自理,从不要别人帮忙。
①是　　②否
学习中遇到挫折,我常常会半途而废。
①是　　②否

（2）选择式。从多种答案中选择最适宜的一个或几个答案,然后作上记号。

示例:关于儿童性格特点调查。

对一些物体总爱观察、摆弄、拆开来玩。
①不这样　②偶尔这样　③有时这样　④常常这样　⑤总爱这样
当别的孩子发生争执时经常能谦让。
①不能　　②偶尔能　　③有时能　　④比较能　　⑤常常能
经常表现很任性。
①很任性　②不很任性　③一般　　④不大任性　⑤不任性
能按要求认真完成作业。
①不能　　②不大能　　③有时能　　④比较能　　⑤能

（3）评判式。每个问题后列有许多答案,要求被试者依其重要性评定等次,所以评判式也叫排列式、编序式,是用数字表示几种答案应排列顺序。

示例:请将以下所列的电视节目,依你喜欢的程度,由1到8排列。

（　　）动物世界　　　　　　（　　）天地之间,七巧板
（　　）文化生活　　　　　　（　　）儿童故事片
（　　）科技生活,科教片　　（　　）美术动画片
（　　）世界各地,祖国各地　（　　）电视连续剧

（4）划记式。按同意或不同意,在答案上分别作记号:"√"或"×"。这是一种核对表形式。在核对表的细目中,被调查者通过选择一个提供选择的答案来回答,与选择式、评判式不同之处在于,答案在连续统计上并不代表分点,而是称名类型。

示例:关于学生公德的调查。

请将你的日常表现,在适当的地方打"√"（表3-1）

表 3-1　关于学生公德的调查

|  | 做不到 | 偶尔做 | 做得一般 | 做得好 |
| --- | --- | --- | --- | --- |
| A.在任何公共场所都不随地吐痰 |  |  |  |  |
| B.在任何公共场所都不乱扔废弃物 |  |  |  |  |
| C.随手关灯，人走灯灭 |  |  |  |  |
| D.在课堂、会场、考场上都遵守纪律 |  |  |  |  |
| E.过马路时走斑马线，不闯红灯 |  |  |  |  |
| F.礼貌待人，不说脏话粗话 |  |  |  |  |
| G.不破坏树木花草 |  |  |  |  |

2. 非结构型

非结构型问卷也称开放式问卷，问卷由自由作答的问题组成，是非固定应答题。这类问卷提出问题，不列可能答案，由被试者自由陈述。就题型分析，可以是填空式的，也可以是问答式的。

3. 综合型

综合型问卷形式一般以封闭型为主，根据需要加上若干开放性问题。也就是说，将研究者比较清楚、有把握的问题作为封闭性问题提出，而对那些调查者尚不十分明了的问题作为开放性问题放入，但数量不能过多。经调查，在积累一定材料基础上，问卷中的某些开放型问题就有可能转变为封闭型问题，这也是问题设计时常常使用的技巧。

### 三、观察法

观察法是指研究者根据一定的研究目的、研究提纲或观察表，用自己的感官和辅助工具去直接观察被研究对象，从而获得资料的一种方法。科学的观察具有目的性和计划性、系统性和可重复性。常见的观察方法有核对清单法、级别量表法、记叙性描述。观察一般利用眼睛、耳朵等感觉器官去感知观察对象。由于人的感觉器官具有一定的局限性，观察者往往要借助各种现代化的仪器和手段，如照相机、录音机、显微录像机等来辅助观察。

（一）观察法优、缺点

观察法能通过观察直接获得资料，不需其他中间环节。因此，观察的资料比较真实；在自然状态下的观察，能获得生动的资料；观察具有及时性的优点，它能捕捉到正在发生的现象；观察能搜集到一些无法言表的材料。观察法也同其他科研方法一样，有自身的局限性：受时间的限制，某些事件的发生是有一定时间限制的，过了这段时间就不会再发生；受观察对象限制。例如，研究青少年犯罪问题，有些秘密团伙一般不会让别人观察的；受观察者本身限制。一方面，人的感官都有生理限制，超出这个限度就很难直接观察；另一方面，观察结果也会受到主观意识的影响；观察者只能观察外表现象和某些物质结构，不能直接观察到事物的本质和人们的思想意识；观察法不适应于大面积调查。

（二）观察法的一般要求

（1）养成观察习惯，形成观察的灵敏性；集中精力勤奋、全面、多角度进行；观察与思考相结合。

（2）制定好观察提纲。观察提纲因只供观察者使用，应力求简便，只需列出观察内容、起止时间、观察地点和观察对象即可。为使用方便还可以制成观察表或卡片。

（3）按计划（提纲）实行观察，作好详细记录，最后整理、分析、概括观察结果，作出结论。

（三）观察法类别

对某一个特定调查问题，从成本和数据质量的角度出发，需要选择适合的观察方法。通常采用的观察方法有以下4种：

1. 自然观察法

自然观察法是指调查员在一个自然环境中（包括超市、展示地点、服务中心等）观察被调查对象的行为和举止。

2. 设计观察法

设计观察法是指调查机构事先设计模拟一种场景，调查员在一个已经设计好的并接近自然的环境中观察被调查对象的行为和举止。所设置的场景越接近自然，被观察者的行为就越接近真实。

3. 掩饰观察法

众所周知，如果被观察人知道自己被观察，其行为可能会有所不同，观察的结果也就不同，调查所获得的数据也会出现偏差。掩饰观察法就是在不为被观察人、物或者事件所知的情况下监视他们的行为过程。

4. 机器观察法

在某些情况下，用机器观察取代人员观察是可能的甚至是所希望的。在一些特定的环境中，机器可能比人员更便宜、更精确和更容易完成工作。

四、实验法

实验法是指从影响调查问题的许多因素中选出一至两个因素，将它们置于一定条件下进行小规模的实验，然后对实验结果做出分析的调查方法。如根据一定的调查研究目的创造某种条件，采取某种措施，把调查对象置于非自然状态下观察其结果。某种商品在改变品种、包装、设计、价格、广告、陈列方法等因素时观察因变量引起的效果。

实验法的最大特点，是把调查对象置于非自然状态下开展市场调查，可提高调查的精确度。

（一）实验法的优点

（1）实验法的结果具有一定的客观性和实用性。它通过实地实验来进行调查，将实验与正常的市场活动结合起来，因此，取得的数据比较客观，具有一定的可信度。

（2）实验法具有一定的可控性和主动性。调查中，调查者可以成功地引起市场因素的变化，并通过控制其变化来分析、观察某些市场现象之间的因果关系及相互影响程度，是研究事物因果关系的最好方法。

（3）实验法可提高调查的精确度。在实验调查中，可以针对调查项目的需要，进行合适的实验设计，有效地控制实验环境，并反复进行研究，以提高调查的精确度。

（二）实验法的缺点

（1）市场中的可变因素难以掌握，实验结果不易相互比较。由于市场现象与自然现象相比，随机因素、不可控因素更多，政治、经济、社会、自然等各种因素都会对市场发生作用，因此，必然会对检验结果产生影响，完全相同的条件是不存在的。

（2）实验法有一定的限制性。实验法仅限于对现实市场经济变量之间关系的分析，而无法研究过去和未来的情况。

（三）几种常用的实验方法

1. 前后无控制对比实验

它是指事前对正常情况进行测量记录，然后再测量记录实验后的情况，进行事前事后对比，通过对比观察了解实验变化的效果。

例如，外观设计变动的前后无控制对比实验，如表3-2所示。

表3-2 外观设计变动的前后无控制对比实验

| 实验单位 | 实验前销售额 | 实验后销售额 | 变动 |
| --- | --- | --- | --- |
| A | 2000 | 2400 | +400 |
| B | 1300 | 2200 | +900 |
| C | 2600 | 3400 | +800 |
| D | 5900 | 8000 | +2100 |

2. 前后有控制对比实验

在同一时间周期内，随机抽取两组条件相似的单位，一组作实验组，另一组作控制组（即非实验组，与实验组作对照比较的），实验后分别对两组进行测定比较。

例如，新包装前后有控制对比实验，如表3-3所示。

表3-3 新包装前后有控制对比实验

| 组别 | 实验前一个月销量 | 实验前一个月销量 | 变动量 |
| --- | --- | --- | --- |
| 实验组（A、B、C） | X1=1000 | Y1=1600 | 600 |
| 控制组（E、F、W） | X2=1000 | Y2=1200 | 200 |

3. 控制组、实验组对比实验

它是指同一时间内对控制组与实验组进行对比的实验调查法。其中，实验组按给定实验条件进行实验，控制组按一般情况组织经济活动。

例如，控制组、实验组销量对比实验，如表3-4所示。

表3-4 控制组、实验组销量对比实验

| 组别 | 一个月销量 |
| --- | --- |
| 实验组（A、B、C） | X=500 |
| 控制组（E、F、W） | Y=400 |

4. 完全随机对比实验

例如，随机地选取试验几个商店做销售实验，如表3-5所示。

表 3-5　完全随机对比实验

| 季节 | 5.50（元） | 6.00（元） | 6.50（元） |
|---|---|---|---|
| 1 | 200 | 100 | 160 |
| 2 | 170 | 140 | 210 |
| 3 | 230 | 210 | 100 |
| 4 | 250 | 190 | 130 |
| 总计 | 850 | 640 | 600 |

5. 分组随机对比实验

研究者除了考察基本自变量因素的影响外，还可将某个主要的外部因素孤立起来研究。例如，商店规模和价格条件下的销售量对比，如表3-6所示。

表 3-6　分组随机对比实验

| 商店规模 | 不同价格下的销量 |||
|---|---|---|---|
| | 5.50（元） | 6.00（元） | 6.50（元） |
| 大于 10 万元 | 1360 | 930 | 900 |
| 6～10 万元 | 690 | 620 | 510 |
| 小于 6 万元 | 430 | 260 | 210 |
| 总计 | 2480 | 1810 | 1620 |

## 五、其他实地调研方法

1. 人员走访

所谓人员走访，是派出市场调查人员实地与对方有关人员进行接洽，从中了解情况和搜集所需要的资料。无论从事工业品市场调查，还是消费品的市场调查，人员走访通常被认为是获取调查资料的最为可靠的方法，也是任何实地调查赖以获取详细准确调查资料的重要方法。在使用这种方法时，要求调查人员作好两方面的工作，既要适当地提出问题，又要细心地观察对话人的反应。

人员走访的最突出优点是可以在双方接洽的过程中直接观察对方对问题的反应，进而可以了解它对经营某种产品或从事某项合作是否有诚意。了解到这些情况，无疑是一种十分有价值的"第一手资料"。而且，也只有通过人员走访，才能获得这种资料。除此之外，人员走访还可以使交谈双方在较为广泛的问题上交换意见，无论所调查的问题多么复杂繁琐，均可提交双方讨论，保证调查工作能够达到一定的深度、广度和准确程度。同时，在人员走访中，调查人员可以适当控制对话的场面和气氛，较之电话采访更为主动、灵活，并可在当面接洽的同时相互展示产品样品、图样或其他文字资料，使双方洽谈的内容更为明确、具体，并能保证所提出的问题都能得到对方的答复。此外，通过人员走访，可结识更多的当地贸易界人士和其他消息灵通人士，为今后持续性的市场调查创造良好条件。

人员走访的缺点是费用太高。另外，市场调查人员自身不足之处会影响现场调查的效果，其主要原因是不能保持与对方融洽地交谈或不能理解对方回答问题的论点，或记录发生错误，以致调查人员无法控制洽谈场面。

2. 电话采访

电话采访的优点是简便、快捷。只要具备良好的通信条件和一间安静的、不受外界干扰的办公室或电话室,就可以在任何时候进行电话采访。但电话采访的可靠性比人员走访要差些。

电话采访主要在以下情况中使用:

(1) 预审实地调查方案。
(2) 了解对方业务经营范围,以便确定采访内容。
(3) 查询某些简单数据。
(4) 核对人员走访时所提供的情况,或确认对方根据邮件查询所寄赠资料。
(5) 直接了解有关现场情况,如产品展销会的参观人数,当地顾客对电台电视广告的反应等。
(6) 与对方进行初步的联系和接洽。

电话采访的缺点是:

(1) 只能简要地提出问题,直接影响了调查问题的深度和广度。
(2) 必须连续对话,难以取得间歇时间。
(3) 无法直接观察对方谈话时的表情,很难判断他对问题的实际反应和态度。
(4) 容易泄密,因而很少谈及有关机要情况,这对调查问题的深度和广度也有直接影响。
(5) 只能在电信条件较好的地方进行,存在条件局限性。

3. 邮件查询

邮件查询主要是为了减少实地走访的人次,从而减少整个调查项目的费用开支。通常与其他方法配合使用,很少单独使用。

邮件查询的主要优点是费用低廉、无需太多开支,却可在幅员广大的市场地区进行。邮件查询的缺陷在于:难以选择具有代表性的邮件查询对象;邮件查询的问题必须简短明了,这对调查问题的深度也有较大的局限性;另外,就是回复率低,难以得到较为全面的资料。

## 任务四　广告调研的程序

广告调查是广告学科体系中的重要内容,任何广告策划与广告创作都离不开广告调查。广告调查是一项十分复杂的工作,要想顺利完成广告调查任务,必须依据科学的程序,有计划、有组织、有步骤地进行。然而,广告调查没有一个固定的程序可循,一般来说,根据广告调查活动中各项工作的自然顺序和逻辑关系,广告调查可分为 3 个阶段,每个阶段又包括若干个步骤。

### 一、准备阶段

当广告主决定进行广告调查时,研究人员就要着手弄清楚所要研究的问题,这些问题本身并不一定构成广告调查的主题,还要对这些问题进行分析和研究。广告调查的准备阶段的主要任务就是了解客户对信息的需求、界定广告调查的问题、选择研究目标、形成研究假设,并确定需要获得的信息内容。

(一) 了解客户对信息的需求

广告调查的目的是为了向广告主提供有效的咨询服务。因此,了解客户的需求就成为调查首先必须做好的工作；否则，盲目地进行调查，不仅会使调查的结果无用武之地，还会造成企业资源的浪费。了解客户信息需求的途径是多种多样的。例如，可以事先征求客户的意见，可以接受客户的委托，可以通过观察客户在广告宣传中出现的问题来推测用户对信息的需求。

### （二）界定研究问题

界定研究的问题和目标，也就是确定调查课题，是正式调查之前的一项重要准备工作。这一工作环节主要应明确调查什么、为什么调查、采用什么方式调查、采用什么方式对资料加工、调查结果的用途等。确定调查研究的课题，可以通过和决策者交流、采访专家、分析二手资料、定性研究等方法实施。

## 二、设计阶段

研究设计是保证调研工作顺利进行的指导纲领。其主要内容有：确定资料的来源、搜集的方法；设计调查问卷、抽样设计等。

### （一）内容设计

内容设计就是根据调研的目的、调研的范围及信息资料的来源。

调研的范围是根据调研的目标，确定所需信息资料的内容和数量。例如，是调查企业营销的宏观经济环境还是调查企业的市场营销手段；是一般性调查还是深度调查等。信息资料的来源，是指获取信息资料的途径。广告调查所需的信息资料，可以从企业内部和企业外部两方面得到。如果企业已经建立了市场营销信息系统，则可以通过数据库得到信息资料。除此之外，还要确定搜集信息资料的地区范围。如调查研究的课题涉及全国范围（如全国电风扇市场调研），就要在全国范围内搜集资料，如调查研究的课题涉及某一地区范围（如东北市场的润滑油需求调研），就要到黑龙江、吉林和辽宁去搜集资料。

### （二）方法设计

市场调研的方法主要有 3 大类：询问法、观察法和实验法，每类方法适用面不同。究竟采用何种调研方法，要依据调研的目的、性质及研究经费的多少而定。

1. 工具设计

在确定了调研方法之后，就要进行工具设计。所谓的工具设计是指，采用不同的调研方法，需要准备不同的调研工具。如采用询问法进行调研时，需要使用调查问卷。调查问卷设计中关键的问题是提什么问题、提问的方式等。又如，采用观察法中的行为记录法进行调研时，需要考虑使用何种观察工具（照相机、监视器等）。

2. 抽样设计

抽样设计就是根据调研的目的确定抽样单位、样本数量及抽样的方法。抽样单位即向什么人调查的问题。样本数量即对多少人调查。在其他条件相同的情况下，样本越大越有代表性，样本数量的多少影响结果的精度，但样本数量过大亦会造成经济上的浪费。

### （三）方案设计

调研方案或计划是保证广告调查工作顺利进行的指导性文件，它是调研活动各个阶段主要工作的概述。调研计划虽无固定格式，但基本内容应包括课题背景、研究目的、研究方法、经费预算及时间进度安排。

### 三、实施阶段

实施阶段就是把调研计划付诸实施。此阶段包括实地调查、资料处理和提交调查报告。

1. 实地调查

实地调查也称现场调查,是调研人员根据调研计划规定的途径与方式,实地获取各种信息资料的过程。在实地调查中,企业常常要聘请一些企业之外的调查员,因此需要做好调查人员的选择、调查人员培训及调查人员管理等工作。

(1)调查人员的选择。参与市场营销实地调查人员素质的高低,将会直接影响到此次调查的结果,因此,调查人员的选择就显得十分重要了。应选取一些责任心强,思想水平较高,口齿伶俐,有一定调研经验的人。

(2)调查人员的培训。当调查人员的选择工作完成之后,就要对他们进行培训。特别是一些临时性的调查人员,因为他们缺乏必要的知识和实际经验。

(3)调查人员的管理。对于调查人员的管理工作要贯穿于整个调查的始终,以保证获得信息资料的真实性。要对调查人员搜集的资料进行查看,验证是否符合要求,若发现问题,及时纠正。要对被调查对象进行复查,以防止有的调查人员不讲职业道德,自行乱填调查问卷,使调查结果失真。

2. 资料处理

对搜集的信息资料和回收的调查问卷要进行处理,未经过处理的原始资料是杂乱无章的。为了更好地发挥信息资料的作用,必须根据调查的目的和要求,对得到的资料进行系统的整理和分析。

(1)整理。对所得资料进行筛选,剔除无效问卷(包括不实、含糊的问卷,缺项过多的问卷,回答前后矛盾的问卷等)。

(2)分类。对所得资料,依据调研目的,按一定的标准归类,统一编码。

(3)列表。依据所得资料,编制成各种图表,可供进一步分析之用。

对资料的统计、计算、分析等,在计算机上进行比人工实现要快捷、准确得多。

3. 提交调研报告

营销调研的最后一步工作是撰写和提交调研报告。调研报告是对调研成果的总结和调研结论的说明。应满足以下几个基本要求:

(1)简明扼要,重点突出。调研报告中切忌罗列一大堆数据和高深的数学公式,而应主要阐述调研中的发现和结论。

(2)对象明确,讲求实用。调研报告是给各级营销决策者看的,内容要实用,结论尽可能量化而明确,符合读者的理解水平。

(3)说明调研结果的局限性和误差范围。

调研报告的主要内容:调研的目的与方法及调研结果的分析;得出的结论;对策建议;附件(有关的图表、附录等)。

### 四、广告调查报告的撰写

1. 广告调查报告的写作要求

广告调查报告是广告调查人员有目的、有计划地对调查对象进行深入细致的调研后,根据调查过程与取得的调查分析结果写成的书面报告。广告调查报告能够及时反映与广告活动相关的各种因素的现实状况与存在的问题，其分析结果与所提对策能够为广告主与广告公司在广告决策时提供客观、真实、有效的科学依据，因此，在撰写广告调查报告时，须遵循以下写作基本要求：

（1）要实事求是，坚持用事实说话。真实、客观是调查报告的生命力和价值所在，也是报告写作应持的基本态度。

（2）观点要鲜明，与材料协调统一。调查报告不仅内容要真实准确，提出的观点也要鲜明、正确、分析翔实、具体，结论公正、客观，同时所选材料要与观点协调统一。

（3）表达上要叙议结合，结构严谨规范，语言简明扼要，通俗易懂。专业性太强的术语要注释清楚，可辅以图表、照片等，以增强报告的可读性。

2. 广告调查报告的格式与写法

一份完整、规范的广告调查报告主要由封面、目录、标题、摘要、正文和附件等组成。

（1）封面。包括调查报告的题目、委托调查单位名称、执行调查单位名称、调查项目负责人姓名及所属单位和调查报告完成日期。

（2）目录。列出报告中各项内容的完整的一览表，只列出各部分的标题名称及页码即可。

（3）标题。可以有两种写法。一种是规范化的标题格式，即"发文主题"加"文种"，基本格式为"××关于××××的调查报告"、"关于××××的调查报告"、"××××调查"等。另一种是自由式标题，包括陈述式、提问式和正副题结合使用三种。

（4）摘要。简明扼要地概括介绍调查过程与结果，提出切实可行的措施与建议。

（5）正文。一般由前言、主体和结尾组成。

前言又称导语，是市场调查报告正文的前置部分，要写得简明扼要，精炼概括。一般应交待出调查的目的、时间、地点、对象与范围、方法等与调查者自身相关的情况，也可概括市场调查报告的基本观点或结论，以便使读者对全文内容、意义等获得初步了解。然后用一过渡句承上启下，引出主体部分。例如，一篇题为《关于全市2007年电暖器市场的调查》的市场调查报告，其引言部分写为："XX市北方调查策划事务所受XX委托，于2008年3~4月在国内部分省市进行了一次电暖器市场调查。现将调查研究情况汇报如下："，用简要文字交待出了调查的主体身份，调查的时间、对象和范围等要素，并用一过渡句开启下文，写得合乎规范。这部分文字务求精要；视具体情况，有时亦可省略这一部分，以使行文更趋简洁。

主体部分是市场调查报告的核心，也是写作的重点和难点所在。它要完整、准确、具体地说明调查的基本情况，进行科学合理地分析预测，在此基础上提出有针对性的对策和建议。具体包括：叙述调查的基本过程；说明调查方法（调查范围、调查对象、样本容量、样本结构、资料采集方法、调查实施过程及问题处理、调查人员介绍、访谈与问卷完成回收情况等）；介绍调查结果（主要是借助图形或表格，运用说明、推论和讨论的形式，客观描述调查数据资料中所隐含的趋势、关系或规律，依次呈现调查结果，包括产品销量与市场份额、产品目标市场结构与特点、被访者对产品与广告的反应、被访者接触媒体的特点、竞争对手的广告策略与特点、价格、包装盒广告对销售的影响等）；提出结论和建议（结论是对调查结果的高度概括，也是对调查中所提出问题的明确答复，建议则是针对调查获得的结论和存在的问题在企业的产品定位、广告策略、媒体组合、包装设计、渠道策略等方面提出具体的要求和改进措施）。

结尾，主要是概括全文观点，进一步深化主体，强调此次调查的收获和意义，也可对支持和配合调查的有关部门和人员表示感谢。

（6）附件。即将各种原始材料汇总后按顺序标上编号，包括访问提纲、调查问卷、抽样细节说明、工作进度安排、原始资料来源、调查所得原始数据图表等。

---

**情境提示**

在全国10个主要城市展开调查，出动2000名市场调查员进行街头访问，样本数为每城市4000名被访者。问题主要包括：XX配方中将增加一种新成分，使它喝起来更柔和，你愿意吗？本产品将于XX产品口味相仿你会感到不安吗？你想试试一种新饮料吗？调查结果为10%~12%的顾客对新口味表示不安，其中一半表示会适应新的产品。根据以上结果，实施下一步骤，不告知品牌名称的样品品尝测试。为了确保万无一失，30天后再次进行了不告知品牌名称的品尝测试。

测评结果：通过调查测试发现，超过55%的品尝者认为新口味胜过了传统配方，而且在测试中击败了最大竞争对手，所以该企业领导者认为放弃它一成不变的传统配方，推出新口味，并且以此为契机展开新的宣传攻势。

广告调查是围绕着广告活动而展开的所有的调查工作，它从属于市场调查，其目的在于通过调查与广告活动相关的信息资料，并加以分析与研究，从而为开展科学的广告活动提供依据。

---

## 课堂讨论

1. 广告调查的含义是什么？其作用是什么？
2. 广告调查的内容包括哪些方面？
3. 广告是"科学"还是"艺术"？
4. 广告调查的一般步骤是什么？
5. 常见的调查方法有哪些？你是如何理解的？

## 知识巩固练习

**一、选择题**

1. 广告调查与市场调查的主要区别和联系在于（　　）。
   A. 广告调查属于市场调查的一部分
   B. 从目的上看，市场调查是出于整体的市场营销决策和运作，而广告调查则是为了某一局部目标而进行的
   C. 从调查的对象方面，广告调查的对象有一些限定
   D. 调查的方法和原则上两者是共通的
   E. 广告调查就是市场调查

2. （　　）指调查人员将问卷或调查表当面交给被调查者，由被调查者事后自行填写，再由调查人员约定时间收回的一种调查方法。

　　　　A．留置问卷　　　B．当面调查　　　C．电话调查　　　D．通信调查
　　3．实验法的最大特点，是把调查对象置于非自然状态下开展市场调查，可提高调查的精确度。几种常见的实验方法有（　　）。
　　　　A．前后无控制对比实验　　　　　B．前后有控制对比实验
　　　　C．控制组、实验组对比实验　　　D．完全随机对比实验
　　　　E．分组随机对比实验

### 二、简答题

　　1．广告调查的程序是如何进行的？
　　2．广告调查的方法有哪些？

## 实训操作

　　1．假设你作为某巧克力品牌的代理商，调查一下本校学生在购买巧克力过程中的决策过程？请使用问卷调查的方法，设计一个调查问卷。
　　2．撰写一份XX品牌巧克力的广告调查报告书。

【实训目标】对现有广告实施调查。
【实训组织】学生分组，并指定组长。
【实训提示】结合材料，掌握广告调查方法。
【实训成果】各组展示，提交报告，教师讲评。

# 项目四　广告预算

> **情境引入**
>
> 　　互联形象推广有限公司接到的一个项目。要求在 2002 年 11 月至 2004 年 4 月的总共 17 个工作月（68 个星期）里，对新朝阳商业城进行广告媒体传播推广。项目总体推广费用要控制在人民币 1600 万元。该公司需要考虑选择什么样的媒体组合来进行传播、各个媒体费用如何分配使用，以及在广告推广中采取的事件行销与促销活动等应如何分配广告费用。
>
> 　　这些都涉及公司广告预算要采取的方法，应该充分考虑那些影响广告预算的因素，如何将有限的资金进行优化分配等，以期公司的广告费用能够被合理、高效地运用。

建议你先学习下列任务：
1. 广告预算的内容。
2. 广告预算的编制方法。
3. 广告预算的分配与编写广告预算书。

## 任务一　广告预算的内容

### 一、广告预算的概念

　　广告预算是广告主根据广告计划对开展广告活动费用的匡算，是广告主进行广告宣传活动投入资金的使用计划。它规定了广告计划期内开展广告活动所需的费用总额、使用范围和使用方法。

　　广告预算不仅是广告计划的重要组成部分，而且是确保广告活动有计划顺利展开的基础。广告预算编制额度过大，就会造成资金的浪费，编制额度过小，又无法实现广告宣传的预期效果。广告预算是企业财务活动的主要内容之一。广告预算支撑着广告计划，它关系着广告计划能否落实和广告活动效果的大小。

　　广告预算不同于企业的其他财务预算。一般财务预算包括收入与支出两部分内容，而广告预算只是广告费支出的匡算，广告投入的收益由于广告目标的不同而有不同的衡量标准。它或许反映在良好社会观念倡导上，或许反映在媒体受众的心理反映上，也有可能体现在商品的销售额指标上。有许多广告主错误地认为，广告投入越大，所取得的效果也就越大。广告策划者通过对大量广告活动效果的实证分析得出，当广告投入达到一定规模时，其边际收益呈递减趋势。美国广告学家肯尼斯·朗曼（Kenneth Longman）经过长期的潜心研究，也得出了类似的结果。他在利润分析的基础上，创立了一个广告投资模式，如图 4-1 所示。他认为任何品牌产品的广告效果都只能在临限（即不进行广告宣传时的销售额）和最大销售额之间取值。

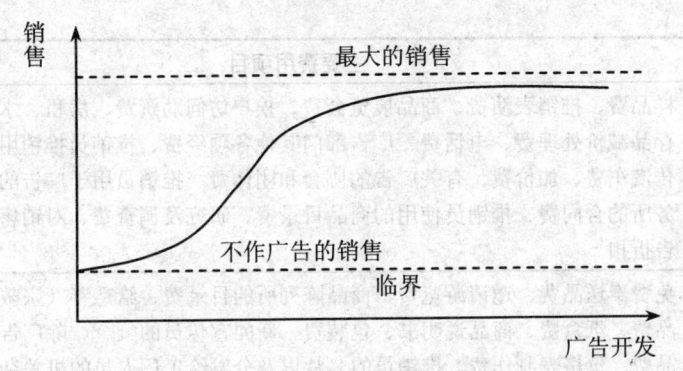

图 4-1　广告效果与广告投入之间的关系

肯尼斯·朗曼认为，任何品牌的产品即使不作广告也有一个最低销售额，即临限。广告的效果不会超过产品的最大销售额，产品的最大销售额是由广告主的经营规模、生产能力、销售网络以及其他因素综合决定。朗曼认为，理想的广告宣传活动应该是以最小的广告投入取得最大的广告效果。当广告效果达到一定规模时，广告投入就是一种资源的浪费。

## 二、广告费的内容

广告费一般是指开展广告活动所需的广告调研费、广告设计费、广告制作费、广告媒体费、广告机构办公费与人员工资等项目。有的企业把公共关系与其他促销活动费也记入广告费之内是不合理的。如馈赠销售的馈赠品开支、有奖销售的奖品或奖金开支、推销员的名片、公司内部刊物等的开支费用，均不应列入广告费。

【小案例】

美国的《印制品》杂志对广告费用进行了有说服力的分类，并对此做了详细的说明，对支出也进行了一定的约束，对广告业具有一定的参考价值（表 4-1）。

表 4-1　《印制品》杂志广告费说明

| 分类 | | 主要费用项目 |
|---|---|---|
| 白表 必须作为广告费用结算的费用项目 | 时间、空间媒介费不及其他广告费 | 一般报纸、一般杂志、行业报纸、行业杂志、剧场广告、户外广告。店内广告、新产品、宣传小册子、人名录、直接邮寄广告（DM）、报纸及标签（可用于作广告的地方，如陈列室）、商品目录、面向商店消费者的机关杂志、电影、幻灯、出口广告、特约经销广告、用于通信或陈列的广告复制、广播、电视、用于其他目的的一切印刷品 |
| | 管理费 | 广告部门有关人员的工资、广告部门办公用易耗品和备用品费、付给广告代理业和广告制作者以及顾问的手续费和佣金、为广告部门工作的推销员的各项费用、广告部门工作人员的广告业务旅差费（有的公司把此项费用列入特别管理费） |
| | 制作费 | 有关美术设计、印刷、制版、纸型、电气版、照相、广播、电视等方面的制作费，包装设计（只涉及广告部分），其他。 |
| | 杂费 | 广告材料的运送费（包括邮费及其他投递费），陈列室的装修服务费，涉及的各项杂费 |

续表

| 分类 | | 主要费用项目 |
|---|---|---|
| 灰表 | 可作为也可不作为广告费结算的费用项目 | 样品费、推销表演费、商品展览会费、挨户访问劝资费、房租、水电费、广告部门的存品减价处理费、电话费、广告部门其他各项经费、推销员推销用的公司杂志费、宣传汽车费、加价费、有关广告的协会和团体费、推销员用于广告的皮包费、工厂和事务所的合同费、推销员使用的商品目录费、研究及调查费、对销售店的协助支付的广告折扣 |
| 黑表 | 绝对不能作为广告费结算的项目 | 免费奉送品费、邀请游览费、商品陈列所的目录费、给慈善（宗教）相关组织的捐献品费、纸盒费、商品说明书、包装费、新闻宣传员的酬金、除广告部门外使用的消耗品费、价格表制作费、推销员的名片以及分发给工厂人员的机关杂志和特殊介绍费、行业工会费、老主顾和新主顾的接待费、年度报告书费、陈列室租费、推销会议费、推销用样本费、工作人员生产福利活动费、娱乐费 |

依据广告费的用途，可以划分为直接广告费与间接广告费，自营广告费与他营广告费，固定广告费与变动广告费。直接广告费是指直接用于广告的设计制作费用，广告媒体费用；间接广告费是指企业广告部门的行政费用。应当尽量缩减间接广告费，使同样数目的广告预算能用在直接广告费用上。自营广告费是指广告主本身所用的广告费，包括本企业的直接与间接广告费；他营广告费是指广告主委托其他广告专业部门代理广告活动的一切费用。一般来说，此类广告比前者更为节约，效果更好。固定广告费是指自营广告的组织人员费及其他管理费，这些费用开支在一定时期内是相对固定的；变动广告费是因广告实施量的大小而起变化的费用，如受数量、距离、面积、时间等各种因素影响而变化的费用。变动广告费又因广告媒体的不同，可分为比例变动、递增变动、递减变动。比例广告费是随广告实施量大小全部呈比例变化的；递增广告费是随同广告实施量的增加而递增；递减广告费则相反，广告费用随广告实施量的增加而递减。

# 任务二　广告预算的编制方法

### 一、广告预算的编制程序

广告预算由一系列预测、规划、计算、协调等工作组成。广告预算的基本程序大体如下：

1. 确定广告投资的额度

通过分析企业的整体营销计划和企业的产品市场环境，提出广告投资的计算方法的理由，以书面报告的形式上报主管人员，由主管人员进行决策。

2. 分析上一年度的销售额

广告预算一般一年进行一次。在对下一年度的广告活动进行预算时，应该先对上一年的销售额进行分析，了解上一年度的实际销售额、销售额是否符合上一年度的预测销售单位和预测销售额。由此分析，可以预测下一年度的实际销售情况，以便合理安排广告费用。

3. 分析广告产品的销售周期

大部分产品在一年的销售中，都会呈现出一定的周期性变化，即在某月上升、某月下降、某月维持不变等。通过对销售周期的分析，可以为广告总预算提供依据，以确定不同生命周期的广告预算分配。

4. 广告预算的时间分配

根据前 3 项工作得出的结论，确定年度内广告经费的总的分配方法，按季度、月份将广告费用的固定开支予以分配。

5. 广告的分类预算

在广告总预算的指导下，根据企业的实际情况，再将由时间分配上大致确定的广告费用分配到不同的产品、不同的地区、不同的媒体上。这是广告预算的具体展开环节。

6. 制定控制与评价标准

在完成上述广告费用的分配后，应立刻确定各项广告开支所要达到的效果，以及对每个时期每一项广告开支的记录方法。通过这些标准的制定，再结合广告效果评价工作，就可以对广告费用开支进行控制和评价了。

7. 确定机动经费的投入条件、时机、效果的评价方法

广告预算中除去绝大部分的固定开支外，还需要对一定比例的机动开支做出预算，如在什么情况下方可投入机动开支，机动开支如何与固定开支协调，怎样评价机动开支带来的效果等。

## 二、影响广告预算的主要因素

编制广告预算时，了解有哪些主要因素影响广告预算是十分必要的。一般说来，影响广告预算编制的主要因素有产品的生命周期、行业市场的竞争状况、产品品牌的市场基础（或市场占有率）、广告频次等。

（一）产品的生命周期

产品生命周期是指产品从上市到衰退的整个过程。大多数产品在市场上都要经过引入期、成长期、成熟期和衰退期 4 个阶段。产品的生命周期是由市场需求的变化趋势所决定的。在产品生命周期的不同阶段，企业经营者采取不同的经营策略，以取得最佳的收益。

1. 引入期

引入期是产品进入市场的第一个阶段。在这一阶段，目标市场上的消费者还不了解产品的功能，产品的品牌还没有给大家留下任何印象。产品的销售量增长缓慢，由于前期投入较大（如产品的研制费用、开发费用、材料成本及销售网络的建设费用等），企业基本上是无利经营，市场上还没有出现竞争对手。

企业经营者为了提高产品品牌的知名度，树立品牌形象，必须投入大量的广告费用，充分利用各种媒体进行广告宣传，以增加产品的暴露度。只有当产品的暴露度达到一定程度，媒体受众才能对产品产生初步的印象。引入期的广告宣传是一种典型的"信息型广告"。它主要是针对产品的基本情况向目标市场"广而告之"，如将产品的价格、功能、品牌、产地、售后承诺等情况告诉媒体受众。

2. 成长期

在这一阶段，产品在目标市场上已有一定的知名度，一些消费者对产品已建立了初步的品牌认知。产品的销售网络已基本建成，销售利润逐步增加，市场上出现了竞争对手，一部分顾客由于产品的质量而成了企业的回头客，他们已形成了一定的品牌忠诚度。

企业在这一阶段的广告宣传，已由信息型转向"个性诉求型"。广告规模较引入期有所缩

小，广告内容侧重于突出产品的特征，增加了广告的艺术含量，以求通过良好的视听形式来促使媒体受众产生固定的品牌联想。

3. 成熟期

在这一阶段，市场上观望类消费者也已购买了产品，企业的利润达到最大化。由于利润的诱惑，市场上涌现出大量替代产品或类似产品，竞争达到白热化的程度。由于竞争的加剧，企业的广告费用又开始增加，企业利用多种媒体进行广告宣传，以突出"人无我有，人有我新，人新我全，人全我精"的特征。

在这一阶段，企业进行广告宣传的目的主要有两个：

（1）维持市场份额。通过各种形式的促销活动诱使媒体受众购买本品牌产品。

（2）扩大产品的市场占有率。主要通过两种方法：其一，开发产品的新用途，例如，杜邦公司的尼龙的每一新用途的出现，都为公司开拓了一个新市场；其二，增加产品的使用量。消费者使用产品的次数增加了，产品的销售量也就扩大了。同样，每次使用产品的数量增加了，也会扩大产品的销售规模。

4. 衰退期

这一阶段的特征是产品销售额大幅度呈下降趋势，企业利润大幅度减少。许多竞争对手纷纷转产，即使增加产品的广告投入，市场也不会得到明显改善。如果企业的产品线比较单一，那么企业将会处于困境。

针对以上情况，企业应该开发新产品，或者进行品牌延伸，将成功的品牌引用到新产品上。它可以将媒体受众对原有品牌的认知自然过渡到新产品上，从而为新产品打开市场奠定基础。可口可乐就是利用这种策略，成功地开发了健怡可口可乐、樱桃可口可乐等新产品，确保了企业的市场地位。

在衰退期，企业如果进行广告宣传，其规模也一定非常小，属于"提醒性"广告。企业只是提醒媒体受众注意该产品的存在，某品牌产品依然是消费者忠实的朋友。提醒性广告主要突出产品的品牌，以唤起媒体受众对产品的回忆。同时也使对本品牌产品持有忠诚度的顾客感到欣慰。

产品生命周期与广告费支出的关系可用图 4-2 表示。

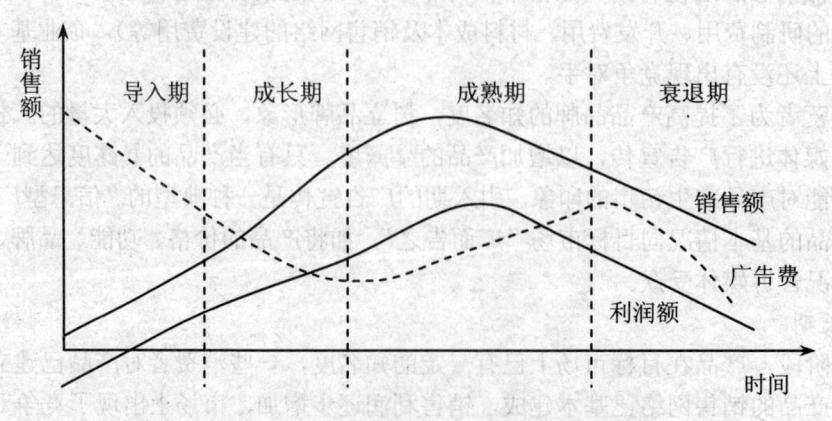

图 4-2 产品生命周期与广告费支出的关系

## （二）市场竞争状况

市场竞争状况也是影响广告费用开支的一个主要因素。同类产品竞争者的数量与实力也影响企业的广告预算。如果竞争对手进行大规模的广告宣传，本企业必然要扩大广告宣传的规模，广告预算也随之增加；否则本企业的广告活动就收效甚微，达不到预期的目标。

目标市场上的"广告拥挤度"的大小也影响企业的广告预算规模。广告拥挤度是指单位时间内，某一特定媒体刊播的广告数量。如果广告拥挤度非常大，较小的广告预算无法与竞争企业抗衡。只有企业的广告是众多广告中最响亮的一支的情况下，才有可能引起媒体受众的注意，诱使他们产生购买欲望。比如在一间有 30 多位同学的教室里，每一个人都向老师（只有一位老师）诉说，在这种吵闹的无秩序的环境里，作为学生的你如果想让老师听清你的话，你的声音只有比其他人的响亮，才会达到你的目的。而"响亮的声音"需要花费更多精力。这个道理在"广告爆炸"的年代里同样适用。

## （三）品牌的市场地位

产品品牌的市场地位也影响企业的广告预算。一般而言，保持现有的市场占有率的广告费用远远低于扩大市场占有率的广告费用。如果品牌属于领导型品牌，由于它有成熟的销售网络，有较高的品牌知名度和美誉度，老顾客对产品品牌的忠诚是领导型产品独具的一份经营优势，其广告宣传活动的目的只是为了维持老顾客的重复购买，这就决定企业没有必要进行大规模的广告推广。

如果品牌处于挑战型的市场地位，不太高的知名度与不太成熟的销售网络都迫使企业进行大规模的广告宣传，以提高目标市场上媒体受众对产品品牌的认同意识。据研究，如果维持一名老顾客需要花费 1 元钱，那么吸引一名新顾客则需要花费 6 元钱。对挑战型品牌的经营者来说，进行广告宣传是企业将挑战型品牌发展成为领导型品牌的主要手段之一，在这一发展过程中，较大规模的广告预算是不可避免的。

## （四）广告频次

广告频次是指在一段时间内，某一广告在特定媒体上出现的次数。次数越多，其广告支出也就越大。广告频次与广告预算额成为正比关系，较大的广告频次需要较多的广告费用，因为广告需要购买广告时间。广告重复出现的次数越多，广告占用的时间也就越多，就需要花费较多费用。

## （五）品牌的替代性

产品的替代品牌越多，就需要进行较多的广告宣传来突出产品的个性，树立品牌形象。

有些产品，如香烟、化妆品等，产品之间的同质性使消费者很难将它们区分开来，广告策划者必须通过艺术化的广告促销，将品牌中的文化附加值突出出来，使该品牌显得与其他品牌不同，为媒体受众识别产品创造条件。这一形象塑造过程，需要大量的广告投入，否则，产品品牌的个性不足以成为媒体受众辨别不同品牌产品的标志。

## 三、广告预算的常用方法

合理的广告预算步骤必须和科学的预算方法相结合。广告预算方法多达几十种，其中主要的几种如下：

### （一）根据营销情况而定的预算方法

它指依据营销情况和营销需要来确定，主要有以下几种：

1. 销售百分比法

销售百分比法是以一定时间内销售额或利润额与广告费用之间的比率来预算广告费用的方法。

其具体运算程序是，企业根据自身在特定阶段内销售总额的预测，把广告费用的投入确定为销售额的一定百分比，就可以预算出下一阶段的广告费用的投入量。

计算公式：

$$广告费用销售总额×销售额的百分比$$

例如，某企业去年的销售总额为2000万元，而今年预计的广告费占销售总额的4%，那么，今年的广告预算为：广告费＝2000万元×4%＝80万元。

2. 营利百分比法

营利百分比法是根据一定时期内的利润总额的大小来预算广告费的一种方法。

这里的利润，可以是一年度已经实现的利润，也可以是计划年度预计达到的利润；可以按毛利计算，也可以按纯利计算，但一般按毛利计算。计算公式与销售百分比相同。

例如，某企业今年预计实现的毛利为1000万元，广告费用占毛利的20%，则广告费＝1000万元×20%＝20万元。

3. 销售单位法

销售单位法是按照一个销售单位所投入的广告费来预算广告费的方法。它的特点是把每件商品作为一个特定的广告单位，确定每个特定单位所需的广告费，然后再乘以预计销售的单位数量，就可以得出广告费用投入的总额。

例如，某企业每件产品的广告费为0.10元，计划销售100万件，其广告预算为：广告费＝0.1元×100万件＝10万元。

（二）根据广告目标而定的预算方法

根据广告目标而定的预算方法又叫目标达成法。这是一种比较科学的计算方法。使用这种方法不仅能够明确广告费用与广告目标之间的关系，而且便于检验广告效果。

目标达成法的实施主要有3个步骤：

（1）明确广告目标，即确定广告所要达到的传播目标、销售目标和系统目标。

（2）明确达到相应目标所要进行的工作，如广告策划、广告制作、媒体传播、管理活动等。

（3）计算这些工作所需的经费，如调查费用、策划费用、制作费用、媒体租金、管理费用等，从而确定整个广告活动的总体经费预算。

（三）根据广告收益和销售收益而定的预算方法

这是一种动态的广告预算方法。主要有两种：

（1）广告收益递增法。即按照企业销售额的增加比例而增加广告费用投入比例的一种方法。

（2）销售收益递减法。这种方法与前一种恰好相对照，产品处于供不应求阶段，可采用广告收益递增法计算广告费用；那么，当市场的产品需求量处于饱和状态时，就需要运用销售收益递减法来计算广告费用。把市场处于饱和状态时所需广告费用支出限制在最佳销售额以下。

## （四）根据竞争对手的广告活动来制定广告预算的方法

具体地说，是根据同类产品的竞争对手广告费用的支出情况来确定本企业广告预算的一种方法。它强调在与竞争对手的比较中来动态地确定广告预算。主要有两种：

### 1. 市场占有率法

计算公式：

$$广告费用 = \frac{竞争对手广告费}{竞争对手市场占有率} \times 本企业预期市场占有率$$

例如，竞争对手的每年广告费用为 100 万元，市场占有率为 50%，而本企业则希望预期市场占有率达到 25%，那么本企业广告费用应为：

100 万元×25%＝50 万元。即本企业广告费至少在 50 万元以上。

### 2. 竞争比照法

这是企业根据其主要竞争对手的广告费支出水平来确定本企业保持市场占有率所需相应的广告费用的预算方法，计算公式为：

$$广告费用 = 本企业上年度广告费 \times (1 + / 竞争对手广告费增减率)$$

例如，竞争对手上年的广告费为 500 万元，今年比上年增加了 10%，今年投入的广告费为 550 万元。而本企业去年广告费为 750 万元，为保持原有市场份额，本企业今年的广告费用应为：750 万元×（1+10%）＝8256 万元。

## （五）根据企业实力而定的预算方法

### 1. 全力投入法

根据企业财力，将广告资金一次全力投入的预算方法。这种方法能保证广告资金在"量入为出"的前提下进行适当的调整。如广告费在某个活动阶段可能相对地集中使用，而在另外一些阶段则可以相对减少使用，从而使广告活动尽可能具有完整性。

这种方法适合于必须进行广告宣传，而有没有必要进行长期规划的中、小企业。

### 2. 平均投入法

这是根据企业财力，将广告资金分阶段等量投入的预算方法。这种方法适合于资金不足，而又有必要进行一定期限广告宣传的企业。

### 3. 任意投放法

这是以一时期的广告费用的基数，根据企业财力和市场需要来增减费用的广告预算方法。常见的做法是：广告主只支付广告活动的启动资金，即第一阶段的广告资金，后继资金要看第一阶段的广告促销效果，然后再决定是否继续投入或投入多少。这种方法适合没必要进行长期广告规划的中、小企业。

# 任务三　广告预算的分配与广告预算书的编写

## 一、广告预算的分配

企业在确定了广告费用总额之后，就要按照广告计划的具体安排将广告费用分摊到各个广告活动项目上，使广告策划工作有序地展开，以实现扩大产品品牌的知名度、提高品牌资产、树立企业形象、增加商品销售的目的。

广告策划者在分配企业的广告费用时，可以按时间分配、按地理区域分配、按商品分配和按广告媒体分配。

1. 按时间分配

按时间分配是指广告策划者根据广告刊播的不同时段，来具体分配广告费用。根据时间来分配广告费用是为了取得理想的广告效果，因为在不同时间里，媒体受众的人数及生活习惯是不同的。广告费用的时间分配策略包含两层含义：

（1）广告费用的季节性分配。在不同的季节里，由于市场需求情况的变化，就要求广告活动的规模有所侧重。以店面广告为例，在我国每年的12月到次年的2月是零售业的销售旺季，这时的店面广告可以营造一种节日的气氛，调动媒体受众的购买欲望，其广告效果非常好，一份广告投入可能取得数倍的广告收益，这一段时间内广告策划者应该扩大店面广告的规模，提高店面广告的艺术品味，要多投入；6～8月是销售淡季，再多的广告投入也难以改变商品销售不旺的规律，这一段时间内，广告策划者应理智地缩小广告规模，否则就是一种非理性的经营行为。

（2）广告费用在一天内的时段性安排。在一天的时间内，大多数消费者都表现出一个明显的生活规律：白天工作，晚上休息。广告策划者在选用电视媒体进行广告宣传时，应该侧重于18:00～23:00这一时段，因为大多数媒体受众在入睡以前，常常对电视流连忘返，这一时段的电视广告具有较高的注目率，因此广告主的广告费用安排也应侧重于这一时段。

2. 按地理区域分配

地理分配策略是指广告策划者根据消费者的某一特征将目标市场分割成若干个地理区域，然后再将广告费用在各个区域市场上进行分配。广告策划者可以根据不同区域市场上的销售额指标，来制定有效的视听众暴露度，最终确定所要投入的广告费用额。假如N企业在全国销售M品牌产品，根据产品销售情况可以将全国市场划分为A、B、C三个区域市场，N企业计划投入的电视广告费用为3500万元，N企业根据区域市场分配如表4-2所示。

表4-2  N企业电视广告费用的区域分配情况

| 市场名称 | 占销售总额的比例（%） | 视听众暴露度（千次） | 每千人成本（元） | 广告费用（万元） | 费用比例（%） |
| --- | --- | --- | --- | --- | --- |
| A区域 | 50 | 32,000 | 500.00 | 1,600 | 45.70 |
| B区域 | 30 | 28,000 | 500.00 | 1,400 | 40.00 |
| C区域 | 20 | 10,000 | 500.00 | 500 | 14.30 |
| 总计 | 100 | 700,00 | 500.00 | 3,500 | 100 |

表4-2就是N企业根据产品在不同区域市场上的销售比例，制定了有效的视听众暴露次数标准，再据此分配不同数额的广告费用。A市场的产品销售份额为50%，其广告投入为1600万元，占总投入的45.70%；在B市场上，M品牌产品的销售份额为30%，计划投入广告费用为1400万元，占广告预算总额的40.00%；C市场上M品牌产品的销售占总销售额的

比例最小，所以计划只投入 500 万元的资金进行广告宣传。

按地理区域分配看起来简便易行，但操作起来很难兼顾各个市场的实际情况，通常的作法是：广告主将几个区域市场的广告费用拨付给某个选定的广告代理商，再由广告代理商根据各个市场的特点进行重新分配，以确保广告投资的效果。

3. 按产品（品牌）分配

按产品分配与按区域市场分配在本质上是相同的，它是指广告策划者根据不同产品在企业经营中的地位，有所侧重地分配广告费用。这种分配策略使产品的广告销售额密切联系在一起，贯彻了重点产品投入的经营方针。分配广告费用的依据可以是产品的销售比例，产品处在不同的生命周期的阶段，产品的潜在购买力等。

广告费的品牌分配法也属于产品分配法。广告策划者根据经营品牌的某些特征将广告费用进行具体分配，以美国宝洁公司为例，该公司的洗涤类产品有汰渍、快乐、Gain、Dash、Bold、象牙、Dreft、Oxydol、Exa、Solo 等品牌，其中象牙品牌是一个成熟品牌，其广告投入可以相应少一点。Exa、Solo 等品牌是新品牌，需要大量的广告推广，以提高品牌的知名度，其广告费用就需要多一些。一般说来，当产品或品牌处于上市期时，需要较多的广告投入。当产品或品牌处于成熟期和衰退期时，其广告费用应该少一些。如果企业使用的是统一品牌策略，如日本索尼电器公司，它的所有产品都只有索尼（SONY）一个品牌，公司在编制广告预算时，就应该采取产品分配法。

4. 按广告媒体分配

按媒体分配是指根据目标市场的媒体习惯，将广告预算有所侧重地分配在不同媒体上的一种分配方法。在运用这种方法时，首先要考虑产品品牌的特性，其次要考虑目标市场的媒体习惯，使所选用的媒体能够充分展现广告产品的个性，针对这种媒体广告策划者要进行较多的广告投入。

## 二、广告预算书的格式和内容

广告预算是对广告活动经费的框算和分配计划，也是广告策划整体方案的重要组成部分。广告预算提出广告费用开支的数目和具体的分配方案。

广告预算书一般以图表的形式将广告预算的列支、计划和分配详尽地表示出来。广告预算书的格式及内容视不同业务需要所涉及的项目具体拟定。一般直栏分为项目、开支内容、费用和执行时间，横栏为项目的明细分类，如市场调研费、广告设计费、广告制作费、广告媒体租金、服务费、促销与公关费等。广告预算书后一般还附加一段说明文字，对预算书的内容进行解释。

广告预算书的格式和内容不可能千篇一律，要视具体的业务项目而定。有的项目也可具体化，如其他杂费开支一栏可具体分为邮电、运输、差旅、劳务等费用，也可增加项目，如广告机构办公费或管理费、人员工资或者服务费等。

【实例】

一个广告预算示例，如表 4-3 所示。

## 表 4-3 广告预算书示例

委托单位： 受委托单位：
广告预算项目：广告代理 期限：
广告预算总额： 预算员：

| 项目 | 开支内容 | 费用 | 备注 |
|---|---|---|---|
| 一、市场调研 | 问卷调研费 | | 根据实际发生量计费 |
| | 实地调查 | | |
| | 资料整理 | | |
| | 研究分析 | | |
| | 其他 | | |
| 二、企业 VI 设计 | 企业名称标识<br>1. 标准字<br>2. 标准色<br>3. 企业象征图形 | | |
| | 办公用品设计<br>1. 企业名片<br>2. 信封<br>3. 信纸<br>4. 识别卡（工作证）<br>5. 临时工作证<br>6. 出入证<br>7. 办公桌标识牌<br>8. 纸杯<br>9. 茶杯、杯垫<br>10. 企业旗<br>11. 吉祥物造型<br>12. 标识伞 | | |
| | 企业车体外观设计 | | |
| 三、企业商品包装识别系统 | 设计费<br>1. 外包装箱（木质、纸质）<br>2. 商品系统包装<br>3. 礼品盒包装 | | |
| 四、广告设计费 | 软文撰写费 | | |
| | 平面广告设计费 | | |
| | 产品手册设计费 | | |
| | 企业画册设计费 | | |
| 五、广告媒介投放 | 1. 报纸 | | |
| | 2. 杂志 | | |
| | 3. 电台 | | |
| | 4. 户外广告 | | |
| | 5. 电梯广告 | | |
| | 6. 车体广告 | | |
| | 7. 交通护栏广告 | | |
| | 8. 小区 LED 宣传栏 | | |
| | 合计： | | |

续表

| 项目 | 开支内容 | 费用 | 备注 |
|---|---|---|---|
| 六、促销费用 | | | 根据实际发生量计费 |
| 七、公关费用 | | | 根据实际发生量计费 |
| 八、机动费用 | | | 根据实际发生量计费 |
| 九、其他开支 | | | 根据实际发生量计费 |
| 十、管理费 | 8% | | 根据一至八项总费用计算 |
| 十一、税费 | 11.70% | | |
| 总计 | | | |

以上费用根据实际发生量收取。

**情景提示**

互联形象推广有限公司做出的媒体预算一览表

一、报纸媒体（表4-4）

表4-4　报纸媒体

| 项目属性 | 版面属性 | 投放费用 | 投放次数 | 基本费用 | 备注 |
|---|---|---|---|---|---|
| 软性文稿 | 3000字软文 | 3000.00元/篇 | 30次 | 90000.00元 | |
| 硬性广告 | 彩色整版 | 65000.00元/每整版 | 25个 | 1625000.00元 | |
| | 彩色半版 | 32000.00元/每半版 | 120个 | 3840000.00元 | |
| | 1/4版 | 16000.00元/每1/4版 | 60个 | 960000.00元 | |
| 报纸总体费用 | 总体费用：6515000.00元 | | | | |

在17个工作月里，保持平均每周2～3个版面，在《南国早报》、《广西市场报》、《南宁晚报》、《当代生活报》等报章上进行投放。

二、电视媒体（表4-5）

表4-5　电视媒体

| 项目属性 | 使用属性 | 播放格式 | 制作费用 | 投放费用 | 投放次数 | 基本费用 |
|---|---|---|---|---|---|---|
| 电视专题篇 | 整体形象简介 | 10分钟胶片 | 3000.00元/分钟 | 5000.00元/分钟 | 10次 | 530000.00元 |
| 电视形象广告 | 商场形象塑造 | 1分钟胶片 | 300000.00元 | 25000.00元/分钟 | 20次 | 800000.00元 |
| | 塔楼形象塑造 | 1分钟胶片 | 300000.00元 | 25000.00元/分钟 | 50次 | 1550000.00元 |
| 电视总体费用 | 总体费用：2880000.00元 | | | | | |

专题篇播放时间放在电视台专题节目中，(如《商讯》)；形象广告建议插播在19:00～22:00时间段。频道选择主要集中在《广西电视台》、《广西卫视》和《广西电视文体频道》上。

## 三、电波媒体（表 4-6）

表 4-6　电波媒体

| 项目属性 | 使用属性 | 播放格式 | 制作费用 | 投放费用 | 投放次数 | 基本费用 |
|---|---|---|---|---|---|---|
| 电波标头广告 | 节目赞助 | 15 秒档 | 免 | 150 元/次 | 17 个工作月共投放 1200 次（约平均每天 3 次） | 180000.00 元 |
| 电波告知广告 | 常规广告 | 30 秒档 | 免 | 150 元/次 | | |
| 电台总体费用 | 总体费用：180000.00 元 | | | | | |

## 四、主要媒体（表 4-7）

表 4-7　主要媒体

| 项目属性 | 规格 | 材质物料 | 制作印刷费用 | 购买（租用）费用 | 数量 | 基本费用 |
|---|---|---|---|---|---|---|
| 大型路牌 | 6 米×18 米 | 360DPI 精度网格布 | 7500.00 元/个 | 500000.00 元/年 | 2 个 | 1015000.00 元 |
| 公交站路牌 | 2.5 米×4 米 | 720DPI 精度网格布 | 2500.00 元/个 | 50000.00 元/年 | 6 个 | 315000.00 元 |
| 车体广告 | 2.3 米×5 米 | 高精度喷绘胶贴膜 | 2500.00 元/条 | 70000.00 元/条 | 3 条路线 | 217500.00 元 |
| 楼书 | 16 开（待定） | 210 克铜板纸加其他工艺 | 10.00 元/册 | | 3000 册 | 30000.00 元 |
| 投资手册 | 16 开（待定） | 210 克铜板纸 | 5 元/册 | | 2000 册 | 10000.00 元 |
| 招商手册 | 16 开（待定） | 210 克铜板纸 | 10.00 元/册 | | 1000 册 | 10000.00 元 |
| 消费生活手册 | 22 开（待定） | 210 克铜板纸 | 3 元/册 | | 2000 册 | 6000.00 元 |
| VCD | 标准 | 标准 | 15 元/张 | | 1000 张 | 15000.00 元 |
| 展板 | 2 米×80 厘米 | 360DPI 精度喷绘胶膜 | 1000 元/张 | | 10 张 | 10000.00 元 |
| 小型礼品 | 玻璃杯、吊牌等赠品 | | 平均 3.00 元/个 | | 5000 个 | 15000.00 元 |
| VI 视觉系统开发 | 根据详细项目制订价格，目前价格乃暂定数目 | | | | | 100000.00 元 |
| 主要媒体总体费用 | 总体费用：1743500.00 元 | | | | | |

## 五、销售系统开发（1）（表4-8）

表4-8　销售系统开发（1）

| 项目属性 | 规格 | 材质物料 | 制作印刷费用 | 购买（租用）费用 | 数量 | 基本费用 |
|---|---|---|---|---|---|---|
| 充气拱形门 | 15米跨度 | 高强度压膜 | 购买费用已含 | 1200.00元/条 | 2 | 2400.00元 |
| 高空气球 | 2~3平方米 | 标准 | 购买费用已含 | 500.00元/个 | 10 | 5000.00元 |
| 工地围墙喷绘 | 3米×8米 | 720DPI 精度喷绘布 | 1200.00元/幅 |  | 10 | 12000.00元 |
| 工地横幅、竖幅 | 5米×30米 | 红底黄字 | 700.00元/幅 |  | 5 | 3500.00元 |
| 工地横幅、竖幅 | 20米×15米 | 蓝底白字 | 900.00元/幅 |  | 5 | 4500.00元 |
| 售楼处横幅 | 2米×8米 | 丝质喷绘 | 300.00元/幅 |  | 5 | 1500.00元 |
| 售楼处墙面喷绘 | 约5米×10米 | 720DPI 精度喷绘板 | 700.00元/张 |  | 5 | 3500.00元 |
| 售楼处外面立柱喷绘 | 约3米×10米 | 720DPI 精度喷绘板 | 700.00元/张 |  | 6 | 3200.00元 |
| 售楼处室外彩旗 | 80厘米×150厘米 | 丝质喷绘 | 50.00元/幅 |  | 100 | 5000.00元 |
| 商业城情景模型 | 10平方米 | 塑胶模型 | 25000.00元/个 |  | 1 | 25000.00元 |
| 商业城户型模型 | 1平方米 | 塑胶模型 | 4500.00元/个 |  | 2 | 9000.00元 |
| 塔楼户型模型 | 1平方米 | 塑胶模型 | 4500.00元/个 |  | 3 | 13500.00元 |
| 项目导向牌 | 3米×1.5米 | 压缩木版 | 2000.00元/个 |  | 5 | 10000.00 |

销售系统（1）总体费用
总体费用：98100.00元

## 六、销售系统开发（2）（表4-9）

表4-9　销售系统开发（2）

| 项目属性 | 规格 | 材质物料 | 制作印刷费用 | 购买（租用）费用 | 数量 | 基本费用 |
|---|---|---|---|---|---|---|
| 男销售人员服装 | 冬、夏 | 棉质 | 100.00元/套 |  | 30 | 3000.00元 |
| 女销售人员服装 | 冬、夏 | 棉质 | 100.00元/套 |  | 30 | 3000.00元 |
| 销售人员胸牌 |  | 钢质 | 30.00/件 |  | 100 | 3000.00元 |
| 销售人员文具 | 笔、文件夹、笔记本 |  | 50.00/套 |  | 100 | 5000.00元 |
| 购买意向书 | A4单张 | 150克铜板纸 | 0.9元/张 |  | 3000 | 2700.00元 |
| 认购书 | A4夹页 | 150克铜板纸 | 1.5元/份 |  | 3000 | 4500.00元 |
| 价单 | A4夹页 | 150克铜板纸 | 1.5元/份 |  | 3000 | 4500.00元 |

销售系统（2）总体费用
总体费用：25700.00元

## 七、广告公司代理佣金

——以按照广告推广费用之 5% 抽取佣金（表 4-10）

表 4-10 广告公司代理费用

| 项目属性 | 内容 | 基本费用 |
| --- | --- | --- |
| 项目推广设计 | VI 设计 | 550000.00 元 |
| | 项目推广广告平面设计 | |
| | 销售系统设计 | |
| | 工地现场设计 | |
| 项目推广企划 | 电视广告创意 | 250000.00 元 |
| | 促销活动、事件行销策划 | |
| | 项目整体推广企划 | |

广告公司代理佣金总体费用

总体费用：800000.00 元

## 课堂讨论

1. 广告费用一般有哪几种？
2. 广告预算有几种方法？
3. 广告预算可以怎样分配？

## 知识巩固练习

### 一、选择题

1. 广告费一般是（　　）。
   A. 广告调研费　　B. 广告设计费　　C. 广告制作费　　D. 广告媒体费
   E. 广告机构办公费与人员工资
2. 影响广告预算编制的主要因素是（　　）。
   A. 产品的生命周期　　　　B. 行业市场的竞争状况
   C. 市场占有率　　　　　　D. 广告频次
3. 广告预算书的格式及内容视不同业务需要所涉及的项目具体拟定。一般直栏分（　　）。
   A. 项目　　　B. 开支内容　　　C. 费用　　　D. 执行时间

### 二、简答题

1. 简述广告预算的必要性。
2. 简述广告预算的方法。
3. 简述广告预算书的格式和内容。

## 实训操作

### "Cristel-Products"的广告预算

克利司多产品公司（Cristel-Products）是美国一家主要的食品行销企业。1982年1月，公司董事会聘任杜布斯为新产品"冰冻炸薯条"的品牌经理，负责产品行销推广。

冰冻洋薯产品，主要为炸薯条，由全美国46.1%的主妇采购。此市场由一种品牌所控制，去年销售额占全国销售额的55%，其余市场由6个小品牌以及各不同区域的配销商及店铺品牌所划分。

1. 克利司多决定进入这一市场基于下列考虑：
（1）克利司多有现成的洋薯来源。
（2）虽然仍要外请技术人员，但可以使用现有设备加工与包装炸薯条。
（3）公司急于扩充冰冻食品领域。
（4）尽管市场已由一个公司所控制，但克利司多感觉他们所建立的高品质的知名和声望，会给他们进入此市场一个极好的机会。

董事会为炸薯条产品的营销规划了3年的市场占有率目标：第1年6%，第2年10%，第3年增至12%；其3年销售额预测为1.28亿元、2.8亿元、3.2亿元。

2. 据此营销规划，杜布斯为克利司多的广告活动按次序建立了下列目标：
（1）在炸薯条购买者中形成80%的知名度。
（2）在那些知名者中，达成70%的人了解克利司多产品为一高品质炸薯条。
（3）在那些了解者中达到60%的偏好度。
（4）在那些已有偏好者中，达成40%的实际购买。

据此，杜布斯需要确定3年的广告和推广预算。同时，在建立各目标之外，还包括下列考虑（即第（5）、（6）、（7）条）。

（5）去年市场领导者在广告上估计已花费2000万美元，并预期每年要以此数目的程度继续花费下去。

克利司多的销售代表建议，在第1年中每箱要给零售商3元津贴，以确保其能给予新产品冰冻空间。

（6）本产品类别的特性是大量使用折价券。

（7）管理当局虽然热衷产品成功，但并不热衷花费大量金钱于广告上。

（资料来源：WWW.3722.CN）

【实训目标】实践广告预算。
【实训组织】学生分组，进行广告预算的讨论。
【实训提示】参考材料，掌握广告预算书的编写格式。
【实训成果】各组展示，教师讲评。

# 项目五 广告创意

> **情境引入**
>
> 2003年4月底，在面临中国手机市场从高端到低端都有先来者进入，似乎再难以有所突破的时候，国产品牌熊猫手机却斥巨资投入广告，不由得令人怀疑其决策的理智程度与未来的实际收益水平。它将如何寻找到一个市场空隙，以什么样的诉求为主题及针对什么样的目标群体来做宣传，才有可能实现品牌突围呢？

建议你先学习下列任务：
1. 了解广告创意的内涵。
2. 掌握广告创意的方法。
3. 了解广告创意的表现形式。

## 任务一 了解广告创意的内涵

广告创意是广告创作人员在广告活动中做出的有创造性的艺术构思和思维活动。广告创意既是广告策划的中心环节又是决定整个广告策划成败的关键。好的创意可以吸引消费者的注意，提高广告的传播效果，并能够促进和推动消费者的购买行为。

### 一、广告创意的含义

创意，在英文中以 Creative、Creativity、Ideas 表示，是创作、创制的意思，有时也可以用 Production 表示。创意是指创造意境，进行巧妙构思，是一种创造性的思维活动。20 世纪 60 年代，在西方国家开始出现了"大创意"（the big creative idea）的概念，并且迅速在西方国家流行开来。大卫·奥格威指出："要吸引消费者的注意力，同时让他们来买你的产品，非要有很好的特点不可，除非你的广告有很好的点子，不然它就像很快被黑夜吞噬的船只。"

詹姆斯·韦伯·杨在《产生创意的方法》一书中对于创意的解释在广告界得到比较普遍的认同，即"创意完全是各种要素的重新组合。广告中的创意，常是有着生活与事件一般知识的人士，对于来自产品的特定知识加以重新组合的结果"。所谓广告创意，是指为了达到广告目的，对广告主题、内容和表现形式所进行的构思或想象，是广告人员根据广告调研的结果，广告产品的特征和广告受众的心理，对广告活动进行的创造性思维活动。

好的广告作品必须是广告所传达的内容与艺术表现形式的统一体，是一项综合性的艺术创造。出色的创意并不一定是画面优美、模特漂亮、摄影新奇或构图讲究的"纯美术"作品，而必须融商品信息于"意境"之中，从而刺激消费者购买欲望，使其最终产生购买行为。一切优秀广告作品，都是因为有了出色的创意。

### 二、广告创意的特征

广告创意不同于广告制作。广告创意是通过艺术手段表现广告主题，从而使企业形象、产品形象在广大消费者心目中更加鲜明、亲切、可信。

案例：哈根达斯冰淇淋的广告。这是一个简单的、通俗的平面广告，画面为一张印有哈根达斯标志的餐巾纸，文案印在纸上请不要抹掉你美味回味。哈根达斯是高品质冰淇淋的著名品牌，以口味感获得消费者的信赖与认同。这个广告简洁的画面表现含蓄，与文案的动态美结合在了一起，很好地突出了品牌具有超强口感的特征，给观众造成一种蠢蠢欲动的感觉。

广告创意具有以下特征：

1. 以广告主题为核心

广告主题是广告定位的重要构成部分，即"广告什么"。广告主题是广告策划活动的中心，每一阶段的广告工作都紧密围绕广告主题而展开，不能随意偏离或转移广告主题。广告创意是表现主题的构思和意念。所以，广告创意是以广告主题为核心的，如果随意偏离或转移广告主题，会直接影响广告的效果。

例如，某冰箱的广告，广告画面是一个人在沙漠中艰难跋涉着，气喘吁吁，汗流浃背……忽然，眼前出现一台冰箱，这个人从冰箱里拿出一罐饮料，一饮而尽……这则广告给人的感觉似乎是为饮料做广告，而事实上却在为冰箱做广告，虽然场景壮观，气势宏伟，但是没有充分表现广告主题，因此广告不会收到良好的效果。

如图 5-1 所示，黄橙橙的香蕉怎么会变成雪白的呢？就是因为使用了佳洁士。你也想拥有雪白闪亮的牙齿吗？佳洁士是你最好的选择。

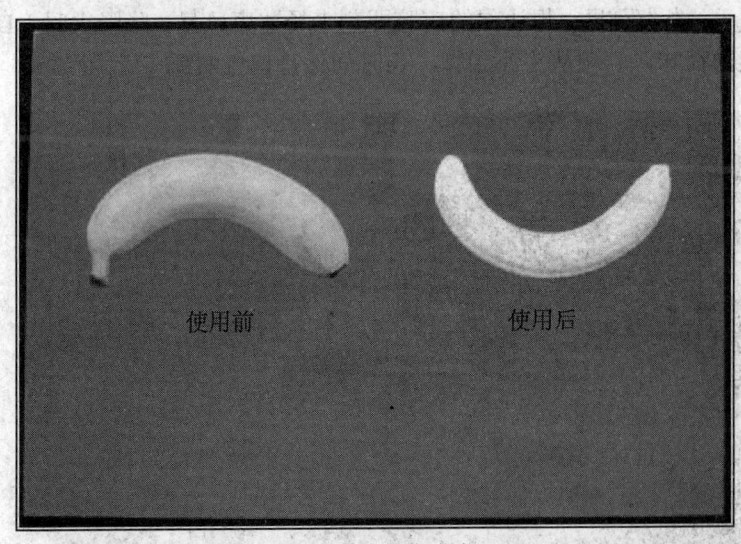

图 5-1　佳洁士广告

2. 独创性

广告创意要以独创性为生命。广告创意的独创性是指广告创意不要模仿其他广告创意，人云亦云，给人雷同与平庸之感。唯有在创意上体现出其独创性，才会在众多的广告创意中一枝独秀，从而产生感召力和影响力。广告创意必须是一种与众不同的新观念、新设想和新理论。只有别具一格的广告创意才能吸引人们的注意，唤起人们的欲望，促成人们的购买行为。没有特色的广告不会有任何感染力，也不会产生广告效果。如图 5-2 所示，这是一则广告创意，突出了"世界上最快的报纸"。

图 5-2　报纸广告

3. 意境优美

广告创意要创造优美的意境，要以情趣生动为手段，将媒介受众带到一个妙趣横生、难以忘怀的艺术境界中去，从而感染和说服媒介受众，使广告产品或劳务的形象深深印在公众心中。广告创意要想将消费者带入一个印象深刻、浮想联翩的境界中去，就要采用情趣生动等表现手段，立足现实、体现现实，以引发消费者共鸣。但是广告创意的艺术处理必须严格限制在不损害真实的范围之内。

如图 5-3 所示，炎炎夏日，想让你的口腔即刻来场冰爽风暴，降降火吗？Dentyne 应该能帮上忙。超冰爽薄荷味，一颗从头凉到脚，长时间保持口气清新

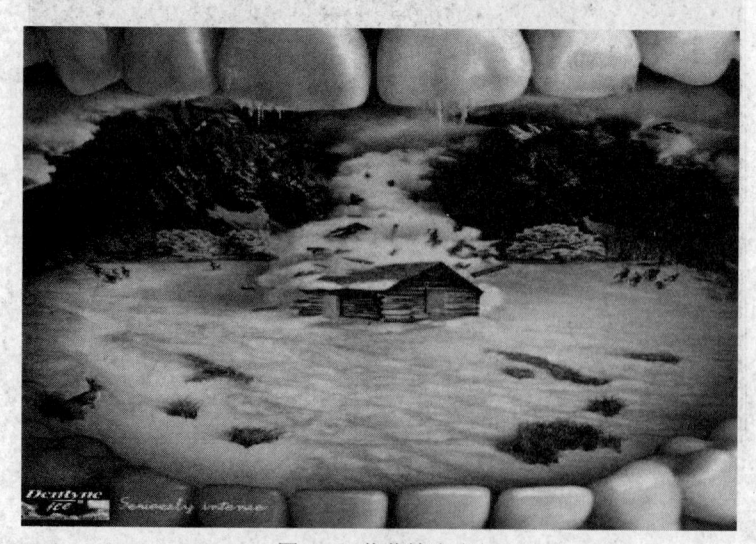

图 5-3　薄荷糖广告

4. 形象化

任何广告作品都要确立一种广告形象，包括文字的、声音的、图形的形象。广告形象包含着特定的传播内容和方式，是经过创造性的构思而确定的。广告形象一方面必须是确定的，要使消费者一见就可以识别，使竞争者无法模仿或不便模仿；另一方面，广告形象与其所宣传的产品或劳务必须相吻合、贴切，即广告创意所构思的广告形象在"特性"上要与广告策

划中所确定的商品的"特性"相吻合。优秀的广告创意，总是力求让自己构思的广告形象既表现产品的特性，又流传千家万户。广告创意要基于事实，集中凝练出主题思想与广告语，并且从表象、意念和联想中获取创造的素材，形象化的语言、诗歌、音乐和富有感染力的图画、摄影融会贯通，构成一幅完美的广告作品。

看看图5-4，什么调味料如此美味？勺子上的图案都受不了诱惑，冲破界限朝它奔去。让人不禁想到：真的有这么好吃吗？试试就知道了。

图 5-4 调味料广告

### 5. 简明易懂

对于广大公众而言，接受广告信息通常处于被动状态。一般情况下，大部分人都会远离广告，如果你试图将大量的广告信息一下子塞给受众，那么将会引起受众的反感而最终受到排斥，因此，仅仅引人注目还不够，紧接着应当让受众了解广告的信息内容。

广告创意简单明了，切中主题，突出重点，易于认知，是迅速有效传达广告信息的重要原则。"多则惑、惑则迷、迷则乱、乱则空。"这句话对于广告创意可谓一言中的。

广告创意要求构思巧妙、出人意料，但不是挖空心思摆迷魂阵，让人琢磨不透难以理解。相反，好的广告创意是让人一看就懂、回味无穷。如果你的创意需要受众花费大量的心思去解读，甚至难以苟同，那么作为受众只能是不屑一顾。

如图5-5所示，一杯香气四溢的雀巢咖啡引来了窗外的藤蔓。

图 5-5 雀巢咖啡广告

73

#### 6. 情感性

以情感为诉求重点是当今广告创意的主流,因为在一个高度成熟的社会里,消费者的消费意识日益成熟,他们追求的是一种与自己内心深处的情绪和情感相一致的"感情消费",而不仅仅注重于广告商品的性能和特点。因此,若能在广告创意中注入浓浓的情感因素,便可以打动并影响消费者,达到非同一般的广告效果。

在情感诉求时,所诉求的情绪应是积极的。如若触发了消费者的消极情绪,那么不仅达不到广告的目的,而且还会适得其反。从"情"切入,触动其感人之处,再深化内衷,便会产生沟通与共鸣的"亲切"感受。拉近心理距离,心理距离越近,产生的使用、切身效应就越强;反之,心理距离远,便有失真、难以把握的超距离感觉。心理距离实际上是情感障碍,而广告创意就是为了缩短这种距离,消除这种障碍,使消费者受感染、被冲击,激发潜在的购买意识。

例如,下面这则别克广告(图 5-6),没有说明任何有关车的信息,只告诉你别克对你的关怀之情,充分凸显了别克激发消费者情感的技巧。

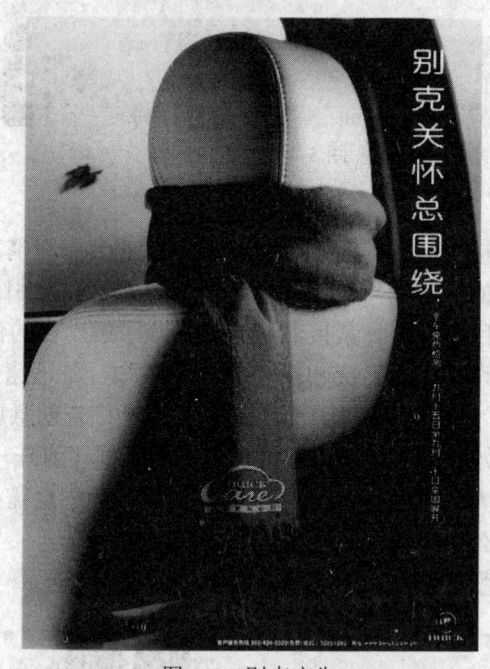

图 5-6 别克广告

### 三、广告创意的过程

广告创意是一个极其复杂的思维过程。创意的产生并不是闭门造车、空穴来风般的主观臆想,它是建立在周密的市场调查基础上,是将广告素材、创作资料及广告创作人员的一般社会知识重新组合后产生的。在广告创意过程中,必须收集广告的创意素材,选择创意资料,并运用创造性的方法进行思考。

#### 1. 潜影淡出

这在构思阶段初期,只有一个朦胧的印象存在于广告创作人员的潜意识中。随着构思的不断深化和形象信息的交流深入，朦胧的形象逐渐清晰起来。这种创造性的思维活动，好像洗照片时的定影过程一样，起初是模糊不清的影子，通过显影使形象逐渐变得清晰。这种思维显影的方式，第一线索是非常重要的，往往成为创意的起点材料。如果广告创作人员的主体意识的指向与作为起点的朦胧的印象信息逐渐吻合，形象思维活动就会活跃起来。

2. 焦点扩散

当创作的"灵感"或一闪念所获得的朦胧印象进入广告创作人员的意识之中时，要能迅速抓住并形成主体形象，构思活动就围绕主体形象这个焦点展开，焦点成为创造性思维活动的核心。在对构成焦点形象的线索或材料加工处理过程中，信息则可能围绕焦点向外扩散或向内集中，进行双向交流。如果焦点形象通过构思已成为整个广告作品的核心，构思就会显得更加活跃。

3. 整合解析

创意构思进入这个过程时，就要考虑对广告作品的整体布局如何进行整合，处理好局部与整体的关系。广告主题比较单一，构思可能比较单纯一些。而广告主题比较复杂，就既要从广告的全局着眼，又要对各个部位进行分解，如何对重点突出处理，使整个作品显得协调完美。

4. 去伪存精

当思维活动活跃时，会有大量信息涌现，呈现一种杂芜和多元化的状态。这需要对涌入脑海的丰富信息进行加工精选，排除杂乱低质的想法和一些不必要的内容，筛选出精华的构思，加强有利于表现主题形象的因素或素材。

需要注意的是，广告创意要努力求新。产生的创意如果陈旧老套，就不会引人入胜，令人注目，难以取得理想的传播效果。但是，创意虽然新奇，如与广告主题不相容，则不能有力地表现和突出广告主题，往往会转移人们的注意力，反而削弱广告的效果。

## 四、韦伯·杨提出的广告创意五阶段

当美国一位著名杂志的西部经理上气不接下气地去请求广告泰斗韦伯·杨告诉他如何得到创意时，韦伯·杨感到从没听过比这个更天真、更可笑的问题。可笑归可笑，而"你如何得到创意"这个问题却从此爬上了韦伯·杨的心头。这导致他写出《产生创意的技巧》这本书。书中并没有提供关于创意的灵丹妙药，但许多诗人、画家、工程师、科学家甚至有一位撰写法律案情摘要的人员却认为韦伯·杨描述了他们自己的经验。书中的创意 5 个步骤，被认为确有效果。时至今日，人们仍然对美国广告专家韦伯·杨在 20 世纪 60 年代所提出的广告创意五阶段的看法感兴趣，在实际创作过程中沿用。

1. 调查阶段——收集信息

广告创意是不可能凭空虚构，闭门造车，仅通过想象就能产生的。而是迈出斗室，在深入市场调查研究后想出来的。广告创作人员需要积累生活经验和文化知识，需要深入调查研究，去为每一个创意收集所需要的依据和内容。新颖、独特的广告创意是在周密调查、充分掌握信息的基础上产生的。因此，首先就应该做好调查研究工作。主要是了解有关商品、市场、消费者、竞争对手等几方面的信息。信息资料掌握得越多，对构思创意越有益处，越可触发灵感。

进行广告创意，必须收集的资料包括两部分——特定资料和一般资料。

特定资料是指那些与广告产品和劳务直接有关的信息,以及有关目标消费者的所有资料。一般资料是指那些指导宏观市场、目标市场及社会环境的一切要素,包括宏观市场的趋势、购买能力的增减、目标市场的分割状况、即将进入或准备扩大市场的位置在哪里?容纳量多少?本产品可以占取其中多少份额?此外,就是自然环境、国际环境、企业环境、广告环境及政治环境的各种资料。

为此,当广告人员接受广告任务之后,最好能到有关现场看一看、摸一摸、做一做、试一试,在这个过程中,会得到启发,产生好创意。比如,我国工业展览在美国洛杉矶展出时,它的巨幅广告是:"妈咪,我要到中国去!10 美金全家就可以去一次!"这是芝加哥电视台广告设计师设计的广告。他说:"做广告最主要是争取读者。设计前,先要问一声,这个广告主题是设计给谁看的。"当他接到设计任务时,他曾亲临洛杉矶中国工业展览馆现场观察,发现布置得堂皇富丽、金碧辉煌,就好像到中国一游。同时发现参观展览的多数是全家一起去的,而提议要去参观的多半是好动的孩子向妈妈提议的。因此,他便触发构思出上述富有新意和人情味的广告。

广告创意的过程同时还是创意者运用自己拥有的一切知识和信息,产生出某种新颖而独特的产品过程。在这里,创意者的素质直接影响着广告创意的优劣。为了不断提高广告创意的水平,创意者必须要做生活的有心人,随时随地注意观察和收集生活中的一切信息,以备创意时的厚积薄发。

曾为万宝路香烟策划出牛仔形象的著名广告大师李奥·伯奈特在谈到他的广告创意时说,创意的秘诀就在他的文件夹和资料剪贴簿内。他说:"我有一个大夹子,我称之为'Corny Language'(不足称道的语言),无论何时何地,只要我听到一个使我感动的只言片语,特别是适合表现一个构思,或者能使此构思神龙活现、增色添香,或者表示任何种类的构想——我就把它收进文件夹内。"

"我另有一个档案簿,鼓鼓胀胀的一大包,里面都是值得保留的广告,我拥有它已经25年了,我每个星期都查阅杂志,每天早晨看《纽约时报》及芝加哥的《华尔街时报》,我把吸引我的广告撕下来,因为它们都作了有效的传播,或是在表现的态度上,或者在标题上,或是其他的原因。"

"大约每年有两次,我会很快地将那个档案翻一遍,并不是有意要在上面抄任何东西,而是想激发出某种能够适用到我们现在做的工作上的东西来。"

广告大师们就是通过不断的信息收集和积累如同为自己建造了一座创意的"水库",源源不断的创意便从这里喷涌而出。

例如,罗杰·科里恩重新启用"百事的一代"这一广告策略的创意,就是受一份领带备忘录的启发而诞生的。

这份备忘录上记载着:男人们愿意投入较多的时间和精力选购领带的主要原因——领带并不重要,重要的是领带表达了买主的性格,它会使买主自己感到满意。备忘录得出的结论是:别吹捧你的产品有多好,而应赞扬选择了你的产品的消费者,弄清楚他是谁,然后称赞他这种人。

领带备忘录虽然与软饮料毫无关系,但它却使科里恩茅塞顿开:何不赋予百事可乐一种人性化的、崭新的形象呢?

他根据可口可乐的保守、传统,百事可乐的创新、更有朝气的调查结果,决定选择青少年作为百事可乐的形象。年轻人充满斗志、令人振奋、富有创新精神，这正是百事可乐生机勃勃、大胆挑战的写照。于是"百事可乐：新一代的选择"这个给可口可乐以致命打击的广告主题就这样诞生了。

2. 分析阶段——找出商品最有特色的地方

这一阶段主要是对获得的资料进行分析，找出商品本身最吸引消费者的地方，发现能够打动消费者的关键点，也就是广告的主要诉求点。

首先把商品能够打动消费者的关键点列举出来，主要有以下几个方面：

（1）广告商品与同类商品所具有的共同属性有哪些？如产品的设计思想、生产工艺的水平、产品自身如适用性、耐久性、造型、使用难易程度等方面有哪些相通之处？

（2）与竞争商品相比较，广告商品的特殊属性是什么，优点特点在什么地方，从不同角度对商品的特性进行列举分析。

（3）商品的生命周期正处于哪个阶段。

（4）列出广告商品的竞争优势会给消费者带来的种种便利。

（5）找出消费者最关心、最迫切需要的要求，抓住这一点，往往就抓住了创意的突破口。随后将列出的有关商品的特性做成一个表，左侧按重要程度从上到下列出商品的性能、特点，右侧列出这些性能、特点给消费者带来的各种便利。

通过这样的列表方式，可以清楚商品性能与消费者的需求和所能获取利益之间的关系，然后用简短的几句话来进行描述，最后结合目标消费者的具体情况，找出商品的诉求重点。

美国广告界权威人士詹姆斯·韦伯·杨曾说："广告创意是一种组合商品、消费者及人性的种种事项，真正的广告创作，眼光应该放在人性方面，从商品、消费者及人性的组合去发展思路。"也就是说，要从人性需求和产品特质的关联处追求创意，而不能简单地从商品本身出发。

比如，要为一种不必用开瓶器就能打开的啤酒作广告，有这样两种广告表现：日本人是用一位年轻漂亮的少女的纤弱手指打开啤酒瓶盖，以表示可以毫不费力地打开啤酒，无须开瓶器。美国人则找到了一位其貌不扬、衣衫褴褛的50岁左右的老年人作模特，他右手拿着啤酒，对着电视观众说："这今后不必再用牙齿了！"随即咧开嘴得意的一笑。就在他笑的一瞬间，人们发现原来他的一颗门牙没有了，这样人们在惊奇之余，很快就强烈地感受到这种不必用开瓶器就能开启的啤酒所带来的好处，既形象又强烈，还能久久回忆，给人留下非常深刻的影响。

这两种广告虽然推销的是同一种商品，但因其创意的出发点不同，所收到的广告效果也截然不同。前者是从商品本身的特点出发，很单纯地直接把商品推销重点表现出来；后者则是从人性的角度出发，站在消费者的位置上，为消费者着想，表现出浓厚的人情味，因而更容易引起消费者的共鸣。在后一创意中可以看到创意者的思维线索：啤酒的特点是不用开瓶器；消费者的利益点是方便省事；人性满足点是突出关心爱护。由此创意者找到了广告创意的基本概念——如何表现不用开瓶器的啤酒所带给消费者的关心和爱护。

可见，广告创意的成功，主要表现在对人性的成功挖掘和满足上。每一种商品并不是只能满足消费者的一种潜在欲望，我们要从中寻觅到的是商品、消费者与人性的结合。

3. 酝酿阶段——为提出创意做心理准备

在这一阶段，主要是对已形成的广告概念进行孵化，听其自然，放任自流，将广告概念全部放开，尽量不去想这个问题，只是把它置于潜意识的心智中，让思维进入"无所为"的状态中。这种状态下，由于各种干扰信号的消失，思维较为松弛，比紧张时能更好地进行创造性思考。一旦有信息偶尔进入，就会使人猛然顿悟，过去几年积存在大脑中的信息会得到综合利用。

4. 开发阶段——多提出几个创意

詹姆斯·韦伯·杨在其名作《产生创意的方法》中对创意的出现有精彩的描述："创意有着某种神秘特质，就像传奇小说般在南海中会突然出现许多岛屿。""根据古代水手讲，在航海图上所表示的深海洋的某些点上，会在水面上突然出现可爱的环状珊瑚岛，那里边充满了奇幻的气氛。""我想，许多创意的形成也是这样，它们的出现，好像在脑际白茫茫的一片飘浮中，突然便跳出了一些若有若无的"岛屿"，和水手所见的一样充满了奇幻气氛，并且是一种无法解说的状态。"创意的出现，的确是一种不期而至、突如其来的灵感，它就像是乌云密布时的一道闪电、黑暗摸索中的豁然开朗、百思不得其解时的茅塞顿开，给人一种"众里寻她千百度，蓦然回首，那人却在灯火阑珊处"的惊喜。这个阶段是最令人兴奋的。

阿基米德在澡盆中突然想出鉴别皇冠中含金量的方法时，竟忘了穿衣服而赤身裸体地跑在大街上欢呼。这充分表明了出现灵感状态时的兴奋。此时千万不要得意忘形，因为灵感会稍纵即逝。正如美国著名作家、哲学家爱默生说："灵感就像天空的小鸟，不知何时，它会突然飞来停在树上，稍稍不留意，它又飞走了。"因此当灵感突然飞来时，最妥当的办法就是抓住它的翅膀，用笔拴住它。

在构思过程中，可能会提出多个新的创意，这些创意往往具有不同的特点，要注意把每一个新的创意记录下来，不能"浅尝辄止"，满足于一两个创意。

5. 评价决定阶段——确定最好的创意

在这一阶段，要将前面提出来的许多个新的创意逐个进行研究，最后确定其中的一个。在研究过程中，要对每个创意的长处、短处，是新奇还是平庸，是否有采用的可能性等进行评价。要注意从几个方面加以考虑：所提出来的创意与广告目标是否吻合；是否符合诉求对象及将要选用的媒体特点；与竞争商品的广告相比是否具有独特性。经过认真的研究探讨后，再确定选用哪一个创意。

# 任务二　掌握广告创意的方法

## 一、广告创意方法的内涵

创造方法是开发创意的有效手段，是创造性思维的表现形式。创造性思维是创造方法的前提和基础，创造方法则为创造性思维提供了有效的工具和手段，两者相互依存、相互促进。

## 二、广告创意方法的类别

世界上现已发明的创造技法不下几百种，这里介绍几种较为常用、有效的技法，供大家在广告创意实践中了解、应用、探索、提高，并在此基础上创造出更多、更新的创造技法。

1. 头脑风暴法

头脑风暴法，又称"智力激励法"，它是指两个或更多的人围绕一个明确的议题共同思索、互相启发、自由研讨的过程。在广告创意过程中，通过集合一起构思创意、互助激励，可以引发创造性设想的连锁反应，产生众多的创造性构想。头脑风暴法体现集体智慧，可以填补彼此的知识和经验空隙，简易、有效，运用比较广泛。

头脑风暴法一般分为确定议题、互相激励、筛选评估3个步骤。头脑风暴法有两个基本原则：一是互相一起构思创意时，不批评任何创意，充分发挥自由畅想，并一一记录在案；二是鼓励在别人的构想上衍生新的构想，提倡构想越多越好，以量变求质变。当构想达到一定的量后，就进行初步筛选，排除平淡雷同的和过于荒诞离奇无可行性的构想，然后进行分门别类的分析评价，选出一两个相对最优的方案。如果觉得创意还不太满意，可以再次互相激励，直到满意为止。头脑风暴法除了集体讨论的方法外，还有采用卡片填写的方法，即与会者每人持卡片若干，各自在卡片上填写自己的构想，到规定的时间，与会者每人宣读一张卡片（一卡一个设想），读完后互相探讨交流并提出质疑，在此基础上将受到启发的新构想再填入卡片，最后由会议主持人或创意总监收取所有卡片进行筛选，再由专门人员对筛选后的各种创意进行评定，从中选取相对最优的方案。

2. 检核表法

检核表法，是用一张一览表对需要解决的问题逐一进行核查。它的特点是从各个角度、各个方位来诱发各种创造性的设想。检核表法简单易行、通用性强、针对性强。检核表法根据广告目标和方向自行设定项目范围，创意的切入点常有以下几个方面：

（1）转化——这件东西是否还可作其他用途？是否可以稍做变通即可派上更多用场？

（2）变量——从体量上进行增或减的变化，其结果会怎样？比如大小、高低、长短、轻重、快慢等。

（3）变异——从性质上进行变化其结果会怎样？比如方向、位置、结构、材料、形状等。

（4）置换——有没有其他相似的东西可以替代？比如其他材料、其他工艺、其他过程、其他方法等。

（5）重构——是否可以与其他东西进行再组合？是否可以再去掉一些东西？是否可以把原来的东西化整为零全部打散后再重新构建一件新的东西？

（6）颠倒——把这件东西倒过来会怎样？反过来又怎样？

3. 联想法

联想法借助想象，把两个看起来毫不相干的事物，选取其可以相通之点加以连接，从而产生新的构想。联想法有接近联想、类似联想、对比联想、因果联想等。接近联想是在特定时间和空间上相接近而形成的联想；类似联想是在性质、形状和内容相类似的事物上发生的联想；对比联想是在性质或特点上相反的事物上引发的联想；因果联想是在逻辑上有因果关系的事物上发生的联想。

通过联想，可以把抽象概念连接到具象体现，可以在"风马牛不相及"的事物之间发生联系。联想是创意中常用的技巧，它往往会产生非常巧妙的构想，可以使广告信息产生更强的冲击力。

4. 组合法

组合法是将原有的元素进行重新组合或配置而获得创意的一种技巧。组合法有加量组合、异类组合、同物组合、重构组合等。加量组合是在原有特性的基础上增加新的内容；异类组合是把两种或两种以上不同类型的概念和事物组合在一起；同物组合是多种特性相同的事物进行组合；重构组合是分解原来的组合关系，在结构上进行重新组合。组合是创造性思维的本质特征，通过反复的组合，可以产生许多意想不到的创意构想。组合法如同万花筒、七巧板一般，其摹本元素不变，通过反复不同的组合，可以获得千变万化的全新物象。因此，在广告创意过程中，不要对旧元素熟视无睹，好的创意可能就在你的眼前。

## 任务三　了解广告创意的表现形式

广告创意是介于广告策划与广告表现制作之间的艺术构思活动。不仅能突出广告主题并富有想象力，而且运用敏锐的灵感和创作的激情，把所掌握的材料进行创造性的组合。因此更需要科学、严谨的市场分析，准确求实精心思考和竞争谋略。

"创意"在艺术创作中是作品的内容。在广告设计中，创意即广告主题，它是无形的、观念性的东西，必须借助某一有形的内容才能表达出来。

"创意"将人们头脑中形成的表象经过创作者的感受、情感体验和理解作用，渗透进主观情感、情绪的一定的意味，经过一定的联想、夸大、浓缩、扭曲和变形，转化为意象。意象对客观事物及创作者意念的反映程度是不同的，其所能引发的受众的感觉也与意象会有差别。用意象反映客观事物的格调和程度即为意境。也就是意象所能达到的境界。

### 一、广告创意的直接表现形式

直接将产品推向消费者面前，它将某产品或主题直接、如实地展示在广告版面上，充分运用摄影或绘画等技巧进行表现。渲染产品的质感、形态和功能用途，将产品精美的质地引人入胜地呈现出来，给人以逼真的现实感，使消费者对所宣传的产品产生一种亲切感和信任感。

1. 夸张合理

把商品最有特征的部分，抓住一点，不及其余地加以夸张，使其特征更鲜明、更突出。有的商品可夸张其自身形象美。

借助想象，对广告作品中所宣传的对象的品质或特性的某个方面进行相当明显的夸大，以加深或扩大这些特征的认识。夸张是一般中求新奇变化，通过虚构把对象的特点和个性中美的方面进行夸大，赋予人们一种新奇与变化的情趣。通过夸张手法的运用，为广告的艺术美注入了浓郁的感情色彩，使产品的特征性鲜明、突出、动人。

2. 比喻表现

比喻就是平常说的打比方。用某一物象或情景来比喻产品，使产品形象更深刻、更易记。比喻在设计过程中选择两个各不相同，而在某些方面又有些相似性的事物，比喻的事物与主题没有直接的关系，但是某一点上与主题的某些特征有相似之处，因而可以借题发挥，进行延伸转化，从而获得的艺术表现效果。

3. 联想表现

用与产品有关联的形象，引起消费者由此及彼的联想，这种联想在人们的审美心理活动中，往往起很重要的作用。一幅作品，留给观众可供联想的余地越广阔，才越使人有看头，感到言有尽而意无穷。例如，表现儿童用品，联想到幼苗、花朵、米老鼠、小动物、童话故事及天真活泼孩子们的形象等。

4. 象征表现

用一种形象寓意地表达某种含义，如以鸳鸯象征爱情、桃象征长寿、鱼象征年年有余、牡丹花象征繁荣富强、橄榄叶象征和平等。

5. 突出表现

运用各种方式抓住、强调产品的主题本身与众不同的特征，并把它鲜明地表现出来，将这些特征置于广告画面的主要视觉部位或加以烘托处理，使观众在接触言辞画面的瞬间即很快感受到，对其产生注意和发生视觉兴趣，达到刺激购买欲望的促销目的。在广告表现中，这些应着力加以突出和渲染，一般由富于个性产品的形象与众不同的特殊能力、厂商的企业标志和产品的商标等要素来决定。

6. 特征表现

突出特征的手法也是常见的运用得十分普遍的表现手法，是突出广告主题的重要手法之一，有着不可忽略的表现价值。

7. 写实表现

用写实的绘画技法，对商品的造型、色彩、质感、体积等作深层的描绘，为达到理想的效果，作者可进行加工、提炼，主要的可以强化夸张，次要的可以减弱或舍去，位置可以移动，没有的可以加进去，虚实变化，使广告形象更完美、更真实，这种表现可使广告具有直观的真实感、可信感，有较好的宣传效果。

8. 摄影表现

由于摄影器材及摄影技术的发展，现代广告广泛运用摄影来表现，它的优点是真实、可信、层次丰富、表现力强。在内容上，它可表现微观世界，也可表现宏观世界；在艺术形式上，它可轻描淡写，也可精雕细刻。它具有独特的魔力把商品很逼真地再现出来。

9. 重复表现

重复表现是指相同元素或相似元素重复排列，加强视觉效果，造成一定的韵律，以突出主题形象。

## 二、广告创意的表现步骤

第1步：客观事物本身的表现。

第2步：表现客观事物的形象。

第3步：形象的选择是很重要的，因为它是传递客观事物信息的符号。

第4步：要比较确切地反映被表现事物的本质特征。

第5步：必须能为公众理解和接受。

第6步：思考它是否符合市场实际、是否符合大众需要、是否能在同类产品中打响等问题上再深化加工，并在反复推敲的过程中逐渐完善。

---

**情境提示**

熊猫手机寻找到了一个市场空隙：以男性为目标对象，以品味、经典等感性诉求为主题的手机中端市场。

围绕男性时尚主题，开展 GM800 手机的广告创意，挑选梦想中的魅力男人——英俊洒脱、温文尔雅、事业有成、爱情甜蜜的梁朝伟作为形象代言人，广告创意以感性诉

> 求为主，一方面表现梁朝伟的个人魅力，另一方面将之嫁接到 GM800 手机上：梁朝伟的"一个眼神"对应"熊猫彩屏同 GM800"；"一丝浅笑"对应"65536 真色彩"；"一些欢喜"对应"40 和弦铃声"；"一些领悟"对应熊猫手机的其他基本功能。然后提出"一种质感，两样表情"，通过"质感"这个共同点将产品与名人紧密地联系起来。最后，由梁朝伟提出品牌主张——"有质感，才有时尚"，嘎然而止。
>
> （资料来源：《大市场广告导报》2003 年第 9 期）

### 课堂讨论

1. 什么是广告创意？
2. 广告创意的过程是怎样的？
3. 简述广告创意的表现步骤。
4. 广告创意的直接表现形式有哪些？

### 知识巩固练习

**一、选择题**

1. 韦伯·杨提出的广告创意的阶段包括（　　）
   A. 调查　　　B. 分析　　　C. 酝酿　　　D. 开发　　　E. 评价
2. 广告创意方法有（　　）。
   A. 头脑风暴法　　B. 联想法　　C. 组合法　　D. 表格法

**二、简答题**

1. 简述广告创意的特征。
2. 简述广告创意的方法。

**三、课堂讨论举例说明某产品的广告创意**

### 实训操作

**分析并理解广告创意的特征**

1. 选取一个自己认为比较优秀的广告，分析其创意主题。
2. 探讨本优秀广告案例是否易于理解，受众是如何理解的。
3. 解析本广告案例是否具有创新性，其创新之处体现在哪些方面。

【实训目标】通过对前面实训一归纳出的优秀广告创意案例的分析，进一步深入理解一个成功广告创意应具备哪些特征。

【实训组织】在收集的广告案例中选取一个自己认为比较优秀的广告→先从感性上列举本广告的特点和优点→再对照教材学习内容逐条进行理性的分析→最后将自己的理解和体会

以书面形式归纳出来→在班内将各自对优秀广告的理解进行交流。

【实训提示】本实训是对前面实训的加强和提高，特别是各小组内部的成员都可对同一个优秀案例，从各自不同的侧面进行理解、分析，达到仁者见仁、智者见智的训练目的。

【实训成果】

1. 以个人为单位，进行独立思考。
2. 对照本实训内容，用文字的形式逐条进行叙述。
3. 每人上交一份分析报告，不少于 500 字。

# 项目六　广告媒体策略

> **情境引入**
>
> 在1999年年底，为了配合千禧年这一世纪盛事，嘉士伯计划在12个主要市场，如上海、北京、广州、成都等，进行一系列的整合市场传播活动，包括互联网及户外广告促销、千禧年派对等。在突出嘉士伯这一著名国际啤酒品牌之余，更将欢乐元素深入品牌，从而促进销售。但传统的大众传播媒体能否有效地将这次活动的信息带给特定的目标受众？媒体费用如何有效控制？该如何有效进行媒体选择？

建议你先学习下列任务：
1. 了解广告媒体的概况。
2. 对主要广告媒体进行分析。
3. 对广告媒体的选择。

## 任务一　了解广告媒体的概况

广告在行销领域中的最终目的是要说服消费者改变消费观念和消费习惯，使之产生对广告产品的认识和认可，进而实现购买行为。就广告而言，它的目的是要将自己的销售主张、意见、产品的信息灌输到受众的头脑中去；从传播学的角度看，广告的实质就是信息的传达，而信息的传递需要借助于第三者，即媒体。

### 一、广告媒体及其发展

媒体（Media）是起中间介绍、传导、沟通作用的工具、手段或中间物质。广告媒体是指能传递广告信息并借以实现广告主与广告受众间联系的物质技术手段。广告主通过广告媒体传播或传递商品与劳务信息。它是信息的一种运载工具。

广告媒体是随着商品经济和科学技术的发展与进步而发展的。从广告发展史中可以知道，最早、最原始的广告是叫卖广告，它是销售现场广告发展的基础。因此，可以把声音、店前的实物悬挂看作是广告媒体的鼻祖。非现场销售广告是商品经济比较充分发展之后，特别是现代大工业生产后的产物，而印刷业的发展则产生了非销售现场广告的最早物质手段。随着市场和科学技术的进一步发展，越来越多的物质与工具被开发和利用，成为广告的传播媒体。广告媒体在随着科技的进步而日益丰富的同时，正朝着电子化、现代化和艺术空间化的方向发展。

### 二、广告媒体的功能

广告媒体是广告宣传得以实现的物质手段。没有广告媒体，广告信息就不能迅速传播。广告媒体的准确选择可取得最佳经济效果。少投入多产出是广告主的共同心愿。由于广告媒体多种多样，且各自特点不同，广告主可根据企业营销目标、广告费用预算和广告媒体效果评价，选择不同时期的广告宣传策略和广告媒体。

在广告宣传活动中，广告媒体具有以下基本功能：

1. 传播功能

美国传播学家施拉姆认为："媒体就是在传播过程中，用以扩大并延伸信息的传播工具"。可见，广告媒体具有筛选、加工、扩散信息的功能。由于广告媒体不受时空的限制，它所传播的范围和对象具有广泛性和渗透性，不论受众在什么地方，广告媒体都会发生作用。

2. 吸引功能

由于广告媒体具有传播信息的功能，其本身具有有用性，可以为广告主或媒体受众带来一定的经济收益和社会效益，因此，无论对广告主还是对广大受众，广告媒体都具有一定的吸引力。

3. 服务功能

广告媒体可以根据自身的特点，为广告主、广告经营机构、媒体受众提供有用的、真实的信息，满足不同层次的需要。对广告主来说，可以将企业的经营特色、产品等方面的供给信息提供给目标市场；广告经营机构可以通过广告媒体发布供求双方的信息；广大受众可以通过广告媒体了解各种品牌产品方面的信息，为他们的购买决策提供依据。

由于广告媒体具有上述功能，使其成为现代企业开展市场营销活动的重要手段或工具，广告策划者应当根据广告主的实际需求及各种广告媒体的特点，选择适当的媒体形式，发布广告信息，取得理想的广告效果。

### 三、广告媒体的种类

1. 从广告主的角度分为两类

（1）自办媒体，如产品说明书、宣传小册子、店铺招贴、自办小报、产品包装等。

（2）租用媒体，主要是大众传媒，如报纸、杂志、广播、电视，以及户外媒体，如路牌、交通工具、建筑物、霓虹灯等。

2. 从受众接收特点分为 3 类

（1）视觉媒体，如报纸、杂志、路牌、电子显示屏、计算机网络、招贴等。

（2）听觉媒体，如广播、音响、叫卖声等。

（3）视听媒体，如电视、电影等。

3. 从媒体传播的范围分为 5 类

（1）国际性媒体，如国际性电视台、电台、报刊、互联网。

（2）全国性媒体，主要是全国性报刊、电台、电视台。

（3）地方性媒体，主要是地方性报刊、电台、电视台。

（4）户外广告，如交通工具、路牌、霓虹灯、建筑物等。

（5）POP 媒体，即售点媒体，如橱窗、展示台等。

4. 从媒体的传播特点分为 5 类

（1）印刷媒体，如报纸、杂志、书籍等。

（2）电子媒体，如广播、电视、电子显示屏、计算机网络、电影、幻灯、电话等。

（3）邮寄媒体，如说明书、商品目录、奖券、样本等。

（4）包装媒体，在商品自身包装上刊登广告或者在其他商品包装袋上刊登广告。

（5）其他媒体，如人体、汽球、招贴、建筑物、小礼品等。

## 任务二　广告媒体的分析

广告是通过广告媒体进行传播的，要用好媒体就得对媒体的特点有深入的认识。我国当前所面临的是一个纷繁复杂的媒体市场，媒体发展呈现出空前活跃的局面。比较常用的媒体包括以下几种，各种媒体都有自身的特点。

### 一、电视媒体

电视广告由画面、声音和时间三要素构成，每个要素还包括若干元素。画面要素包括镜头、机位、演员、摄影用光、色调、背景与字幕等；声音要素包括人声、乐声、音响等；时间要素包括观众认知、视听时间、长度与内容等。

1. 电视广告媒体的优势

（1）大众传播的覆盖率高。电视观众已经成为社会的主流人群，我国几乎每个家庭都拥有电视机（甚至不止一台），这也决定了电视媒体具有较高的覆盖率。通过电视对掌握购买决定权的消费者进行广泛的广告信息传达，能为消费品的销售奠定基础。电视机的拥有者即使是农村家庭，其购买力水平也都在中等以上，拥有平均购买力的电视观众意味着都可能成为广告产品的消费者。同时电视具有强制性广告传播的特点，这是其他媒体难以做到的。

（2）视觉冲击力强。电视是集声音、画面和动作于一体的有声动感媒体，所具备的"直接"感是其他媒体不可比拟的。声音、色彩、动作和画面等元素的有机结合、现代电脑特技制作所呈现的超现实的视觉符号、不落俗套的视角和灯光技术使电视成为最具有视觉冲击力和诉求力的媒体形态。电视媒体的可视性强，尤其对于优秀的广告创意表现，完全可能使多数电视观众投入角色而不会调转频道，电视广告最容易产生信息到位的传播效果。

（3）信息穿透力强。电视广告媒体集感官的视觉、听觉于一体接收信息，其影像传送逼真，活生生的画面、真实强烈的音响、绚丽夺目的色彩将广告诉求全方位展示，能够直接刺激电视观众的感官和心灵。电视广告以"动"的真实图像为信息载体，即使不用文字、语言，也能使观众心领神会，不受广告受众文化水平的制约，老少皆宜，广告信息传播得快捷而准确、生动而有效，因此广告信息的穿透力强。广告借助于电视媒体载体，带有较大的"强制性"，人们打开电视即可看到，因此广告到达率相对较高，能够更好地实现广告目标。

（4）创造力及创意的承载能力强。广告信息借助于电视媒体形态，能够更贴近电视观众——广告受众、更接近日常生活、更能够通过艺术表达广告主题。电视媒体的声形兼备，加之运用现代电脑技术和多媒体制作方法，可以让观众看到富于表情的动作、富于变幻的色彩、富于个性的视角、富于规模的画面等，一切充满了创造力，可以充分展示品牌形象。电视画面的生动活泼与别开生面，可以利用创意充分展现商品的个性，包括其外观、内部结构、使用方法、效果等，在突出品牌个性、产品特色方面具备充分的表现能力，为广告诉求提供了无限的创作和想象空间，电视媒体为广告创意提供了最大的承载能力。

（5）具有社会声望和公信力。在我国，电视产业一直在国有体制下运营，社会大众已经普遍公认了电视是具有权威性和影响力的媒体。因此，电视媒体有助于塑造广告品牌和产品的良好形象。广告主出资赞助某个电视节目,是快速建立品牌市场知名度和社会声望的最佳途径之一。电视媒体的这些优势是构成其媒体市场竞争力的基础。

2. 电视广告媒体的劣势

(1)费用昂贵。一是因为电视广告片本身的制作成本高、周期长;二是因为播放费用高。

(2)电视广告受播出时间限制,信息容量小,且稍纵即逝,所展示的商品内容不如印刷媒体与网络媒体充分和持久,较难详述商品特性,难以一次性地在观众中留下清晰而深刻的印象。

(3)众多的电视台同时开播,节目选择余地大,会使观众注意力分散,直接影响收视率,进而影响广告传播效果。

## 二、广播媒体

广播媒体是通过无线电波或导线向听众传播音讯的媒体形式,是"只能传播音讯而没有视讯"的传播形式。区域化和个性化是广播媒体的明显特征。广播曾是一般家庭和人们重要的信息工具,随着电视的发展,广播的各项功能逐渐被电视取代,广播媒体的家庭性功能也逐渐演变为个体化媒体功能。

广播广告是"以声夺人"的艺术,由人声语言(包括语音、语法和词汇等)、音乐语言(包括器乐和声乐等)和音响语言3个要素组成。

1. 广播广告媒体的优势

广播广告媒体因收音机的低价位使广播的个体化发展不受任何时空限制,广播是一种个人化、一对一的媒体;人们可以边开车边收听,边走路边收听。由于仅用"声"进行广告艺术创作,在诸多广告媒体中,广播广告的制作费用是最低廉和最经济的。广播媒体的优点如下:

(1)受众广泛,接收自由。广播广告拥有最广泛的广告受众群,凡有听觉的人,都可以随时、随地接收广播内容,这保证了广告传播的覆盖率和渗透力。广播是通过对听觉感官的刺激来传递信息。因此,对各个文化层次的人都有效,一般听众都能接受其信息传播。

(2)移动性强,随意性强。广播广告可随人们的活动而"跟你走",简便、自由、随意,不受时间、地点和环境条件的限制。一些微型的"随身听"使人们在出行的每时每刻都有信息相伴,这为广告信息传播提供了无处不在、无处不听的机会。

(3)传播速度最快、传播范围最广。对电视、广播、报纸等三大媒体的传播速度进行比较,电视要录像,并对录像进行剪辑和配音,报纸需要经过写稿、排字、打印、制版、印刷和发行等工序,而广播只需录音即可直接播出,因而广播的传播速度最快、时效性最强。由于广播的播送、接收设备比较简单,收音机几乎每家每人都可拥有一台,从而使广播具有相当广泛的传播范围和覆盖率。

(4)制作和播出费用相对低廉。广播广告的制作仅为"声音"创意,所以制作相对简单,材料低耗。相对于其他大众传媒,广播的播出费用也是较低的。

(5)创意可具备独特功效。广播悦耳的传播特征具有特殊的吸引力。广播广告可以充分地利用人类乐于聆听悦耳声音的天性,使人们产生娱乐情感,同时,由于广播的发送时间长——每天都有十几个小时的节目,因此,可供传播的信息容量大,选择余地也大大增强。尤其是专题节目的设立是针对特定层次听众,在专题节目时间播送针对特定消费者阶层的广告,能使广告信息产生一定的吸引力,深入某一层次的听众,亲切、通俗、悦耳、灵活。此外，还可以利用广播悦耳而灵动的声音展开充分联想，通过想象来弥补看不见的东西，这种"形象移植"赋予了广告更强烈的传播效力。

2. 广播广告媒体的劣势

（1）只限于声音。广播只诉诸听觉功能，被注意率较低。

（2）很少被听众主动接受且受众分散。听众接受信息时注意力不稳定，收听效果难以准确把握和测定。

（3）时效极短。广播广告短暂，其快速发布的信息不能存留，因此转瞬即逝，很容易消失，除非伴有特殊的音响效果或极富语言感染力，否则很难收到较好的传播效果。

### 三、报纸媒体

报纸广告是以文字与图形的有效组合来刊载广告信息的传播形式。报纸广告一般由文案、图形、色彩 3 个基本要素构成。其中广告文案包括广告标题、广告正文、广告语和广告随文 4 种元素中的一种或几种。对以上各个要素进行创意性的平面艺术设计，就是报纸广告信息的诉求表现，对报纸广告而言，文案是重要的创作内容。

由于报纸为纸媒体，印刷量极大，以白纸黑字的形式居多，所以报纸广告运用的色彩主要是黑白两色，尽管目前套色报纸越来越多，但总体仍以两色为主。因此，报纸广告的创意表现主要是针对文案与图形两个要素的编排与符号的艺术组合，由此也决定了报纸广告的制作费用较电子广告要低很多。

1. 报纸广告媒体的优势

（1）具有说服深度。报纸的版面大，篇幅多，可供广告主充分选择和利用。凡需要向消费者作详细介绍的广告，利用报纸做广告是极为有利的。因为报纸可提供大版面的广告刊位，可以详细刊登广告内容，具有较强的说服和解释能力，信息传达具有声势。

因此近年来，尽管受到一些限制，但还是有不少广告主选择整版广告发布信息。

（2）时效性强。由于报纸是出版频率高和定时出版的媒体，信息的传递迅速而及时，尤其是日报，对于时效性要求很强的广告信息最有效果。同时，新闻与广告的混排可以增加广告的阅读力，有利于提高广告功效。在我国，报纸有旬报、周报、日报、晨报、晚报等形式。报纸的高出版频率和定时出版的特性，使得信息传递准确而及时。

（3）具有可信度和权威性。报纸的新闻性和准确可信度，是其他媒体，如直邮媒体无法比拟的。由于读者对报纸的信任，使广告在无形之中增加了可信度。在我国，很多种报纸还是政府的喉舌，经常为政府发布公告，无形之中也提高了报纸的社会地位，使之具有权威性和公信力，从而对公众产生强大的影响力，报纸广告同时也享受了这种优势。与其他印刷媒体相比，报纸广告更容易使读者产生信赖感。

（4）存留时间长，便于查找。报纸媒体不同于电视和广播媒体，读者不受时间限制，可随时阅读或重复阅读。时间长了，读者还可以查找出所需要的信息资料。报纸广告一般不具有强制性。虽然读者手持报纸，但对其阅读内容有较强的选择性，可以仔细阅读，也可视而不见，完全由读者自行选择。

（5）地域性强，广告受众具有针对性。报纸的发行集中于某一地域，发行密度高，发行地区和发行对象明确，能够有针对性地对目标消费者进行广告诉求。

2. 报纸广告媒体的劣势

（1）报纸的时效性短，往往只有一天甚至更短的时间，因而广告的内容被反复阅读的可能性很小。

（2）针对性差。由于报纸是大众媒体，报纸不是根据人的职业和教育程度来发行和销售的，其新闻报道与综合性的版面信息，使读者范围广泛而复杂，各类群体都有，容易造成广告投入的浪费。

（3）印刷质感限制了创意。报纸广告基本采用黑白两色单质印刷，纸质和印刷品质较为粗糙，限制了创意，也限制了对高质感的广告作品的表现。由于颜色上的视觉冲击力差，报纸广告主要依靠文字能量和图形符号产生感染力，因此需要更高水平的文案与艺术创作。

### 四、杂志媒体

杂志广告通常都是彩色印刷，与报纸广告相比，杂志广告更精美，表现力更强。杂志一般具备较高的文化品位，因此对杂志广告的设计更需要高超的计算机图文制作技术。

杂志广告的内涵更丰富，对广告品牌形象的传播效果更好。除了时效性较差以外，杂志广告媒体同时具备报纸广告媒体的很多优势。由于杂志发行面广、携带信息丰富、印制品质高及保存期长等优势，理所当然成为主要的广告媒体之一。

1. 杂志广告媒体的优势

（1）时效长，广告传播效果持久。杂志具有比报纸优越的可保存性，因而有效时间长，没有阅读时间的限制。这样，杂志广告的时效性也就很长，广告信息的传播效果会持续耐久。杂志可长期保存，读者可能会将杂志保存起来以后再次翻看。同时，适于读者传阅，杂志的传阅率也比报纸高。

（2）读者相对稳定，广告目标受众明确。各种杂志会到达特定的目标读者手中，尤其是专业性杂志都具有固定的读者层面，可使广告信息深入某一社会消费群体。其发行对象都是特定的社会阶层或群体，他们具有相对稳定的知识结构或消费习惯，如果广告受众目标明确，对特定消费阶层的产品而言，在专业杂志上做广告能突出针对性，也减少了广告投资的浪费。

（3）广告印刷质量较高，形式灵活多变。杂志的编辑精细，印刷精美。杂志广告的编辑力求整齐统一，以争取读者的阅读，提高阅读兴趣。由于杂志应用优良的印刷技术，用纸也讲究，一般为高级胶版纸，因此，杂志广告具有精良、高级的品位和特色。同时杂志可利用的篇幅多，可供广告主选择并施展广告设计技巧。封页、内页及插页都可做广告之用，对广告的位置可机动安排，可以突出广告内容，激发读者的阅读兴趣。同时对广告内容的安排，可做多种技巧性变化，如折页、插页、连页、变形等，以吸引读者的注意力。

（4）杂志品牌对广告品牌有提升作用。杂志较为舒缓的阅读节奏、良好的编辑环境和高质量的印刷制作可以提升广告品牌的定位。精美的印刷品无疑可以使读者在阅读时感到一种高级的艺术享受。一些杂志创刊悠久，已形成一定的品牌威望和社会影响，对所载的广告品牌会产生光环效应。此外，杂志所特有的形象表现力对广告产品的品牌有提升作用。

（5）发行区域大，覆盖率高。许多杂志具有全国性影响，有的甚至有世界性影响，面向大范围的地域发行和销售。运用这一传播优势，针对全国性的广告产品进行市场推广活动，杂志广告无疑占有优势。

### 2. 杂志广告媒体的劣势

（1）时效性差，制作周期较长，广告宣传的功效发挥呈慢性状态，不易于形成公众迅捷的和即时的行为反应，因此不太适合做短期促销广告。

（2）杂志专业性强，读者层面较狭窄，受众范围受其专业内容限制，加之一般价格较高而影响订阅，所以市场覆盖率低。

（3）杂志的制作比较复杂，杂志制作精致，制版费、加色费均高于报纸，同时制作版面有限，既影响了广告宣传的规模效应，也导致了广告制作的灵活性不足。

## 五、网络媒体

网络媒体是20世纪90年代以后诞生的新型媒体，融合了各种传播媒体的特点。目前，网络广告一般有电子邮件广告、横幅式广告、按钮广告、插页广告（即弹跳式广告）、互动游戏式广告、电子刊物、电子公告牌广告和用户新闻组广告等几种形式。

## 六、短信广告

手机短信广告（SMS）就是通过发送短消息的形式将企业的产品、服务等信息传递给手机用户，从而达到广告的目的。

### 1. 短信广告的分类

按照短信的不同表现形式，短信可分为以下几种：

（1）告知式。顾名思义，该类短信就是告知受众有关产品服务或活动的信息，常以SMS短信形式用于促销活动和公关活动的宣传，多见于节假日，有公关语言色彩。与普通的其他媒介的广告形式没什么区别，只是使用的媒介不同而已。

（2）劝说式。劝说受众使用某种服务，在内容上和告知式十分相似，只是在用语上更为委婉，并有劝说的动机和意图，有时也摆出某种利益与受众有关的姿态。

（3）诱导式。比劝说式更递近了一个层面，它从本质上属于劝说的范畴，但是在方式上更具引诱性。

（4）幽默式。以一个幽默的形式出现，但是不同于幽默的是：它是产品信息和服务信息在表达方式上的伪装，所以此类广告有一定的隐蔽性，不容易被受众识破，而成功地进入二次传播阶段，即受众很有可能将此广告认为是"幽默"而发给他人。

（5）隐蔽式。它不同于幽默式的是，这类广告并非是幽默，但其"广告意图"很隐蔽，使用此类广告形式要注意，因为它的隐蔽性而失去了广告的效果和目的。

（6）体验式。体验式短信广告非常注重与受众的沟通交流，以短信广告带给受众的某种"体验"而转嫁到这一广告信息主角——产品或服务身上。

（7）赠送式。即没有经得受众同意就将产品或服务赠送给受众，这类广告多用于短信形式的资讯产品，如：天气预报信息的定制服务，在没有告诉受众的条件下，先将该资讯产品赠送给受众免费使用，等到一定的时限，会告诉受众假如对此产品满意的话就请定制该产品，并附上有关定制产品的信息和方法。

（8）强迫式。形式上同赠送式，只是在一个不显眼的位置标明："此信息免费时限为两日，两日过后如您不取消定制将按照××费率收取，并于月底在您的话费中扣除"。事实上，这类信息是在钻当前对短信广告的监管和立法的空子。

2. 短信广告的优势

（1）价格低廉。每条只需几分，比报纸、电视广告便宜几倍。

（2）100%阅读率。10多万元的报纸广告能够有1000人看已经不错，但短信广告有100%的阅读率。它的接收者是最具消费力的移动手机持有者，很具经济效益。

（3）细分客户层次。可以指定号码段，比如全球通客户号码段，使阅读群体更有价值。

（4）地域广泛。不需要与各地媒体谈判，一地发送，覆盖全国。发布形式灵活，发布时间、区域及数量可以自由控制。

（5）发布速度快。广告直达接收者手机是其最大特性，客户即使当时无暇查看，空闲后都必须进行浏览，强制性记忆，阅读率高。省去了传统媒体的制作、排版及编辑过程。

3. 短信广告的劣势

（1）虚假广告及短信诈骗的政策管理问题。

（2）无障碍直达的霸道发送而引发的扰民问题。

## 七、其他广告媒体

1. 直邮广告媒体

直邮广告 DM（Direct Mail Advertising），是指广告客户以印刷或书写的方式，面向选定的目标对象直接传达广告信息的一种广告媒体形式。

与报纸、杂志、电视、广播四大媒体相比，DM 的突出优点表现为：

（1）针对性强，便于控制。预先印制的直邮广告使广告主能够控制发行量，投递准确、覆盖集中，可以有针对性地选择广告目标对象。

（2）反应率高。传播的广告信息内容集中，信息攻势猛烈，有助于目标受众按册购物。

（3）创意空间灵活。可以通过大胆创意实现更加人性化的沟通。

（4）费用低廉。同一般大众媒体相比，制作较简便，费用较低，而且受众免费阅读。

（5）专一性。直邮媒体排除了新闻文字的干扰，广告信息专一，不受其他竞争对手的干扰。

直邮广告媒介的劣势：

（1）可读性差。在没有评论内容和娱乐内容的前提下，很难抓住并保持读者的注意力。

（2）权威性与可信度低。由于直邮媒体的主办者是广告公司或广告主企业自身，所以其权威性和可信度很难建立。多数社会公众始终对 DM 持有成见，不少读者把直邮广告看成垃圾，弃之不理。

招贴、海报、黄页和日历等类型的印刷广告均属于辅助性的广告媒介，与主流广告媒介配合使用，对主流媒介的广告功效有加强和互补作用。

2. 户外广告媒体

户外广告媒体即指户外广告赖以存在的媒体物。户外广告（英文为 Out Door，简称广告），指除去印刷媒体广告、电波媒体广告、电影、展览及直邮广告以外的广告，也即直接暴露在户外的广告及车船运输广告。

户外广告的优势：

（1）区域自由，时效长。户外广告不受时间、地点的限制，广告主可根据自己的需要设置广告，自主性强，并且在选定的显示区域不但信息送达率较高，且重复率也高，在一定区域内，随着数量的增加，重复到达率显著提高。

（2）制作细腻，美化城市。户外广告内容简洁，制作精良，各种色彩巧妙组合，已成为现代都市的重要部分。

（3）信息集中，形象突出。由于受条件限制，户外广告信息言简意赅，主题突出、明了、易记，画面视觉冲击力较强，有利于突出主要信息，加深记忆。

户外广告的劣势：

（1）宣传区域性小。户外广告的宣传区域有限，效力不如其他媒体。

（2）广告信息内容有限。由于户外广告位置与受众通常有一定的距离，因此，广告字体不能太小。此外，由于受众注意户外广告时间有限，因而户外广告的信息量受到限制。

（3）受环境限制。都市中的户外广告如果不注意维护，天长地久，破烂不堪，既有损于城市形象，更不利于产品的宣传。

3. POP 广告媒体

POP（Point Of Purchase）广告又叫销售现场广告，于 20 世纪 30 年代在美国出现。它是商品具体购买现场的各种广告物组合的统称，如店内的悬挂物、陈列、橱窗和柜台设计，店外设立的标示产品特征的立体物或散发的海报、传单及现场表演、展示、音像播放等。因其发布在商品流通的终端，所以又称"做到终点的广告"。

POP 广告的优势：

（1）将产品广告与产品销售在时间和空间上融为一体，能在销售现场引导消费者，加深顾客对商品的认识程度，营造现场气氛，能诱发顾客的潜在愿望，形成冲动性购买。

（2）形式多样，能增强销售现场的装饰效果，美化购物环境，具有针对性，容易使受众产生信任感。POP 广告设计一次便可长期使用，而且制作简便，能节省宣传费用。

POP 广告的劣势：

（1）辐射范围小，且只适用于拥有销售场所的经销商，对消费者的影响远不及大众媒体，实际应用中常常需与大众媒介组合使用。

（2）设计要精美。若陈列的商品不够精美，摆放杂乱无章，使消费者对该产品的信心下降。

（3）清洁度要高。商品长期悬挂以至陈旧或带有灰尘，反而会招致负面的效果。

此外，还有一些用得较少，很难归类的媒体，如电影媒体、电话簿、火车时刻表、礼品广告等。其中，特别是礼品广告最近在我国发展很快，甚至被人收藏并举办展览。这些媒体都有自身的一些特点，起到其他媒体起不到的作用。在媒体组合中是不可忽视的部分。

# 任务三　广告媒体的选择

广告媒体是传播广告信息的手段和工具，离开了广告媒体，广告信息就无法传播。在广告活动中，选择的广告媒体不同，广告策划的内容、广告费用及广告效果等也就不同。广告媒体的选择是指根据广告目标的要求，以最少的成本选择合适的传播媒体，将广告信息传达给预定的目标消费者，并保证接触者的数量和接触的次数。其中心任务就是比较广告目标与媒体之间的差距，并根据广告目标的要求来选择广告媒体。

在广告宣传活动中，广告主 70%～80%的广告费用是花费在广告媒体上的，如果媒体选择失误，即使广告费用投入很高，也不会取得很好的实际传播效果。因此，广告媒体的选择是在广告实践活动中必须重视的问题。

一、广告媒体选择的评价指标

（一）广告媒体选择评价的个性指标

1. 媒体的覆盖域

媒体的覆盖域即媒体所能影响的范围，选择媒体时要将它与广告目标市场的分布范围作比较。通常有4种情形：

（1）两者完全相符，即媒体覆盖域正是广告目标市场的分布范围。此时该媒体最理想。

（2）媒体覆盖域大于并包括了目标市场范围。此时该媒体可以完全起到影响消费者的作用，但会造成一定的广告浪费。

（3）媒体覆盖域与目标市场范围交叉或小于目标市场范围。此时媒体只能部分影响消费者，还需用其他媒体来补充。

（4）媒体覆盖域与目标市场范围完全不符。此时，绝对不能选用该媒体。

2. 媒体的权威性

媒体的权威性是指人们对媒体的信任程度。媒体的权威性对广告的传播效果具有不可忽视的影响，它关系着消费者对广告信息的信任程度。比如，在地方电视台做广告就不如在中央电视台效果好。每个地区、各个行业都有其影响较大、声誉较好的广告媒体。但要注意两点：

（1）媒体的权威性越高，其广告费用就越昂贵。

（2）媒体的权威性有其特定的范围。

例如，《读者》杂志在青年人中有一定影响，但在老年人中不一定具有权威性。因此，考虑媒体权威性时，还要综合各方面的因素，慎重选择。

3. 媒体的针对性

媒体的针对性是指媒体受众与广告的目标消费者的一致程度。假如某一媒体的受众很多，但其中没有或者只有少部分广告的目标消费者，那么该媒体的针对性就比较差，广告效果就不理想。媒体的针对性包括两个重要内容：媒体受众的构成成分和媒体受众的购买能力。

4. 媒体的时效性

媒体的时效性主要指媒体是否能够及时、迅速地传递信息和连续发布信息。不同的广告媒体，其时效性也不相同。有的媒体用来制作、发布广告简便、灵活，传播广告信息的速度就比较快。比如广播媒体就比电视媒体来得快。在电视、广播媒体上连续地推出广告，一天之内可重复多次；而在报纸连续刊登广告，则至少要间隔一天；杂志媒体的间隔时间则更长。如果是一项时效性强的营销活动，就不能选择杂志媒体作广告。

5. 媒体的可得性

这是指媒体是否能够按要求提供特定的时间或版面，也包括服务质量及信誉等。在分析媒体时要认真考虑媒体的可得性，以免影响媒体计划和整个广告活动的进行。

6. 媒体的适用性

这是指媒体适合进行哪种类型的广告诉求，哪种形式的广告表现。如一般来讲，报纸、杂志比较适用于理性诉求和说明性广告，而电视则更适合于感性诉求和印象性广告。

7. 媒体的灵活性

这是指在某一媒体上推出广告的可以修正调整的程度。不同媒体的灵活性不同，电视的灵活性最低，广播的灵活性较高。促进短期销售、推广的商品多样化、广告作品中的商品价格多变等，对媒体灵活性的要求就高一些。

8. 媒体的寿命

这是指媒体推出广告信息持续触及受众的时间长短。了解各类媒体传播信息的寿命，由此相应地安排在媒体上刊播广告的次数，以保证广告作用的持续影响。媒体寿命期限较短，就要考虑多次反复推出广告的方式，以延长广告触及受众的总时间。

（二）广告媒体选择评价的数量指标

选择广告媒体时，必须首先确定广告信息传播的数量指标。常用的数量指标主要有以下几种：

1. 覆盖率

覆盖率又叫视听率、受众率，是指接触媒体的人数占媒体覆盖面内总人口的比例。对报纸、杂志来说，覆盖率就是发行量和覆盖面内总人口的比率，即

覆盖率=发行量/覆盖面内总人口

对广播、电视来讲，覆盖率就是收听收视率，就是视听人数和覆盖面内总人口的比率，可以计算电台、电视台全部节目的总视听率，也可以计算某特定节目的视听率，即

覆盖率=视听人数/覆盖面内总人口

比如甲报纸有读者100万人，其中广告目标对象2万人，覆盖率为2%；乙报有50万读者，其中广告目标对象也有2万人，其覆盖率为4%。

2. 毛感率

毛感率（Gross Rating Ponit，GRP）又叫毛评点或总视听率，是特定广告时限内视听率的总和。广告都需反复做，受众必须多次接触才能留下印象。毛感率等于播出次数与每次播出的收视率的乘积。这个指标说明信息送达的总视听众，它反映了媒介计划的总强度。

如果一个节目的收视率是15%，在这个节目中插播2次某产品的广告，则毛感率为：

$$GRP=15\% \times 2=30\%$$

毛感率的绝对值，即特定广告时间内受众接触广告的人次（户次），叫做视、听众暴露度。如果在同一媒体的不同栏目中发布广告，毛感率就需要分别计算，然后相加。

3. 收视（听）率

这一指标主要是针对电子类媒体的评估。收视（听）率为转收某一特定电视节目或广播节目的人数或户数的百分比。通常是以100个家户（人）为基数，然后测定收视（听）节目的家户（人）所占的比率。广告主和广告公司往往以此来决定是否购买这一时段的广告，而电台和电视台也以此作为制定广告价格的依据之一。

4. 到达率

到达率又叫净受众率，无重复受众率，多运用于媒体组合分析。一则广告同时在多种媒体刊播，不同媒体的受众面会有一部分是重合的，到达率不管受众接触了几种媒体，不管接触了多少次，都只计算一次。比如，某企业预计通过电视把自己的产品信息在一个月内传送给目标市场内的1亿观众，但实际上这个月内只有4千万观众收看了这则广告，那么媒体的到达率为40%。如果单靠这一媒体做广告，其到达率就不太理想，还得考虑与其他媒体配合。

5. 重复率

它用来测定每一个接收到广告信息的人平均可以重复接收此广告的次数。其计算公式为

重复率=毛感率／到达率

比如某媒体的触及率为 12%，多次推出的毛感率为 60%，那么它的重复率则为平均每人接收广告信息 5 次。重复率的测定，一是细分媒体效果，研究广告产生影响的可能性；二是借此研究媒体的使用方法，制定广告推出时间，安排能使系列广告获得最佳效果的综合方案。

6. 有效到达率

有效到达率也称有效暴露频数，指在一定时间内，同一广告通过媒体到达同一个人（户）的数量界限。产品的有效到达率是由多种因素决定的，主要包括产品的购买周期、广告信息的复杂程度、产品的市场定位、品牌的知名度及广告媒体的传播特性等。

7. 每千人成本

每千人成本是以一种媒体送达 1000 人的成本为计算单位。它说明一种媒体与另一种媒体相对的成本。用每千人成本选择媒体是决定使用某种媒体的一种方法。

例如，A 节目 30 秒广告费为 3 000 元，可送达人口 60 万人，每千人成本是 5 元。计算：3 000 元／600 000 人×1 000 人=5 元。

B 节目 30 秒广告费为 1 500 元，可送达人口 60 万人，每千人成本是 2.5 元。计算：1 500 元／600 000 人×1 000 人=2.5 元。

## 二、广告媒体选择应考虑的因素

1. 产品的特点

选择广告媒体应当根据企业所推销的产品或服务的性质与特征而定，因为各类媒体在展示、解释、可信度、注意力与吸引力等各方面具有不同的特点。广告商品有什么特性，处于何种生命周期，是名牌还是大路货等，都会影响媒体的选择。

2. 目标市场的特点

不同年龄、性别、职业、文化修养、社会地位、经济状况的消费者，对广告媒体的接受能力和接受习惯也不相同。因此，在选择广告媒体时，必须充分考虑不同消费群的性质，才能保证广告信息的有效覆盖。

3. 广告对象的特点

广告策划者传播广告信息时，大都以宣传企业或产品（服务）所具有的各种特点为主要内容，因此，在选择媒体时，必须考虑企业或产品自身的特点。因为各种广告媒体类型在示范、形象化、说明、可信度和色彩等方面的潜力各有不同。例如，妇女时装广告最好刊登在印刷精美的彩色杂志上，照相机最好在电视上进行广告宣传。

4. 企业的营销策略

企业的市场营销策略直接影响到企业对广告媒体工具的选择与组合。一般来说，在"拉"式市场营销策略下，企业就会选择较多的大众广告传播媒体，如报纸、杂志、广播、电视等，其他媒体的选择只起辅助作用；在"推"式市场营销策略下，企业就会选择较多的促销广告媒体，包括产品说明书、产品目录、产品展销、促销赠品等媒体形式。

5. 竞争对手状况

广告竞争是企业间重要的竞争方式，要想竞争成功，研究市场、研究竞争者是十分必要的。竞争对手的广告战略与策略，包括广告媒体工具的选择情况和广告成本费用情况，对企业的媒体工具选择也有着显著的影响：

（1）选择与竞争对手相同的媒体，用以削弱对方的广告效果，这一般是大企业提高进入壁垒时采取的广告压制策略。

（2）选择与对手相关的媒体，避免与竞争对手正面冲突，可以保持自己的广告效果不被弱化；同时也不失去自己的目标受众，这是在两个实力相当的企业之间进行的广告竞争。

（3）选择与对手完全不同的广告媒体，这意味着企业的受众与对手的受众完全不同。此种情况比较少见，一般用于小企业占领细分市场。

总之，企业要针对竞争对手的特点选取适合自己需要的媒体工具。

6. 广告传播范围

选择广告媒体，必须让媒体所能触及的影响范围与企业所要求的信息传播范围相适应。如果企业产品是行销全国的，宜在全国性报纸或中央电视台、中央广播电台做广告。而在某一地区或城市销售的产品，则可以选择地方性报纸、电台等传播媒体。

7. 媒体成本费用

在总的广告费用开支中，媒体的发布费用占相当大的比例。不同媒体的费用支出各不相同，同一类型的广告媒体也会因为广告时间、版面等的不同而有不同的收费标准。如电视广告极为昂贵，而报纸广告则较便宜；在电视黄金时段的广告费用往往又是其他时段广告费用的数倍。

8. 国家的政策法规

有关政策法令规定，某些商品不得在某些媒体上宣传、推出广告。企业主、广告制作者不能不知。

### 三、广告媒体选择应遵循的原则

广告媒体的选择，必须根据科学的方法，遵循一定的原则使媒体在传达广告信息时发挥积极的作用。

1. 目标原则

广告媒体应直接对准已确定的广告目标对象。目标对象在什么地方，是怎样的人，广告主就应选择能将广告信息直接传达给他们并能引起他们注意的媒体；否则收不到应有的宣传效果。在目标对象中，有一部分是已使用该产品的消费者，也有一部分是潜在消费者；有产品的使用者，也有产品的购买者和决策者。媒体选择就应根据不同的对象选择不同的媒体。

2. 传播原则

各种媒体有其自身的特点，其信息传播的方式、传播的效果也有所不同。广告主就应根据产品特点及广告目标、广告策略等选择传播效果最佳的媒体。最佳媒体包括那些传播速度快、覆盖面大、收视率高、连续性强、色彩形象好、便于记忆、信誉高的媒体，也包括那些与产品类型吻合，最能引起目标消费者注意，有很强针对性的媒体。

3. 效益原则

成本低、效果好，又能达到宣传目的，这是广告主、广告人所期盼的。在能达到同样宣传目的的情况下，选用成本低的媒体，或用成本低的媒体组合，这能降低广告的绝对成本。而对于专业性强的产品，选用专业性强的媒体，能相对地降低成本。

### 4. 适应原则

适应原则即是否适应产品特点及市场、销售、广告策略；能否弥补其他媒体达不到的目标人群；能否强调某一方面的说服力，有效传达诉求内容。

### 5. 互补原则

互补原则即是否针对目标消费群体；能否补充不同目标群体的接受习惯，所选媒体发布的内容是否填补其他媒体没有完全说明的内容，增强目标消费群的信任度，从而使目标消费群清楚地了解所传达的信息。

### 6. 科学原则

广告媒体的选择在传播学的研究中，即指对传播渠道的选择。广告传播也符合传播的一般规律。因而，媒体的选择，受到广告内容、受众特性、媒介自身特性等因素影响。这都应以科学的态度去对待。广告媒体的选择，必须遵循受众心理规律，不同的受众在接受信息时思维方式不同，这就影响到媒体的选择。作为人类接受心理学研究的内容，如认知规律、学习规律、记忆规律都影响到媒体的选择。

### 7. 创新原则

在进行媒体选择时，必须有创新观念，其一是创造新媒体，结合当代科技发展，利用科技的力量进行创造。其二是创新运用媒体，即将旧媒体新运用，它往往能收到奇异的效果。其三是媒体策略的创新。

---

**情境提示**

嘉士伯首先在目标受众未到酒吧前，①通过一些顶尖网站投放嘉士伯的横幅广告，进一步提升品牌形象与传递派对信息，又在横幅中设置了与 carlsberg.com 的链接，用户进入后可参加富有趣味性与挑战性的计算机游戏，成功过关者可获赠派对门票。②音像世界嘉士伯 VCD 及封面折页广告(Gatefold)。③与收听率较高的流行电台节目，如 JoyFM 合作，在介绍非常前卫的锐舞音乐环节当中，带出嘉士伯千禧年派对的信息，并与听众作一个互动的交流。

而当目标受众在酒吧附近或正在酒吧时，①通过战术性地购买一些在酒吧街的灯箱及候车亭广告，在消费者到达酒吧之前，透过动感十足的视觉形象，反复向其传递嘉士伯的派对信息及品牌形象。②选择一些专在酒吧、餐厅免费派发的流行杂志，如 That's Shanghai, Shanghai Talk, Beijing Scene, Metro 和 Clueless in Guangzhou，在其有关千禧年资讯的文章前后放置嘉士伯千禧年的信息，直接对目标受众进行诉求。

（案例资料来源：郑香霖，翁耀成，易晓全. 实力媒体，2001 年第 18 期）

---

**课堂讨论**

1. 广告媒体的功能有哪些？
2. 广告媒体的选择方法有哪些？
3. 广告媒体策略受什么因素的影响？
4. 怎样分析广告媒体？

## 知识巩固练习

**一、选择题**

1. 广告媒体具有的基本功能是（    ）。
   A. 传播功能　　　B. 诱导功能　　　C. 吸引功能　　　D. 服务功能
2. 广告媒体选择评价的个性指标有（    ）。
   A. 媒体的覆盖域　　　　　　　B. 媒体的权威性
   C. 媒体的时效性　　　　　　　D. 媒体的针对性
   E. 毛感率　　　　　　　　　　F. 收视率
3. 下列属于短信广告的有（    ）。
   A. 告知式　　　B. 诱导　　　C. 劝说　　　D. 体验
4. 以下有关广告媒体选择的原则正确的是（    ）。
   A. 目标原则　　　B. 传播原则　　　C. 适应原则　　　D. 创新原则
   E. 互补原则

**二、简答题**

1. 简述广告媒体的主要种类。
2. 如何有效地选择广告媒体？

## 实训操作

**案例：诺基亚 CCTV-8 广告投放**

正确的广告投放策略，对企业及品牌的发展具有举足轻重的影响。每个企业都在寻找广告效果最大化的途径，其中广告载体的选择与组合起着决定性的作用。究竟怎样的媒体算是最佳广告载体呢？

价格最低的媒体往往没有品质保证，收视率最高的广告载体也不一定最好。广告投放的媒体选择不但要进行价格和成本核算，还要尽可能实现广告载体的受众特点与企业产品、品牌消费群特征相符合。对企业而言，最适合的广告载体才是最佳的。这种最适合，首先是媒体的形象应该有助于企业产品与品牌形象的提升，其次是媒体的受众应该最大限度地与产品目标消费群相吻合。

诺基亚在 CCTV-8 的广告投放，就成功实现了广告载体与品牌传播的最佳契合。从 2004 年初开始，国际品牌诺基亚在 CCTV-8 冠名"海外剧场"，开创了国际品牌冠名央视剧场的先河，并获得了极佳的广告效果和市场效果。

**强势品牌与强势媒体互相辉映**

作为国际知名品牌，诺基亚的发展目标就是要在中国领跑所有手机品牌。因此，在媒体广告策略上，诺基亚采取了创意性媒体投放方式，选择高端、专业化媒体，进行差异化投放，成功拉开与竞争对手的距离，进一步彰显企业实力和品牌价值，不断拓展市场。

定位于"中国家庭第一频道"的中央电视台电视剧频道，是中国电视剧制作实力展示的大舞台，是唯一覆盖全国的专业电视剧频道。2004 年，CCTV-8 全国收视排名第二，仅次于央视一套。通过不断建设，电视剧频道已经形成了"专业化、品牌化、国际化"的核心竞争力，拥有"精品剧、首播剧、海外剧"三大核心资源，已经成为本土品牌国际化、国际品牌登陆中国家庭的首选传播平台。

中央电视台电视剧频道以其高端媒体定位与诺基亚的品牌传播需求产生了共鸣，而"海外剧场"的黄金受众和高收视率更是使其成为诺基亚展示品牌形象的首选传播平台。"中国家庭第一频道"CCTV-8 和"中国手机销售第一品牌"诺基亚的强强联合，注定会产生巨大的社会效益和经济效益。

2004 年，"海外剧场"播出了众多极具社会影响力的海外精品电视剧，如号称"全球最昂贵电视剧"的美国《兄弟连》、央视引进的最长电视剧——170 集韩国电视剧《看了又看》、第一部韩国历史大剧《明成皇后》《人鱼小姐》等，"海外剧场"已经牢牢占据了全国同时段平均收视率排名榜首。

"海外剧场"的观众属于"社会精英"，对于手机行业来讲更是黄金消费群。"海外剧场"52.94%的观众年龄位于 25～44 岁之间，53.04%的观众学历在大专以上，是全国总体水平的 3.3 倍，个人收入比全国平均水平高出 21%。他们是高品质生活的代表，是高消费生活的代表，是高端品牌的忠实消费者。诺基亚的手机对位年轻时尚的高端人群，正与"海外剧场"的观众特征不谋而合。从"诺基亚海外剧场"独家冠名的广告效果看，在短短半年时间里，超过 60%的诺基亚产品目标消费者在电视剧频道有效接触诺基亚品牌。

**以剧场冠名这一稀缺资源实现差异化传播**

剧场冠名是央视最高端的稀缺媒体广告项目，目前只有电视剧频道提供这样的投放机会。它一方面兼具爆发力与持续性，能够有效影响目标受众，并稳步积累品牌力，另一方面极度凸显与竞争品牌的差异化优势，以最高端的方式在同一载体长期暴露，有效提升品牌可信度、美誉度。诺基亚通过投资剧场冠名，垄断性占据高端媒体的高端资源，从而在当今纷杂的媒体环境下，以最洪亮声音达成品牌传播的最强效果。

"诺基亚海外剧场"独家冠名成功的重要启示，就是国际品牌应重视与强势媒体的直接对话，把品牌传播需求与媒体资源有机结合起来，共同设计具有独创性的最适合品牌特点的广告产品，凸显与竞争品牌的差异化优势。

诺基亚投资央视独家剧场冠名，显示出极其敏锐的市场洞察力和高超的媒体投放技术。事实证明，"诺基亚海外剧场"独家冠名给品牌带来品牌力、品牌形象的强力拉动，带来了品牌价值的大幅提升。正是看到这一实效，2005 年，"诺基亚海外剧场"将继续在电视剧频道与广大观众相伴，诺基亚的品牌形象伴随着"有家就有CCTV-8"的理念更加深入人心。

（案例来源：央视国际CCTV.com）

【实训目标】了解广告媒体组合运用。
【实训组织】学生分组，讨论评价媒体组合的效果。
【实训提示】结合材料分析，总结广告媒体运用的原则。
【实训成果】各组陈述，教师讲评。

# 项目七　广告策划

> **情境引入**
>
> 　　武汉精实广告公司受联想公司委托，进行联想手机的广告活动策划。本策划根据双方协议，于2005年11月开始，至2006年1月结束，历时2个月。
> 　　武汉精实广告需要对市场进行调查与分析、制定广告策略、做出广告计划、促销活动计划、附录等能全面涵盖本次策划运作的内容，为本次联想手机的广告活动提供策略和实施方法的全面指导。

建议你先学习下列任务：
1. 了解广告策划概况
2. 掌握广告策划书写作

## 任务一　了解广告策划概况

### 一、广告策划的含义及特性

**1. 广告策划的含义**

广告策划是从广告角度对企业市场营销管理进行系统整合和策划的全过程，从市场调查开始，根据消费者需要对企业产品设计进行指导，对生产过程进行协调，并通过广告促进销售，实现既定传播任务。广告策划是以企业营销组合为基础，对企业广告活动进行的规划、决策、组织和协调的过程。具体来说，就是根据广告主的营销策略，按照一定的程序对广告活动的总体战略进行前瞻性规划的活动。它以科学、客观的市场调查为基础，以富于创造性和效益性的定位策略、诉求策略、表现策略、媒介策略为核心内容，以具可操作性的广告策划文本为直接结果，以广告活动的效果调查为终结，追求广告活动进程的合理化和广告效果的最大化，是广告公司内部业务运作的一个重要环节，是现代广告运作科学化、规范化的重要标志之一。

**2. 广告策划的特性**

广告策划作为广告公司运作业务的战略性统筹谋划，具有以下不同于一般计划的特殊性：

（1）战略性。广告策划是从广告角度对企业市场营销管理进行系统整合和策划的全过程。因而它要配合企业的整体营销进行战略层面上的运筹，眼界应高远、宽广，其作用具有原则指向性、抗衡协同性。

（2）全局性。广告策划对于未来的广告计划、广告执行具有统领指导作用，因而它必须是既要向前看又要向后看，即既要有前瞻性又要有全局性。广告策划者在策划时必须尽量全面地考虑到一切因素，包括常规的和突发的，在脑海里要时刻装着整体的概念，这样的策划才能不会轻易地被外界因素所干扰。

（3）策略性。广告策划的灵魂和核心是战略指导思想、基本原则和方向的确立，是决定"做什么"的问题；但一旦战略确定，就要有与此相匹配的可操作性的、巧妙的战术和方法，就要同时制定出关于"如何做"的一系列策略，如广告表现策略、广告媒体策略等。

（4）动态性。广告策划要适应变化多端的未来环境和条件，应该是富于弹性、动态有变化的。广告策划是伴随着整个广告活动全过程，包括事前谋划、事中指导、事后监测，因而是周而复始、循环调整的。在整个广告活动过程中都有相应的阶段性策划工作重点，应该把策划作为广告活动的调控器来运用。

（5）创新性。广告策划活动是一项创造性思维活动。创造性是广告策划的关键和保证，创造性的策划具有从别人的所有特点中找出空隙的能力，具有找出别人所没有做过事情的功能，其具体表现在广告定位、广告语言、广告表现、广告媒体等各个方面。

**二、广告策划的主要内容**

广告策划要对整个广告活动进行全面的策划，其内容千头万绪，主要包括市场分析、广告目标、广告定位、广告创意表现、广告媒介、广告预算、广告实施计划及广告效果评估与监控等内容的策划。这些内容彼此间密切联系，相互影响又相互制约。虽然在这里暂时分别论述，但在后面的程序中，要将它们像珍珠一样串起来，形成一条项链，使广告活动按策划的内容有条不紊地顺利实施。

1. 市场分析

市场分析是广告策划和创意的基础，也是必不可少的第一步。广告市场分析基于市场调查，通过一系列的定量和定性分析得出广告主和竞争对手及其产品在市场的地位，为后续的策划工作提供依据。市场调查主要是以产品营销活动为中心展开的，围绕着市场供求关系来进行。市场分析的主要内容包括营销环境分析、企业经营情况分析、产品分析、市场竞争性分析及消费者分析，通过深入细致的调查分析，了解市场信息，把握市场动态，研究消费者的需求方向和心理嗜好，并且明确广告主及其产品在人们心目中的实际地位和形象。

2. 确定广告目标

广告目标是指广告活动要达到的目的，而且这样的目标必须是可以测量的，否则目标的制定就失去了意义。具体而言，它要回答这样的问题：①广告活动后，企业或产品的知名度及美誉度提高的百分比；②市场占有率提高的百分比及销售额或销售量提高的百分比；③消费者对企业或产品态度或评价转变的情况。但是，营销活动和其他活动有千丝万缕的关系，广告目标仅属于营销目标的一部分，有时销售额的增长很难说明是广告的作用，还涉及产品、通路等的问题。因而，广告目标的确立要有明确的衡量指标，既有实际性又有可操作性。

3. 广告定位

20世纪80年代，里斯和特劳特创立了定位学说，从此揭开了广告乃至营销史上新的篇章。定位的核心理念就是寻找消费者心智中的阶梯，是站在消费者的角度，重新对产品定位，是将产品定位和确立消费者合二为一，而不是将它们彼此分离。在对消费群体进行细分的基础上确立目标消费者，然后在这群消费者的心智中寻求还未被占用的空间，再将产品的信息削尖了钻进这个未被其他品牌或产品使用的空间，牢牢地站稳消费者的心智。广告定位就是要在目标消费者心智中寻找产品的最有利于接受的信息。

4. 广告创意表现

这一部分内容是要将广告策划人头脑中的东西从无形转为有形的阶段，也是广告策划的重点。首先是广告主题的确立，即明确说明要表达的重点和中心思想。广告主题由产品信息和消费者心理构成，信息个性是广告主题的基础与依据，消费者是广告主题的角色和组成，消费心理是广告主题的灵魂和生命。只有将两者合二为一的主题才能打动消费者，在此基础上，进行广告创意，并将创意表现出来。广告创意是个极其复杂的创造性思维活动过程，其作用是要把广告主题生动形象地表现出来，它的确定也是广告表现的重要环节。广告表现是由决策进入实施的阶段，即广告的设计制作。广告表现直接关系到广告作品的优劣。

5. 广告媒介选择和规划

媒介策划是针对既定的广告目标，在一定的预算约束条件下利用各种媒体的选择、组合和发布策略，把广告信息有效地传达到市场目标受众而进行的策划和安排。广告活动最基本的功能即广告信息的传递，选择广告信息传递的媒介，是广告运作中最重要的环节之一，也是广告媒介策略需要解决的问题。广告活动是有价的传播活动，它需要付出费用，而广告预算是有限的。因此，要在有限的费用里，得到比较理想的传播效益，如何运用好广告媒介，便是一个关键问题。广告媒介策略主要包括媒体的选择、广告发布日程和方式的确定等项内容。

6. 广告预算

广告是一种付费活动，广告界盛传："花的广告费一半浪费掉了，但却不知道是哪一半。"如果不对广告活动进行科学合理的预算，浪费的将不只是一半的广告费。广告预算就是广告公司对广告活动所需费用的计划和匡算，它规定在一定的广告时期内，从事广告活动所需的经费总额、使用范围和使用方法。准确地编制广告预算是广告策划的重要内容之一，是企业广告活动得以顺利展开的保证。广告预算的制定会受到各方面因素的制约，如产品生命周期、竞争对手、广告媒介和发布频率及产品的可替代性等。

7. 广告实施计划

这是广告策划在上述各主要内容的基础上，为广告活动的顺利实施而制定的具体措施和手段。一项周密的广告策划，对广告实施的每一步骤、每一层次、每一项宣传，都规定了具体的实施办法。其内容主要包括广告应在什么时间、什么地点发布出去，发布的频率如何？广告推出应采取什么样的方式？广告活动如何与企业整体促销策略相配合等。其中较为重要的是广告时间的选择和广告区域的选择，这二者都与媒介发布的具体实施有着密切关系，可以说是媒介策略的具体化。

8. 广告效果评估与监控

广告发布出去之后，有没有达到广告的目的或有没有产生对其他方面的影响，就要对广告效果进行全面的评估。为了增加广告的有效性，还会在广告活动中，甚至广告活动前，进行广告效果的监控和评估。通过广告效果的评估，可以了解到消费者对整个广告活动的反应，对广告主题是否突出、诉求是否准确有效及媒体组合是否合理等做出科学判断，从而使有关当事人对广告效果做到心中有数。广告效果的评估和监控不能仅仅局限在销售效果上，而传播效果作为广告效果的核心应该受到重视。此外，广告还会对整个社会的文化、道德、伦理等方面也造成影响。

### 9. 整合营销传播

随着整合营销传播的作用越来越受到营销和广告人士的认同，广告主为了能在爆炸的媒体环境中追求产品的统一声音，希望广告公司同时也能承担起整合的传播功能。因而对于现代广告公司逐步向整合传播公司转型，在承担原先的工作任务的同时，强调将其他的传播方法，如人员推销、直销营销、公共关系、销售促进等与广告结合，产生协同作用。其内容一般包括收集资料和细分消费者、确定营销目标、传播策略思考、传播整合、接触管理及效果测量。

### 三、广告策划的一般程序

广告策划是一种运动的状态，遵照一定的步骤和程序进行运作的系统工程，如图 7-1 所示。

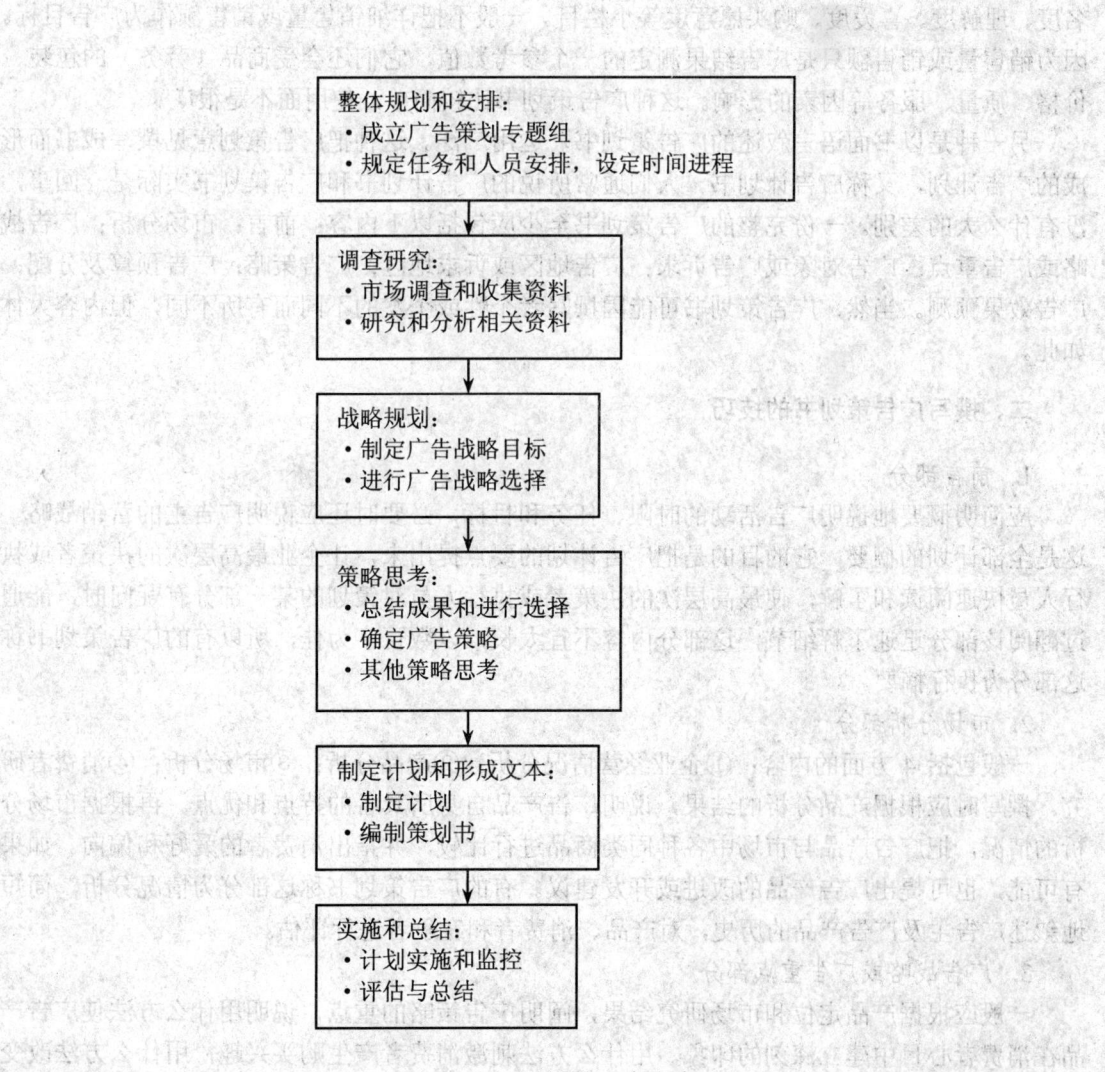

```
┌─────────────────────────────┐
│ 整体规划和安排：            │
│ • 成立广告策划专题组        │
│ • 规定任务和人员安排，设定时间进程 │
└─────────────────────────────┘
            ↓
┌─────────────────────────────┐
│ 调查研究：                  │
│ • 市场调查和收集资料        │
│ • 研究和分析相关资料        │
└─────────────────────────────┘
            ↓
┌─────────────────────────────┐
│ 战略规划：                  │
│ • 制定广告战略目标          │
│ • 进行广告战略选择          │
└─────────────────────────────┘
            ↓
┌─────────────────────────────┐
│ 策略思考：                  │
│ • 总结成果和进行选择        │
│ • 确定广告策略              │
│ • 其他策略思考              │
└─────────────────────────────┘
            ↓
┌─────────────────────────────┐
│ 制定计划和形成文本：        │
│ • 制定计划                  │
│ • 编制策划书                │
└─────────────────────────────┘
            ↓
┌─────────────────────────────┐
│ 实施和总结：                │
│ • 计划实施和监控            │
│ • 评估与总结                │
└─────────────────────────────┘
```

图 7-1 广告策划的一般程序

# 任务二　广告策划书的撰写

## 一、广告策划书的格式和内容

广告策划是在市场调查研究基础上，对广告整体活动或某一方面活动的预先设想和策划。广告策划书就是把在广告活动中所要采取的一切部署都列出来，指示相关人员在特定时间予以执行，它是广告活动的正式行动文件。

广告策划书有两种形式，一种是表格式的。这种形式的广告策划书上列有广告主现在的销售量或者销售金额、广告目标、广告诉求重点、广告时限、广告诉求对象、广告地区、广告内容、广告表现战略、广告媒体战略、其他促销策略等栏目。其中广告目标一栏又分为知名度、理解度、喜爱度、购买愿意度等小栏目。一般不把详细销售量或销售额作为广告目标。因为销售量或销售额只是广告结果测定的一个参考数值，它们还会受商品（劳务）的包装、价格、质量、服务等因素的影响。这种广告策划书比较简单，使用面不是很广。

另一种是以书面语言叙述的广告策划书，运用广泛。这种把广告策划意见撰写成书而形成的广告计划，又称广告计划书。人们通常所说的广告计划书和广告策划书实际是一回事，没有什么大的差别。一份完整的广告策划书至少应包括以下内容：前言；市场分析；广告战略或广告重点；广告对象或广告诉求；广告地区或诉求地区；广告策略；广告预算及分配；广告效果预测。当然，广告策划书可能因撰写者个性或个案的不同而有所不同，但内容大体如此。

## 二、撰写广告策划书的技巧

### 1. 前言部分

应简明概要地说明广告活动的时限、任务和目标，必要时还应说明广告主的营销战略。这是全部计划的摘要，它的目的是把广告计划的要点提出来，让企业最高层次的决策者或执行人员快速阅读和了解，使最高层次的决策者或执行人员对策划的某一部分有疑问时，能通过翻阅该部分迅速了解细节，这部分内容不宜太长，以数百字为佳，所以有的广告策划书称这部分为执行摘要。

### 2. 市场分析部分

一般包括4方面的内容：①企业经营情况分析；②产品分析；③市场分析；④消费者研究。撰写时应根据产品分析的结果，说明广告产品自身所具备的特点和优点。再根据市场分析的情况，把广告产品与市场中各种同类商品进行比较，并指出消费者的爱好和偏向。如果有可能，也可提出广告产品的改进或开发建议。有的广告策划书称这部分为情况分析，简短地叙述广告主及广告产品的历史，对产品、消费者和竞争者进行评估。

### 3. 广告战略或广告重点部分

一般应根据产品定位和市场研究结果，阐明广告策略的重点，说明用什么方法使广告产品在消费者心目中建立深刻的印象。用什么方法刺激消费者产生购买兴趣，用什么方法改变消费者的使用习惯，使消费者选购和使用广告产品；用什么方法扩大广告产品的销售对象范围；用什么方法使消费者形成新的购买习惯。有的广告策划书在这部分内容中增设促销活动计划，写明促销活动的目的、策略和设想。也有把促销活动计划作为单独文件分别处理的。

4. 广告对象或广告诉求部分

主要根据产品定位和市场研究来测算出广告对象有多少人、多少户。根据人口研究结果，列出有关人口的分析数据，概述潜在消费者的需求特征和心理特征、生活方式和消费方式等。

5. 广告地区或诉求地区部分

应确定目标市场，并说明选择此特定分布地区的理由。

6. 广告策略部分

要具体说明广告实施的详细细节。撰文者应把所涉及的媒体计划清晰、完整而又简短地设计出来，具体程度可根据媒体计划的复杂性而定。也可另行制定媒体策划书。一般至少应清楚地叙述所使用的媒体、使用该媒体的目的、媒体策略、媒体计划。如果选用多种媒体，则需对各类媒体的刊播及如何交叉配合加以说明。

7. 广告预算及分配部分

要根据广告策略的内容，详细列出媒体选用情况及所需费用、每次刊播的价格，最好能制成表格，列出调研、设计、制作等费用。也有人将这部分内容列入广告预算书中专门介绍。

【实例】

安利产品的广告策划书

一、公司简介

安利（中国）日用品有限公司成立于1992年，是中美合作的大型生产性企业。其母公司美国安利公司创立于1959年，是世界知名的日用消费品生产商及销售商，目前业务遍及80多个国家和地区。安利（中国）于1995年4月正式开业，将多元化的优质日用消费品投放中国市场，并于1998年7月获得国家对外贸易经济合作部、国家工商行政管理局、国家国内贸易局的正式批准，采用自设店铺并雇佣推销员的模式转型经营。目前，安利（中国）通过全国主要城市向顾客提供优质产品和完善服务。

资产6500万美元的大型现代化生产基地，年生产值达4.5亿美元。安利（中国）是国内日化行业中率先达到投资总额为1亿美元、在广州经济技术开发区设有占地5.8万平方米、获得ISO9002国际质量认证的企业，被广州市经济技术开发区和广州市对外经济贸易委员会确认为"先进技术企业"。

二、产品分析

（一）产品特点

安利产品之所以在世界各地均获得消费者的青睐，有赖于安利研究开发中心对产品质量的精益求精。安利产品多元化，包括家居护理用品、个人护理用品、美容护肤品、家居耐用品和营养补充食品共5个大系列，400多个品种，全面照顾人们日常生活的各个方面，创造一个清新美好的生活空间。在中国销售的有50多种，分别为家居护理用品、个人护理用品、雅姿美容护肤品和纽崔莱营养补充食品。

（1）全方位的品种，从洗发护发到沐浴护肤，从口腔护理到香体止汗，轻柔呵护身体各个部位。用后令人神清气爽，散发健康活力。安利家居护理用品种类齐全，洁力强劲，从厨房到浴室，从地板到门窗，都能彻底清洁，令家务劳动变得简单轻松。

产品大多采用浓缩配方，可稀释使用，或取用少量即可达到理想效果，更加经济实惠，且可大大节省采购时间和存放空间。

（2）安利个人护理用品采用大自然植物精华，结合现代高科技制成，具有配方温和、成分天然、气味清香的特点，如雅蜜沐浴润肤产品含天然蜂蜜和纯净甘油，润而不腻；丝婷洗发护发产品含提取自亚马逊热带雨林中的天然滋润成分香脂，可更好地滋润秀发；丽齿健含氟牙膏采用LS928专利配方，温和洁亮牙齿，时刻展现自信灿烂的笑容。

（3）雅姿的生产标准不但符合甚至超越美国食品及药物管理局（FDA）对药物制造的严格标准，所有产品均经严格测试，确保安全性。根据Euromonitor（全球消费市场调查及研究的权威机构之一）1998年全球零售营业额的调查，雅姿跃居全球五大面部护肤品及化妆品品牌之一。

（4）纽崔莱是世界维生素与矿物质补充食品权威，也是世界上少数自行种植植物原料并自设先进生产厂房的营养食品公司，从最初种植一种紫花苜蓿，发展到今天自行种植针叶樱桃、水芹、欧芹、胡萝卜、菠菜、芒果等多种植物，萃取纽崔莱独有的植物提取物，生产纽崔莱营养补充食品，为人们提供维生素、矿物质、抗氧化剂、膳食纤维及其他营养素，帮助建立理想健康。

（二）优劣分析

（1）安利产品种类繁多，均采用世界先进的生产科技，从原料的筛选到配方、混料、包装都一丝不苟，严格管理生产各个环节，确保产品质量卓越。

（2）安利（中国）日用品有限公司是一家跨国企业，是美国安利公司属下的美国安利亚太区有限公司与广州经济技术开发区管理委员会属下的宜通招商有限公司合作成立的，拥有雄厚的资金、先进的设备、完善的管理，成为内地日化行业中首家获得ISO9002国际质量认证的厂家。

（3）安利产品的质量是绝对保证的，但价位稍高，不是一般家庭所能承担的。

（三）投产时间

安利（中国）日用品有限公司成立于1992年，于1995年4月正式开业，将多元化的优质日用消费品投放中国市场。

三、市场分析

（一）同类产品情况

创始于1837年的宝洁公司，是世界上最大的日用消费品公司之一。2000～2001财政年度，公司全年销售额为392.4亿美元。在《财富》杂志最新评选出的全球500家最大工业/服务业企业中，排名第75位，全美排名第23位，并被评为业内最受尊敬的公司。宝洁公司全球雇员超过10万，在全球70多个国家设有工厂及分公司，所经营的250多个品牌的产品畅销130多个国家和地区，其中包括洗发、护发、护肤用品、化妆品、婴儿护理产品、妇女卫生用品、医药、食品、饮料、织物、家居护理及个人清洁用品。

（二）竞争情况

宝洁公司是世界上最大的日用消费品公司之一，知名度高，在人们的心目中树立起比较稳定的形象。但最近几年出现了越来越多的假冒商品，把宝洁公司建立起来的形象破坏了，人们开始怀疑宝洁公司的产品。

（三）市场预测

中国是世界的人口大国，人口多，消费也多。随着人们生活水平的提高，人们越来越重视生活的质量，对产品的要求也越来越高，对于品质优异的产品都会给予肯定。

四、销售分析

安利（中国）自行生产多种优质、高效的日用消费品，并通过全国主要城市的安利店铺及营销人员为顾客提供优质产品和完善服务。

安利（中国）现时在全国22个省及4个直辖市设立了50多家店铺（详见经营网点），采用超市式或柜台式的销售方式，直接面向顾客。为方便顾客购物，安利店铺均设于繁华地带，交通便利，购物空间宽敞、明亮；产品均明码标价，增加了透明度。

安利（中国）亦雇佣营业代表推广产品、服务顾客，向顾客提供全面详尽的商品资讯和亲切周到的售前、售后服务。顾客还可通过营业代表的讲解及示范，详细了解安利产品的特点和效能，使安利产品的优良功效得到最佳的发挥。此外，安利亦通过经销商进行产品的批发与零售。

五、企业目标

安利公司的目标是成为全球一流的日用品生产和服务商。

六、广告战略

（1）在北京，安利（中国）在一线和环线地铁沿线每个站的月台，以"安利，为您生活添色彩"为主题，发布了安利公司形象广告。同时，在横贯北京东西的"复八线"402号车的6节车箱内专门发布安利广告，形成颇具宣传效果的"安利专列"。此外，安利（中国）还在哈尔滨、长春、天津、上海、南京、武汉、广州、深圳、海口、成都等全国近30个主要城市已经或即将投放公司形象的户外广告，它们与报纸、杂志一起，形成多种媒体广告效应的组合，将安利（中国）的公司形象推向一个令人瞩目的新高度。

（2）为配合雅姿彩妆的陆续上市，进一步宣传雅姿作为全球五大美容护肤品品牌之一的形象，安利（中国）选择5本全国发行的顶尖时尚杂志——《世界时装之苑》、《风采》、《好》、《时尚》、《瑞丽服饰美容》，于11月刊登接连3页的全版彩色广告。这些广告文案清雅脱俗，设计精美大气，映衬出雅姿美容护肤品卓尔不凡的品质和档次。

七、媒体战略

（一）媒体选择

（1）电视。

（2）报纸。

（3）杂志：《世界时装之苑》、《风采》、《好》、《时尚》、《瑞丽服装美容》。

（4）户外广告。

（二）费用预算

电视广告：约1800万元。

报纸广告：约500万元。

杂志广告：约1000万元。

户外广告：约1200万元。

广告费用总支出：4500万元。

八、广告文稿

（1）广告形象：温馨、充满爱。

（2）广告主旨：鼓励人们购买纽崔莱营养补充食品。纽崔莱营养补充食品品质的保证，定能让消费者更加健康。

（3）广告定位：高质量。

画面一：一阵开门的钥匙声，走进来一个女孩。

画面二：女孩的母亲来到客厅。因为今天是母亲节，女孩特地为母亲买了一件礼物，她让母亲猜。

画面三：母亲猜不出来。女孩从包里拿出一个罐子，原来是安利产品——蛋白质粉。女孩向母亲介绍了蛋白质粉的特点，也表达了自己对母亲的关心。

画面四：母亲开心地笑了。母女俩抱在一起。

画面五：桌子上的罐子充满了整个画面，并有声音说道：纽崔莱营养品，增强你的体力，你最佳的选择。

## 课堂讨论

1. 什么是广告策划？广告策划与营销策划是一样的吗？
2. 广告策划书的撰写技巧有哪些？

## 知识巩固练习

### 一、选择题

1. 从广义上看，广告策划被看作是以企业营销组合为基础，对企业广告活动进行（　　）。
   A．规划　　　　B．决策　　　　C．组织　　　　D．协调
2. 广告策划的特性包括（　　）
   A．战略性　　　B．全局性　　　C．策略性　　　D．动态性
   E．创新性
3. 广告策划书的形式有（　　）。
   A．表格式的　　　　　　　　　B．语言描述式的

### 二、简答题

1. 什么是广告策划？广告策划的特性有哪些？
2. 简述广告策划的一般程序。
3. 广告策划书的格式是什么？

## 实训操作

【范例】：XX产品的广告策划

封面：一份完整的广告策划书文本应该包括一个版面精美、要素齐备的封面，给阅读者以良好的第一印象。

广告策划小组名单：在策划文本中提供广告策划小组名单，可以向广告主显示广告策划

运作的正规化程度，也可以表示一种对策划结果负责的态度。

目录：在广告策划书目录中，应该列举广告策划书各个部分的标题，必要时还应该将各个部分的联系以简明的图表体现出来，一方面可以使策划文本显得正式、规范，另一方面也可以使阅读者能够根据目录方便地找到想要阅读的内容。

前言：在前言中，应该概述广告策划的目的、进行过程、使用的主要方法、策划书的主要内容，以使广告客户可以对广告策划书有大致的了解。

正文：

第一部分：市场分析。这部分应该包括广告策划的过程中所进行的市场分析的全部结果，以为后续的广告策略部分提供有说服力的依据。

一、营销环境分析

1. 企业市场营销环境中宏观的制约因素

（1）企业目标市场所处区域的宏观经济形势：总体的经济形势 总体的消费态势 产业的发展政策

（2）市场的政治、法律背景：是否有有利或者不利的政治因素可能影响产品的市场？是否有有利或者不利的法律因素可能影响产品的销售和广告？

（3）市场的文化背景，企业的产品与目标市场的文化背景有无冲突之处？这一市场的消费者是否会因为产品不符合其文化而拒绝产品？

2. 市场营销环境中的微观制约因素

企业的供应商与企业的关系、产品的营销中间商与企业的关系。

3. 市场概况

（1）市场的规模。整个市场的销售额、市场可能容纳的最大销售额、消费者总量、消费者总的购买量。以上几个要素在过去一个时期中的变化、未来市场规模的趋势。

（2）市场的构成。构成这一市场的主要产品品牌、各品牌所占据的市场份额、市场上居于主要地位的品牌、与本品牌构成竞争的品牌是什么？未来市场构成的变化趋势如何？

（3）市场构成的特性。市场有无季节性？有无暂时性？有无其他突出的特点？

4. 营销环境分析总结

（1）机会与威胁。

（2）优势与劣势。

（3）重点问题。

二、消费者分析

1. 消费者的总体消费态势

现有的消费时尚、各种消费者消费本类产品的特性。

2. 现有消费者分析

（1）现有消费群体的构成，现有消费者的总量、现有消费者的年龄、现有消费者的职业、现有消费者的收入、现有消费者的受教育程度、现有消费者的分布。

（2）现有消费者的消费行为，购买的动机、购买的时间、购买的频率、购买的数量、购买的地点。

（3）现有消费者的态度，对产品的喜爱程度、对本品牌的偏好程度、对本品牌的认知程度、对本品牌的指名购买程度、使用后的满足程度、未满足的需求。

3. 潜在消费者

（1）潜在消费者的特性、总量、年龄、职业、收入、受教育程度等。

（2）潜在消费者现在的购买行为，现在购买哪些品牌的产品？对这些产品的态度如何？有无新的购买计划？有无可能改变计划购买的品牌？

（3）潜在消费者被本品牌吸引的可能性，潜在消费者对本品牌的态度如何？潜在消费者需求的满足程度如何？

4. 消费者分析的总结

（1）现有消费者。

（2）潜在消费者。

（3）目标消费者。目标消费群体的特性，目标消费群体的共同需求，如何满足他们的需求？

三、产品分析

1. 产品特征分析

（1）产品的性能，产品的性能有哪些？产品最突出的性能是什么？产品最适合消费者需求的性能是什么？产品的哪些性能还不能满足消费者的需求？

（2）产品的质量，产品是否属于高质量的产品？消费者对产品质量的满意程度如何？产品的质量能继续保持吗？产品的质量有无继续提高的可能？

（3）产品的价格，产品价格在同类产品中居于什么档次？产品的价格与产品质量的配合程度如何？消费者对产品价格的认识如何？

（4）产品的材质，产品的主要原料是什么？产品在材质上有无特别之处？消费者对产品材质的认识如何？

（5）生产工艺，产品使用什么样的工艺生产？在生产工艺上有无特别之处？消费者是否喜欢通过这种工艺生产的产品？

（6）产品的外观与包装，产品的外观和包装是否与产品的质量、价格和形象相称？产品在外观和包装上有没有缺欠？外观和包装在货架上的同类产品中是否醒目？外观和包装对消费者是否具有吸引力？消费者对产品外观和包装的评价如何？

（7）与同类产品的比较，在性能上有何优势？有何不足？在质量上有何优势？有何不足？在价格上有何优势？有何不足？在材质上有何优势？有何不足？在工艺上有何优势？有何不足？在消费者的认知和购买上有何优势？有何不足？

2. 产品生命周期分析

3. 产品的品牌形象分析

（1）企业赋予产品的形象，企业对产品形象有无考虑？企业为产品设计的形象如何？企业为产品设计的形象有无不合理之处？企业是否将产品形象向消费者传达？

（2）消费者对产品形象的认知，消费者认为产品形象如何？消费者认知的形象与企业设定的形象符合吗？消费者对产品形象的预期如何？产品形象在消费者认知方面有无问题？

4. 产品定位分析

（1）产品的预期定位，企业对产品定位有无设想？企业对产品定位的设想如何？企业对产品的定位有无不合理之处？企业是否将产品定位向消费者传达？

（2）消费者对产品定位的认知，消费者认为的产品定位如何？消费者认知的定位与企业设定的定位符合吗？消费者对产品定位的预期如何？产品定位在消费者认知方面有无问题？

（3）产品定位的效果，产品的定位是否达到了预期的效果？产品定位在营销中是否有困难？

5. 产品分析的总结

（1）产品特性，机会与威胁，优势与劣势，主要问题点。

（2）产品的生命周期，机会与威胁，优势与劣势，主要问题点。

（3）产品的形象，机会与威胁，优势与劣势，主要问题点。

（4）产品定位，机会与威胁，优势与劣势，主要问题点。

四、企业和竞争对手的竞争状况分析

（1）企业在竞争中的地位。市场占有率，消费者认识，企业自身的资源和目标。

（2）企业的竞争对手。主要的竞争对手是谁？竞争对手的基本情况，竞争对手的优势与劣势，竞争对手的策略。

（3）企业与竞争对手的比较。机会与威胁，优势与劣势，主要问题点。

五、企业与竞争对手的广告分析

（1）企业和竞争对手以往的广告活动的概况。开展的时间，开展的目的，投入的费用，主要内容。

（2）企业和竞争对手以往广告的目标市场策略。广告活动针对什么样的目标市场进行？目标市场的特性如何？有何合理之处？

（3）企业和竞争对手的产品定位策略。

（4）企业和竞争对手以往的广告诉求策略，诉求对象是谁？诉求重点如何？诉求方法如何？

（5）企业和竞争对手以往的广告表现策略。广告主题如何，有何合理之处？有何不合理之处？广告创意如何，有何优势？有何不足？

（6）企业和竞争对手以往的广告媒介策略。媒介组合如何？有何合理之处？有何不合理之处？广告发布的频率如何？有何优势？有何不足？

（7）广告效果。广告在消费者认知方面有何效果？广告在改变消费者态度方面有何效果？广告在消费者行为方面有何效果？广告在直接促销方面有何效果？广告在其他方面有何效果？广告投入的效益如何？

（8）总结。竞争对手在广告方面的优势，企业自身在广告方面的优势，企业以往广告中应该继续保持的内容，企业以往广告突出的劣势。

第二部分　广告策略

一、广告的目标

（1）企业提出的目标。

（2）根据市场情况可以达到的目标。

（3）对广告目标的表述

二、目标市场策略

1. 企业原来市场观点的分析与评价

（1）企业原来所面对的市场，市场的特性，市场的规模。

（2）企业原有市场观点的评价，机会与威胁，优势与劣势，主要问题点，重新进行目标市场策略决策的必要性。
　　2. 市场细分
　　（1）市场细分的标准。
　　（2）各个细分市场的特性。
　　（3）各个细分市场的评估。
　　（4）对企业最有价值的细分市场。
　　3. 企业的目标市场策略
　　（1）目标市场选择的依据。
　　（2）目标市场选择的策略。
　三、产品定位策略
　　1. 对企业以往的定位策略的分析与评价
　　（1）企业以往的产品定位。
　　（2）定位的效果。
　　（3）对以往定位的评价。
　　2. 产品定位策略
　　（1）进行新的产品定位的必要性，从消费者需求的角度，从产品竞争的角度，从营销效果的角度。
　　（2）对产品定位的表述。
　　（3）新的定位的依据与优势。
　四、广告诉求策略
　　1. 广告的诉求对象
　　（1）诉求对象的表述。
　　（2）诉求对象的特性与需求。
　　2. 广告的诉求重点
　　（1）对诉求对象需求的分析。
　　（2）对所有广告信息的分析。
　　（3）广告诉求重点的表述。
　　3. 诉求方法策略
　　（1）诉求方法的表述。
　　（2）诉求方法的依据。
　五、广告表现策略
　　1. 广告主题策略
　　（1）对广告主题的表述。
　　（2）广告主题的依据。
　　2. 广告创意策略
　　（1）广告创意的核心内容。
　　（2）广告创意的说明。
　　3. 广告表现的其他内容
　　（1）广告表现的风格。

（2）各种媒介的广告表现。
（3）广告表现的材质。

六、广告媒介

（1）对媒介策略的总体表述。
（2）媒介的地域。
（3）媒介的类型。
（4）媒介的选择，媒介选择的依据，选择的主要媒介，选用的媒介简介。
（5）媒介组合策略。
（6）广告发布时机策略。
（7）广告发布频率策略。

第三部分　广告计划

（1）广告目标
（2）广告时间，在各目标市场的开始时间，广告活动的结束时间，广告活动的持续时间
（3）广告的目标市场
（4）广告的诉求对攻
（5）广告的诉求重点
（6）广告表现：广告的主题；广告的创意；各媒介的广告表现，平面设计，文案，电视广告分镜头脚本；各媒介广告的规格；各媒介广告的制作要求。
（7）广告发布计划：广告发布的媒介；各媒介的广告规格；广告媒介发布排期表。
（8）其他活动计划：促销活动计划；公共关系活动计划；其他活动计划。
（9）广告费用预算：广告的策划创意费用；广告设计费用；广告制作费用；广告媒介费用；其他活动所需要的费用；机动费用；费用总额。

第四部分　广告活动的效果预测和监控

（1）广告效果的预测：广告主题测试；广告创意测试；广告文案测试；广告作品测试。
（2）广告效果的监控：广告媒介发布的监控；广告效果的测定。

附录：在策划文本的附录中，应该包括为广告策划而进行的市场调查的应用性文本和其他需要提供给广告主的资料。

（1）市场调查问卷。
（2）市场调查访谈提纲。
（3）市场调查报告。

封底：（略）。

【实训目标】掌握广告策划的程序，完成一份详尽的广告策划书。
【实训组织】学生分组讨论策划方案。
【实训提示】结合模板提示，掌握广告策划的程序。
【实训成果】各组展示策划书，教师讲评。

# 项目八　广告文案创作

> **情境引入**
> 　　××啤酒企业为其领导品牌推出新的广告。通过前期的广告调查和总体策划，广告主确定下个年度的广告目标是扩大品牌的知名度。广告公司按照广告计划进入到文案创作阶段，公司里的文案是刚毕业不久的学中文的小张，她对广告文案的创作还比较陌生，如何有效地表现创意？到底该从哪些方面着手呢？
> 　　如果项目要求你的参与，你会怎么做？

建议你先学习下列任务：
1. 了解广告文案。
2. 广告标题写作。
3. 广告语写作。
4. 广告正文写作。

## 任务一　了解广告文案

　　广告文案是现代广告设计的重要方面，它不仅是广告策划与创意的物化，而且是广告的核心与灵魂的集中表达。美国著名的广告学家大卫·奥格威曾说过：广告是词语的生涯，广告效果的 50%~75% 来自于广告的语言文字部分。

### 一、广告文案的含义

　　广告文案又称广告文、广告文稿，是指广告作品中用以表达广告主题和广告创意的所有文字和语言的总和。
　　创作广告文案离不开创意，优秀的广告文案完全是创意的结果。在现代广告创意中，广告文案是创意的核心。广告文案创意是根据广告目标、广告产品及广告主特征，针对市场营销和消费者的心理而进行的广告语言文字的一种别出心裁、别开生面的构思表现。简单地说，广告文案创意是对广告中语言文字部分的创意，这种创意包括语言文字的义、形、音 3 个基本要素。
　　义，语言文字的意义，它反映语言文字的内在含义。
　　形，语言文字的字形，包括段落、句式、词语、标点符号、字体笔画等。
　　音，语言文字的语音，包括声调、音韵、节奏等。
　　义是语言文字的内容，形和音是语言文字的表现形式。广告文案创意包括主题构思和形式表现两个方面。主题构思决定了广告创意的方向与深度，形式表现则是主题构思的具体表现。巧妙地利用语言文字的义、形、音 3 个基本要素，便可以创造和演绎出千变万化、各具特色的广告文案创意。

当然，还有一种广义上的理解。如有人认为："广义的广告文案是指广告作品的全部，它不仅包括广告的语言文字部分，同时还包括广告的图画、音像及其排列等。"在这种观点看来，广义的广告文案是指整个广告作品的全部内容。

【小案例】

名称：禁酒令
客户：贝克啤酒
广告：上海奥美广告有限公司
文案：

查生啤之新鲜，乃我酒民头等大事，新上市之贝克生啤，为确保酒民利益，严禁各经销商销售超过七日之贝克生啤，违者严惩，重罚十万元人民币。

此广告文案借用了公文中"令"的写作形式和语言风格特点，将广告信息用规范的公文形式表现出来，产生了一种独特的说服力。整个广告文案句子结构简要、语言表达严正，使人感受到贝克生啤制造商对推出这一营销新举措的严肃、认真、深究的态度。同时，用如此严正的形式来表达，令受众领悟到创意者所提供的幽默玄机。会心一笑间，印象深刻。

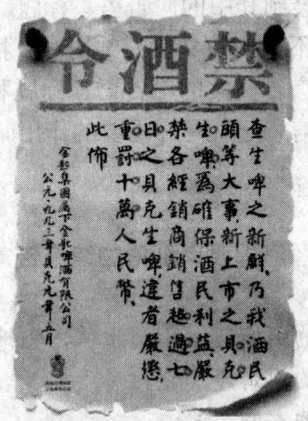

（资料来源：http://www.chinaadren.com/html/file/2005-3-4/2005342347515999.html）

## 二、广告文案的基本结构

1. 广告标题

广告标题是广告文案的点睛之笔，旨在传达最为重要的或最能引起受众兴趣的信息，对全文起统领作用，以吸引受众继续阅读或收听、收看广告文案的其他内容的简短语句，通常位于广告文案的最前面。

2. 广告语

广告语也称广告口号，是为加强受众对企业、产品的印象而在广告中长期反复使用，旨在向消费者传递一种长期不变的观念的语言或文字。

3. 广告正文

广告正文是指广告文案中传达大部分广告信息，居于主体地位的语言或文字。它是广告文案的中心和主体。

4. 广告随文

广告随文是广告的必要说明，是广告文案的最末部分，如公司名称、公司地址、电话、传真、电子邮件、购买手续、银行账号、经销部门等。

### 三、不同媒介的广告文案在结构上的区别

1. 通过印刷媒介传播的广告文案的结构

通过印刷媒介传播的广告文案的结构最为典型。因为印刷媒介具有即时传播的特性，所以受众可以同时看到文案的广告语、标题、正文、随文等部分。并且因为印刷广告可以将文案以不同的字体、字形、字号编排在不同位置的版面上，所以文案的结构可以显得清晰、明确。

2. 通过广播媒介传播的广告文案的结构

通过广播媒介传播的广告文案的结构比较模糊，有时甚至会显得不完整或者根本没有结构。造成这种现象的原因有两点：一是广播媒介具有顺时传播的特性，广告文案的各个部分是按时序播出的，受众不可能同时接收它们，因此对受众来说它们是一个整体，而没有明显的区别；二是广播媒介的广告文案是以口头语言为载体的，即使文案的不同部分有语气、语调、音色的变化，受众也很难体会到其中的广告语、标题、正文和随文的区别。

即便如此，文案撰写人员也不能认为文案的结构对广播广告的受众没有意义，对广告信息的传播没有作用，而忽视广播广告文案的广告语、标题和随文的撰写。因为它们对于吸引受众的注意力、传达全面的广告信息起着同样重要的作用。

【小案例】

**河姆渡遗址博物馆广告**

（音乐：古朴的哨音）

"都说江南的鱼米香，宁波的河姆渡，山清水秀，土地肥沃。

七千年前的先民铸造了璀璨的河姆渡文化。

在这里，诞生了世界上最早的木制船桨；

在这里，河姆渡人戴上了中华民族第一块玉装饰品……

跨越了七千年的河姆渡古哨悠悠地向我们吹起。

河姆渡遗址博物馆。"

这则广播广告文案前面是广告正文，在最后点出广告标题。这样将广告语或广告标题后置的结构较常用。

（资料来源：初广志. 广告文案写作. 北京：高等教育出版社，2005）

3. 通过电视媒介传播的广告文案的结构

电视广告的文案与广播广告的文案不同，因为电视广告既诉诸受众的听觉，又诉诸受众的视觉，因此广告文案既可以以语言为载体，也可以以文字为载体。在实际运作中，绝大多数电视广告的文案都是以语言（画外音、人物语言）和文字（字幕）两种载体共同传播的，标题、广告语、正文和随文可以以人物对白、字形等形式相区别，而且广告语通常是在广告的结尾与随文同时出现，所以在电视广告中，文案的结构比广播广告中清晰。

这里需要注意的是，无论是在印刷广告文案、广播广告文案还是在电视广告文案中，都相当普遍地存在着文案的标题和广告语合二为一的情况，所以文案的撰写人员在文案写作过程中不必拘泥于一定要有独立的标题和广告语的教条。

【小案例】

啤酒广告

广告标题：以后再也用不着牙齿了！

电视广告画面：一位乐呵呵的老人拿着一瓶新型啤酒，屏幕下方字幕打出一行字——以后再也用不着牙齿了！老人说完一笑，露出缺了颗门牙的嘴。

这是美国一则不用开瓶器的新型啤酒广告，成功的电视广告，不仅要为观众提供必要的消费信息，还要让他们感兴趣，获得某种美的感受，在愉悦中记住有关信息。这则广告就是广告语和广告标题合二为一的，通过缺了门牙的老人说出诙谐亲切的广告语，重点反映了这种新型啤酒饮用方便的特点。

（资料来源：http://www.pmsj.com.cn/adscript/077107_2.html）

## 任务二　广告标题写作

与应用文有一个较完整的结构框架（开头、正文、结尾）不同，一则完整的广告文案通常由标题、正文（内文）、广告语（广告口号）、随文（附文）四大要素组成，它们在文案中各有不同的功能。广告标题的主要作用是吸引受众的注意力并导入主题；广告正文的主要作用是对广告主题进行说明、解释；广告语的主要作用是在广告中长期反复宣传企业、产品形象；随文的主要作用是说明与商品或与广告主有关的附属信息。

广告标题是表现广告主题、引起受众注意的文字部分，通常它以比其他部分（正文、广告语、随文）大些的字体置于广告文案最显著、最醒目的位置，以吸引受众的注意力。好的广告标题，是一则优秀的广告文案所必需的，如果标题平淡无味，那么整个广告文案就不可能在铺天盖地的广告中脱颖而出。因此，一则广告的成败，在很大程度上是由标题的质量决定的。

### 一、广告标题的作用

1. 点明广告主题

广告标题是广告宣传内容和中心思想的高度概括，是揭示广告主题内容的焦点。因此，广告标题不仅要生动、优美，还应使人一看就知晓了广告的内容，或产生相应的联想。如"拥有一座家园，感受一生幸福"，使人们一看就知道这是个房产促销广告，直接点明了主题。

2. 表现广告意境

在广告创意和策划中，创造出来的意境是一种构思和梦想，本身"只能意会"，没有传播性，不能为策划人员之外的大众所领会，只能借助广告标题把"意境"表达出来，公众才能从文字中感悟到意境的美妙，感受到意境的影响。一家百货商场为自己的开业创造了这样一个宣传意境"幼小昆虫过渡到成虫的瞬间"以此象征商场的诞生。如何表达这种意境呢？于是就用象征手法创作了这样一个标题——破蛹，形象生动，艺术化地表现出了广告宣传的意境。

3. 引起公众注意

因为标题处于显要的位置，所以受众接触广告文案总是从接触标题开始的。假如标题对受众听觉或视觉形不成冲击，那么受众就无心关注广告中的其他内容，因此，想方设法创作出一个别出心裁的广告标题是写作广告文案的首要任务。

例如，穿"米罗"的女孩，小心坠入爱河（米罗衬衫广告标题）。该广告标题以夸张、幽默的语言，侧面宣传了穿上米罗衬衫后给女孩带来的非凡魅力，让人读后不由捧腹。视力 13-1 眼睛营养液的广告标题是："别让我这一辈子嫁给它……"，受众引向阅读广告的正文和全篇，收到预期的广告效果。

养生堂三蛇胆的广告标题是：养生堂三蛇胆为何专作"表面文章"?该标题挑起了受众的一个疑问，而受众不看正文是无法找到答案的，这也是广告作者的用心之所在。毕竟大多数受众购买商品是在阅读完正文后才行动的。

4. 促进商品销售

优秀的广告标题，不仅能引起人们的注意，而且通过简明、优美的文字直接向公众表明广告的主题内容，陈述广告商品给公众带来的利益，能够直接诱发公众产生愉快的心理感觉和强烈的消费欲望，从而促进商品销售。

## 二、广告标题的类型

（一）根据语言形态分类

1. 词组型

这类标题用词或几个词组来构成广告标题，字数少，简洁明快，读起来朗朗上口。例如，梁新记牙刷广告标题是："一毛不拔"就以移用成语的手法来叙述该牙刷质量上乘的品质。再如，某眼镜店的广告标题是"明察秋毫"，它借成语巧妙、贴切地表达了该店出售的眼镜特别优质。事实上，很多广告标题直接运用成语（或"成语新编"）为标题都属于这种形态。

2. 句子型

这类标题采用一句（单行标题）或几句（多行标题）来构成广告标题。其中多行标题有"集团作战"的优势，往往虚实相间，既能吸引人又保持一定的信息性。但它的缺点也是不容忽视的，即按照广告标题创作的要求来看，标题最好不要超过 12 个字，然而多行标题通常都会突破这一数字的限制，这就意味着它不太容易使受众记住标题的所讲意义，换言之，多行标题的意义会有一部分在传递过程中丢失。例如，中华长效防蛀牙膏的广告标题是：

**全新中华长效防蛀牙膏**

**氟+钙+强齿素三重长效保护**

这是一则双行标题，信息量大，表达也较清楚，但广告字数较多，受众不容易全部记住产品信息。因此，句子型的广告标题宜多用单行标题。

（二）根据标题的表现形式分类

1. 陈述式

陈述式标题是指向受众直述广告所宣传产品的特点、功能等事实的广告标题。

例如，柯达照相机的广告标题是：

**你只需轻轻地按一下快门，其余的事我来做**

该广告标题把柯达相机操作简便的事实以简明扼要的语言表达了出来。陈述式广告标题语句大都较为朴素、平实，它往往靠产品有力的事实来吸引人、打动人，如果产品的事实本身不够有力的话，就容易使标题显得较为单调、沉闷，不能给受众造成听觉、视觉上的震撼，所以写作陈述式的广告标题更应该把创意放在首位。事实上，陈述式广告标题只要有精思妙想，照样能引人注目。例如，正式场合穿"海螺"（"海螺"衬衫广告标题）；嘉士伯啤酒也许是世界上最好的啤酒（"嘉士伯"啤酒广告标题）。以上两则广告标题语言朴实无华，却句句相扣产品。"海螺"，亮出产品的主要信息——品牌，"穿"道出了产品属性，而"正式场合"更是点睛之笔，"海螺"衬衫质优品高已在不言中。嘉士伯啤酒广告则让我们领略到广告标题中用好词语所产生的奇效，"也许"是推测，原本表示不确定的意思，但用于此，表示"嘉士伯"啤酒即使不是最好的也是与最好相差无几的。所以陈述性广告标题只要有良好的创意，照样能写出吸引人并能包含较多商品信息的广告标题。

陈述式广告中还有一类是专门叙述与广告产品相关的新闻事实，这种方法就是把社会新闻与产品的信息缩合在一起，共同传递给受众，使受众在不知不觉中接受产品信息。例如，热烈祝贺 2004 年上海国际燃气技术与设备博览会隆重开幕!这一广告标题就是把社会新闻与产品的信息结合在一起的例子。

2. 问题式

问题式广告标题，顾名思义，是以问题的形式来导入广告主题，以使广告标题显得较为活泼、生动。问题式广告标题有自问自答的，也有问而不答的；有询问式的，也有反问式的。询问式广告标题的写作应注意提问要具体、明确，切忌无的放矢。例如，"女人，您追求什么?"（某化妆品广告标题）这样的提问显得大而无当，不着边际。因为女人的追求有多种多样，有物质的（包括吃穿等）、有精神的（包括娱乐、体育、阅读等），而该问题与某化妆品之间相隔千万里，且该标题所含产品的信息量太少，唯一的信息是：这是女性朋友用的化妆品。而同样是化妆品广告，且同样是问题式的表现方法，"怎样使你的皮肤又白又嫩"这个广告标题就理想多了，它的提问针对性强，能迅速"锁定"目标受众的眼睛，引导受众产生阅读正文的兴趣，并且该广告标题传递的产品信息量也比较大（该化妆品能使皮肤变得又白又嫩）。

另一类问题式广告标题是反问式，即以一种较强的语气来突出、强调产品的特点。例如，"川崎"火锅调料的广告标题是：

**吃火锅没有川崎怎么行?**

其言外之意是"川崎"调料为火锅的最佳调料，"川崎"调料的质优味美已无需多言，这样的反问信息量大，效果好，它的作用显然非一般询问句所能替代。但写作反问句广告标题时应避免采用较强硬的语气，从而使受众心中不快。

3. 悬念式

悬念式标题是在广告标题中先设置悬念，以引起受众的好奇和关注，引导受众到广告正文中去寻求答案。例如，日本有一则公益广告的标题是：

**语言会成为凶器**

语言何以会成为凶器?受众读完该标题不由疑窦丛生，在好奇心的驱使下，会忍不住把视线投向正文，原来这是根据"错误的批评方法会给孩子造成伤害"的主题而创作的广告，目的是给那些一味指责孩子的父母亲敲响警钟。

因对悬念的关注，从而自然而然地留意正文。悬念式广告标题的目的是为了让受众对产品留下更深、更久的印象，因此悬念的设置应当是既出人意料又合情合理。这类标题不可为悬念而悬念，不可故弄玄虚。此外，悬念也不能设计得过大、过深，以至于人们看了后一头雾水。假如受众因悬念过大而不再有兴趣去关注正文的内容，便不能起到悬念广告应有的作用。

4. 祈使式

祈使式广告标题是向消费者提供建议性选择的一种宣传方式。例如，"喜美"牌轿车的广告标题是：

**不坐林肯就坐"喜美"**

在这里，"不……就……"的选择性提问巧妙地把"喜美"汽车与驰名世界的"林肯"轿车相提并论，给人的感觉是"喜美"不是第一就是第二好的车，这样，不仅称颂了"喜美"车，同时又包含着广告主对受众的友善建议，给人一种亲切感。

5. 修辞式

在广告文案中，修辞主要运用在标题上。广告标题写作常运用比喻、拟人、对比等修辞手法，以使标题显得生动、活泼，从而引起人们的注意，给人留下过目不忘的深刻印象。修辞式广告标题通常有以下几种：

（1）比喻型。通过比喻来说明产品的相关信息，使产品信息更形象、更能打动人。例如，玉兰油活肤精华霜的广告标题是：

**使毛孔收细了，肌肤就像剥壳鸡蛋般细腻光滑**

通过比喻，该广告把玉兰油活肤精华霜滋养人肌肤的功效形象地表达了出来。

（2）夸张型。夸张型广告标题通过把与广告相关的商品特征变形（夸大或缩小）来更好地突出有关信息，从而紧紧吸引受众的注意力，让人留下深刻的印象。最著名的例子就是上海制皂厂白丽美容香皂的广告标题：

**今年二十，明年十八**

这则广告标题以夸张的手法来表现使用该香皂后所具有的越用越年轻的效果。

（3）对比型。俗话说，不怕不识货，就怕货比货。在广告标题中，通过本产品与同类产品或与其他事物的对比，来鲜明地突出自己产品的优势。例如，海鸥洗发膏在农村做的广告是这样的：

**两只鸡蛋，可换一袋**

该广告标题着重于价格的对比，以突出海鸥洗发膏价格低廉的优势。写作对比型广告标题时要注意不能一味强调自己产品的优势，而把其他同类产品妄加贬低，这不仅违反了《中华人民共和国广告法》，也会使自己的企业、产品在受众的心目中留下不光彩的形象。

值得一提的是，广告文案运用修辞手法，应始终围绕广告宣传的整体目标，而绝不能为了追求修辞的独特而忘了广告的根本任务。广告标题除了上述几种之外，还有拟人式、承诺式等。

### 三、广告标题写作的要求

广告标题的优劣直接关系到整个广告文案的成败。好的标题应该是，当这个产品已退出市场或在市场上已风光不再了，但它的标题依然使人难以忘怀。例如，前面提及的白丽美容香皂的广告标题：今年二十，明年十八。

该香皂目前在市场上已经默默无闻，然而人们对十几年前"出笼"的白丽香皂的广告标题仍然记忆犹新，这就是好的广告标题的魅力！为了创作出一则新颖别致、经久难忘的广告标题，在撰写过程中必须注意以下几个方面：

1. 出奇制胜，富有创意

广告标题写作中最忌人云亦云、拾人牙慧。摹仿是广告标题创作的大敌，只有与众不同的创意，才能迅速抓住受众的耳目。正如一位广告行家所言："如果你站着，而周围的人都在跳舞，你就会受到注意。"例如，派克钢笔的广告标题创作就显得别开生面：

**总统用的是派克**

该标题没有像一般广告那样盲目说明派克钢笔如何质优品佳，而是利用总统举足轻重的地位作为广告创作的出发点，因为总统用的东西自然是不寻常的了，足以使人联想到"好马配好鞍"这句话。该广告标题又未确指某一（类）总统，这样既避免了侵权的可能，又容易使人产生出很多总统都用"派克"的联想，真是妙不可言。又如美国伊潘娜牙膏的广告标题是：

**在玛丽采用伊潘娜牙膏之前，没人向她打过口哨**

乍一看，该广告荒唐透顶，夸张得没边没影，哪有用了牙膏使丑姑娘变靓的？但该广告一反同类产品直述牙膏如何治牙痛、口味好、防牙病等优点的做法，从玛丽过去不为人注意着笔，让人自然联想到玛丽用了伊潘娜牙膏后，或口腔清新或牙齿洁白、格外迷人的形象。该标题创意独特，其所含的夸张、幽默的成分，符合美国人的口味，使人读后忍俊不禁，从而留下深刻的印象。

当然，广告标题写作中，不能为了追新逐奇而不顾受众的感受，甚至以丑为美，那是要不得的。例如，太太口服液的广告标题是：

**每天送你一个新太太**

由于该广告在太太口服液后面故意略去"口服液"，以招徕受众，结果受到了广大受众的抗议，尤其是女性朋友对此颇为不满，在强大的舆论压力下，太太口服液后来只得把广告标题改成：每天把健康和太太口服液送给你。可见，写作广告标题不能为出奇制胜而不顾广告对象的心理感受。

2. 尽量突出广告商品的品牌

在广告文案中，品牌无论怎样强调都不过分，因为品牌是商品的主信息，如果受众只了解产品的优势，却不知道或记不住广告宣传的产品品牌，那么，广告费算是白扔了。正如大卫·奥格威所说："至少应该告诉这些浏览者，广告宣传的是什么品牌，标题中总是应该写进品牌名称的原因就在这里。"不妨比较一下以下两个打字机广告的标题：

（1）不打不相识

（2）英雄打字机，十指打天下

第一例广告标题可谓家喻户晓，它诙谐、幽默，容易引起受众的兴趣，但因为没有写进产品品牌名称，所以，它其实是在为所有打字机做广告，而不是为某个具体的打字机做宣传，这无疑违背了该打字机广告宣传的目的。再看第二个"英雄"打字机广告，标题语言虽然写得较平实，但它是大手笔，有气派，把信息时代打字机的功能与打天下联系起来，自有不同凡响的声势和感召力。而尤为重要的是，该广告写进了产品的品牌，使英雄打字机深入受众心中。事实上，一些优秀广告标题都注意嵌进品牌。例如：

121

**宽让三分利，鼎新一品装（宽鼎皮装广告标题）**

这个广告标题巧妙地把皮装品牌"宽鼎"嵌入两个短句的开头，既体现了该皮装的品质，又让人记住了产品的名称，可谓一石双鸟。假如标题虽吸引人，但受众看完后尚不知它究竟是为何物做广告，还需到正文中去寻找有关信息，那无疑是慢了半拍。反之，标题中已包含着一定的商品信息，那么如果它能迅速锁定目标受众，就能让广告主题很快地进入受众的心中。

3. 简洁明了、通俗易懂

由于广告受众的文化程度各异，加上有的媒体（如视觉媒体）具有稍纵即逝、不复留存的特点，因此，广告标题写作中一定要注意做到：简洁明了，使人听得清、看得懂。所谓简洁，是指广告标题的写作需讲究炼词锻句，精心选择那些精彩的、别开生面的字、词、句，砍去浮词冗言，使标题"轻装上阵"，不拖泥带水。通常，一个广告标题字数不要超过 10 个单词，极端不超过 16 个单词。因为广告标题过长不容易使人记住，也不利于广告标题的口口相传。所谓通俗易懂是指广告标题写作不求"深意"、不使用冷僻晦涩的字、词。有的广告标题为了追求别出心裁，推出"大有深意"的广告，即表达得曲折隐晦，受众看了、听了一头雾水，不解其深意，广告所宣传的商品信息不能有效地传递给受众。广告标题的写作也应避免使用冷僻字、词，不用复句，多用简单句，以使广告所宣传的商品信息能准确无误地到达受众。例如，天津中美史克药厂的广告以简明、通俗的语句做广告标题，给人留下深刻印象：两片——肠虫清、当你打第一个喷嚏时——康泰克。

4. 努力表现商品的特性

广告标题除了要生动、能吸引人外，还要有一个功能，就是要传递一定的商品信息，包括尽可能在标题中突出商品的某一特征，因为如果标题中关于产品的介绍特别地与众不同或该产品能带给受众较大利益的话，那么受众的兴趣自然而然会被大大激发起来，他们会进一步从正文中了解更多的商品信息。这也就是大卫·奥格威所说的"每个标题都应给潜在买主自身利益的承诺"的意思。例如，安利高钙丸的广告标题是：一粒等于两瓶牛奶。该广告突出了安利高钙丸含有丰富营养成分的特点，让人看了，不由产生购买的冲动。再如，美国 U 形保险汽车锁的广告标题是：如因本锁被撬开而丢车，本公司包赔新车一辆。该标题以承诺的口气，从一个角度向人们展示了 U 形保险汽车锁质量的牢靠。

5. 引导读者进一步关注

一般而言，受众购买产品往往是先被标题吸引，然后看完正文，等详细了解了产品的有关信息后，作出是否购买的决定，尤其是购买大件产品更是如此。因此，一个广告标题仅仅做到生动、吸引人是不够的，还必须巧妙地、自然而然地把受众导入到对广告正文的关注上。

6. 慎用否定句式

一般而言，广告标题不宜出现否定句，因为否定词后面的内容必定不是广告商品的特点，而受众接触它们后，又常常把否定词的内容与产品的信息混淆起来。有一则除臭产品广告标题是这样的：

**鼻子再长也闻不到异味**

这则广告本意是要告诉受众该产品具有去臭快、效果好的特点，但受众看了，却把"异味"两个字留在了脑中，这样不仅给目标受众带来不舒服的感觉，而且使广告宣传的产品信息的传递受到了干扰。因此，不能为了追求创意的独特而不顾产品信息在传播过程中正确的信息被丢失的可能，一般情况下，还是从肯定方面去陈述为宜。

当然，并不是绝对地说广告标题不能出现否定词，这要视具体情况而定，假如用了后没有负面效应，那完全可用。例如，不用特殊护理，我的肌肤同样焕然一新（AY护肤品广告标题）这里虽然出现了否定词"不"，但却并没有妨碍商品信息的有效传达，故此类广告标题完全可畅通无阻。贵州董酒的广告标题是：不喝董酒不懂酒，用的是双重否定，不仅不会使人发生误会，而且，由于该广告利用汉语同音异义的手法，使广告标题含有丰富的信息量，让人对产品发生兴趣。

## 任务三　广告语写作

一、广告语的含义

广告语又叫"广告口号"，它是为了强化受众对企业、商品或服务的印象，在广告中长期反复使用的特定宣传用语。广告语往往体现广告的定位、形象和主题，因此，好的广告语能使受众一见就能识别它出自哪个广告商品或是哪家企业。可见，广告语对树立企业形象和品牌形象具有十分重要的作用。广告语与商标共同构成了企业或商品的标志，只是前者是"语言标志"，后者是"图形标志"。例如，人们一看到"让我们做得更好"的广告语，就自然而然地联想到飞利浦电器。

由于广告语一般要在较长时间内反复使用，所以，写好一条令受众经久难忘的广告语是广告文案创作中的一个重要任务。正因为如此，广告主为了求得精彩的广告语，常常不惜花巨资到社会上征集广告语。好的广告语还可以同商标一样注册登记，受到法律的保护。

二、广告语和广告标题的区别

广告语和广告标题都处于广告文案中醒目的位置，都是受人关注的部分，在表达主题、传递一定的信息和表达结构上两者有相同的一面，甚至两者在一定的情况下还可以互换，即广告标题就是广告语，所以两者常常被人混淆，不过，两者的区别也是明显的，具体如下：

1. 作用：树形象与抓"眼球"

广告语的作用主要是集中体现广告定位，树立企业形象或产品品牌形象，而广告标题则是为了吸引受众的注意，激发他们的兴趣，并起到导入正文的作用。广告语的写作并不把吸引受众的注意力作为自己的任务，而是从广告的战略目标出发，为企业或产品塑造独特的形象。

2. 位置：灵活与固定

广告语在文案中的位置是较灵活的，既可放在正文的前面和正文的后面，也可放在正文的中间，甚至还可放在文案的左边或右边。总之，只要能突出广告的主题，并与整个广告文案保持统一、和谐，广告语可以放在文案中的任何位置。广告标题的位置就较固定，一般它只能出现在广告正文的上方。

3. 地位：独立与依附

广告语常常是脱离于广告画面、音响、正文而独立存在的。因此，广告语总是一句意义完整的句子，表达的是明确而完整的意义。而广告标题与正文、画面等保持着密切的关系，甚至有时离开了正文或画面，标题就丧失了意义。因而广告标题可以是一个词或词组，也可以是一句或几个句子，其意义表达可以是完整的，也可以是不完整的；可以是明确的，也可以是较含蓄的。因为标题的另一些信息可以由正文、画面、音响来共同完成传递。

4. 使用：多次与一次

广告语通常具有一定的稳定性，在较长时期内反复使用，只有在反复使用中它才能使企业形象、商品形象不断深入人心。因此，广告语的使用是个较长期的过程，而广告标题则是附属于正文的，正文变了，标题就得变，它往往是随着正文宣传的结束而结束。如果某一产品要重做另一个版本的广告，那么它就需要重写标题，而广告语则是可以沿用原来的。

### 三、广告语类型

不同的广告语宣传重点不同。通常，企业在实施广告战略时，常常会考虑把广告语制作的侧重点放在哪方面，并会根据不同时期的战略需要而有所变化。常见的广告语的类型有以下几种：

1. 突出商品品牌的广告语

此类广告语把宣传的重点放在对产品或企业品牌的大力宣传上。例如，德国贝克啤酒的广告语是：喝贝克，听自己的。该广告语简洁明快，突出了"贝克"这一品牌，并且，作者巧妙地把"听自己的"与"喝贝克"结合在一起，体现出饮者的自信、果断。

2. 反映企业或产品悠久历史的广告语

此类广告语把宣传的重点放在对产品或企业悠久历史的大力宣传上，使受众对企业或产品刮目相看。例如，培罗门，半个世纪的骄傲（培罗门服装店广告语）张小泉剪刀，三百年不倒（张小泉剪刀广告语）。

3. 反映产品高品质、高档次的广告语

有些消费者购买产品就是冲着产品的高品质、高档次而来的，广告语突出、强调产品有着非同寻常的档次，以满足这部分消费者追求名牌、追求档次的心理。例如，叩开名流之门，共度锦绣人生（上海精品商厦广告语）；高贵不贵（某房地产广告语）。

4. 反映企业或产品带给受众利益的广告语

人们购买产品前，尤为关注的是该产品能否带给自己较大的利益。广告语以此为重点宣传能激发受众对产品的关注，并留下较深的印象。例如，长效保护，拒绝蛀牙（中华牙膏广告语）；不要太潇洒（杉杉西服广告语）。前者强调中华牙膏能帮助人们远离蛀牙，后者则突出穿上杉杉西服能使人倍添风采；前者重在实际的物质利益，后者强调精神上的收获。

5. 表现企业经营理念的广告语

在广告语宣传中，突出企业经营理念，往往能使受众对企业的形象产生良好的印象。例如，让我们做得更好（飞利浦电器广告语）；海尔冰箱，真诚到永远（海尔冰箱广告语）。以上两家公司的广告语都表达了自己为消费者用心服务的良好意愿，使人对他们不由产生好感。

6. 反映企业或产品特点的广告语

突出企业或产品的特点，也是许多广告语写作的重点内容。例如，工商银行，您身边的银行（工商银行广告语）；头屑去无踪，秀发更出众（海飞丝洗发水广告语）。前者反映了工商银行网点多、方便大众的特点，后者突出了海飞丝洗发水去头屑的作用。

7. 表现产品，给受众带来良好的祝福

人们买产品买的不仅是产品的物性本身，而且也希望能得到精神上的享受，即获得附着在物体上的属于意义性的、符号性的成分，而渴望幸运、幸福、吉祥又是大众普遍的心理。从这个意义上说，广告语写作把重点放在产品给受众带来良好的祝福上，应该说是非常受大众欢迎的，并博得他们的青睐的。法国马爹利干邑白兰地酒的广告语是：饮得高兴，心想事成。在这里，酒本身的美味、香醇似乎并不重要，广告语宣传的是饮酒这个行动本身所蕴含的情感意义。这就是大吉大利、万事如意。

## 四、广告语写作要求

广告语是广告战略思想的集中体现，要以一句句子充分、准确地体现广告定位、广告主题、广告形象并非易事，从这个意义上说，广告语的创作要比写广告标题更困难。广告标题表现手法有多种多样：可直接，可间接；可正面，可反面。但广告语则必须从正面入手，既要完整、准确地表达广告战略思想，又要有鲜明的风格。因此，广告人应花大力气在广告语的写作上，以达到以下几方面的要求：

1. 新颖独到、与众不同

对大多数受众来说，每天无意、有意地会接触到无数条广告语。因为几乎每一个企业或产品做广告都离不开广告语，如果广告语平淡无奇，与其他产品的广告语大同小异，就不可能引人入胜，更无法让人难以忘怀。有的广告语毫无特色，套用甚至抄袭别人的创意和语句。例如，"学外语，找飞鱼"（飞鱼牌打字机广告语）；"要旅游，找春秋"（春秋旅行社广告语）。这种"×××，找××"的广告语因为使用者较多，给人一种陈陈相因的感觉，难以起到应有的作用。因此，努力创作一个别开生面、富有特色的广告语至关重要。例如，同样是咖啡广告语："麦氏咖啡，情浓味更浓"（麦氏咖啡广告语）；"咖啡之王，唯我摩卡"（摩卡咖啡广告语）；"味道好极了"（雀巢咖啡广告语）。3则咖啡广告语，各有特色，"麦氏"赋予该咖啡人性化的色彩，"摩卡"突出自己品质的出众，"雀巢"强调自己良好的口味，3则广告语从不同的角度入手创作出了令人印象深刻的广告语。

2. 简短有力、好读易记

因为广告语实质上是口号性宣传，需要在较长一段时期内反复使用，如果句子过长，就不利于受众记住广告所宣传的内容。正因为如此，广告语不像标题那样可以有双行标题或3行标题，它只能是一句句子，以确保广告语的简短有力。例如，"孔府家酒，叫人想家"（孔府家酒广告语）。这些广告语上句与下句字数相同，讲究押韵，读起来节奏感强，动听随耳。干净利索的广告语也有利于受众记住广告语，从而让企业或产品的形象长驻人心。

3. 单一明确、正面宣传

单一是指广告语的写作要选择一个诉求点来宣传产品，而不能包含较多方面的内容。明确是指广告语不讲含蓄、悬念，不求"深意"。因为只有表意明确的广告语，才能使企业或产品的品牌在受众心中留下鲜明的印象，广告语才有可能成为产品或企业的"文字标识"或"特有语汇"。

下列广告语就是如此：用户至上，用心服务（中国电信广告语）；富康，可信赖的朋友（富康轿车广告语）。前者把重点放在了该行业服务理念、服务态度的宣传上；后者则以充满人性化的语言表现了富康轿车的质量可靠、可信。两则广告语表意明确、清晰，宣传效果好。

作为口号性宣传，广告语还应从正面入手，加以宣传，而不能从反面、侧面着笔。因为从反面做宣传，往往不容易使企业形象、产品形象得到鲜明而有力的塑造，它给受众的印象往往不直接、不强烈，在这一点上，广告语与广告标题也是完全不同的。

4. 形象鲜明、号召力强

广告语写作要有特色，其中之一就是产品或企业的形象宣传要鲜明，并能鼓动受众在感情上认可它、向往它，在行动上购买它，这是广告语应做到的。

例如，其实男人更需要关怀（丽珠得乐广告语）；挡不住的感觉（可口可乐广告语）。

前者以充满关切的语气对在社会、家庭中挑大梁的男性有一种感同身受的体贴呵护，令人感动，并产生付诸于购买行动的念头。后一条广告语则使人读后忍不住马上想品尝可口可乐，整个广告语洋溢着引诱人们采取行动的情绪。

## 任务四　广告正文写作

广告正文是广告文案的核心部分，它通常位于广告标题之下，向受众具体、详细地告知有关广告商品或劳务的信息，使受众对广告产品的特点、性能、价值等获得一个具体、确切的了解，从而诱导、促使受众产生占有该产品的欲望。

一、广告正文的特点

1. 解释性

广告正文通常要对标题进行解释，由于广告标题的主要作用是吸引"眼球"，且字数不宜过多，有关商品信息的表达往往是点到为止，因此正文就需要对标题所涉及的相关内容作进一步的扩充和说明。

2. 说服性

如果说广告标题的主要作用是吸引人，那么广告正文的作用是说服人。正文不仅要对产品的基本面解释清楚，而且还需要让受众对你所说的内容产生信赖感。这就要求正文担当起向受众提供有关商品信息中令人信服的证据。

3. 鼓动性

产品广告与广告说明书的区别之一在于前者在介绍产品过程中，有较强的宣传色彩——含有对产品的称赞、推荐和鼓励受众购买的意思。这种宣传色彩虽然贯穿与标题、正文、广告语甚至随文中，但正文的实现鼓动性方面无疑起到更为主要的作用。例如，一些对话体正文的结尾，往往有一角色在介绍完该产品的优点后，对另一位说"赶快去买吧"，这其实就是广告正文鼓动受众最直接的告白。当然，更多的广告正文则是在字里行间表露出含蓄的推动力。

二、广告正文的结构

（一）正文的内容结构

广告正文的内容结构就是围绕广告主题来合理组织、安排广告内容，以获得广告宣传的最佳效果。由于广告文案是一种特殊的应用文，它可以对产品的信息采用严谨的、理性的说明、介绍，也可以采取文艺性的形象描述；可以是一句话构成的单篇广告，也可以是由3～5

个单篇组成的系列广告。

（二）正文的形式结构

1. 并列式

并列式即材料与材料间的关系是并行的，前一段材料与后一段材料位置互换的话，并不会影响到广告主题的表现。"特点 1+特点 2+……"的正文结构就属于并列式广告。这种并列式的正文结构能把广告产品的特点比较清晰、准确地表达出来。以下就是"新富康"轿车的广告正文：

新富康，时尚新改变。新颖的标志、新型的水晶灯、新增的电子制动力分配系统、新改良的散热器……新富康，周到服务依然没变。10 年精心营建的服务网络，全国 300 多家服务站点延伸至市县，让服务随时陪伴你左右。

新富康，品质更成熟。实用的车体设计，舒适的驾乘空间，先进的 4 轮独立悬挂及后轮随动转向等高端技术，更加出众的性价比。

新富康，技术监控更严格。在 ISO9000 全面质量管理体系保证下，长达 500 小时强腐蚀环境的考验；3800 多个焊点逐一撕裂检验；50000 次车门耐久性实验； 300000 次座椅耐久性实验；经历如此苛刻的技术检验和抽样检测，新富康为您提供真正可靠的质量保障和始终不变的信赖。

一个段落介绍"新富康"一方面的特点，4 个段落介绍了该轿车 4 个方面的品质、技术。而其中任何一个段落前后位置的变动，都无碍于广告产品的宣传。

2. 纵深式

纵深式即正文中材料与材料间的关系是层层推进、纵深发展的，后面材料的表述只有建立在前一个材料的基础上方显出意义。通常故事体、对话体的表述方法采用的就是这种结构形式。以下就是一则纵深式的广告正文结构：

都是"铅中毒"惹的祸

某日，阳各县太爷听到鼓声，匆忙上堂，一看，台下不是开烧饼店的武大郎吗？惊堂木一拍，问道："武大郎击鼓所为何事？"

武：大人，我告施耐庵！

县：为何而告？

武：施耐庵写《水浒传》的时候，没有调查清楚就把我写成这样，让我受尽世人嘲笑，以致到了现在，我在人们心中的形象仍是"矮小和弱智"，这让我的身心受到了极大的伤害。

县：你本来就长得矮呀！难道他写错了？

武：我长成这样也不是我所愿意的呀！我家里世代做烧饼，听说平常燃烧产生的烟尘中含有大量的铅，再加上小时候我家里经常用油漆装修房子，这里面也可能含有铅。由于过多地接触铅，导致了我铅中毒，这不但影响了我的身高生长，还对我的智力产生了难以挽回的损伤。而我弟弟从小在外，自然长成七尺彪汉。成了打虎英雄。施耐庵在书里如此诋毁我，好像一切都是我的错。可是我也是受害者呀！这是我的错吗？其实，这都是"铅中毒"惹的祸，我是铅中毒过深才会这样的……

县：说得有理，那快传施耐庵……

该正文的材料环环相扣，从武大郎告施耐庵引出武大郎矮小的原因：都是"铅中毒"惹的祸，从而说明铅中毒对人体的危害。以上材料层层推进，向纵深处发展。

### 三、广告正文表现方法

1. 陈述体

陈述体广告正文以简明扼要的叙述方式来介绍广告所宣传的商品或劳务等信息。请看下面一则哥伦比亚咖啡豆的广告正文：

哥伦比亚咖啡豆，制成世界上最香浓的咖啡豆。

哥伦比亚第斯山脉，是世界上种植咖啡的最好地方。那里有肥沃的火山土壤、温和的气候以及适量的阳光和雨水，保证了每一粒咖啡豆的完美成长。待到咖啡豆成熟时，人们采用手工摘取，只有最好的咖啡豆才进行烘烤，以确保其独特的味道及芳香。假如您是一位咖啡爱好者，一定要选用哥伦比亚咖啡豆制成的咖啡。

在中国，唯有麦氏超级特选速溶咖啡和生活伴侣杯装咖啡才是您最终的选择，与众不同！

该广告正文较为详细地陈述了哥伦比亚咖啡豆良好的生长环境、人工采摘方法以及它独特的味道及芳香，使人对该产品不能不"口服心服"。

2. 说明体

说明体广告正文以说明为表达方式，着重对产品或劳务的性能、特征、用途等加以说明解释。下面就是"一朵左旋维他命C"护肤品的广告：

25岁以后，选择左旋的三大缘由

缘由一，25岁以后，肌肤28天的新陈代谢开始减缓，出现皱纹、色斑、干燥、灰暗等症状。

缘由二，左旋维他命C能够激活新陈代谢，促进自身胶原蛋白合成，使弹力素重新发挥作用，抚平皱纹。发挥强大的保湿、美白、抗衰老的三重功效。

缘由三，左旋维他命C显著的功效、极具针对性的定位、争理的价位和良好的品牌，是25岁以上女性必备的抗衰老精品。

这则广告正文写得简洁明快，缘由一说明人进入25岁后，皮肤会发生一些不良的现象，言下之意，25岁后，人的皮肤需要保养；缘由二、三主要说明维他命C护肤品延缓衰老的良好作用。由于正文以3小段构成，每一小段主要说明一个方面，所以说明较明确清晰。写说明体广告正文，要善于抓住事物的特征，尤其是应把重点放在本产品与同类产品的不同上，同时，可采用综合说明方法，如举例说明、数字说明、比较说明、定义说明等，以使产品的信息表达得明确而生动。写说明式的广告正文应少用专业性过强的术语。

3. 故事体

故事体广告是人们喜闻乐见的一种广告宣传方式。它是通过设置一个与产品相关的情节来介绍产品。正文因为有了故事情节，就显得有起伏，就能激发受众的兴趣，使他们在看完故事后，对产品产生较深刻的印象。例如，郭富城曾为百事可乐作过一则电视广告，其正文就属于故事体。它设计同样一个情节：一个女孩敲门而入，问男孩要百事可乐，男孩立即转身打开冰箱，却见里面一瓶百事可乐都没有，于是冒着大雨去买百事可乐给女孩，当女孩拿着"百事可乐"欣然离去后，又有一女孩敲门向男孩要百事可乐。该正文以讲故事的方式，传递了百事可乐的一些信息，特别是它受人欢迎的事实，加上演员知名度高，表演也恰到好处，因而这个广告曾一度家喻户晓，起到了广告宣传的良好效果。

写作故事体广告正文，要注意几点：一是故事中的人物与产品要有一定的关联，因为百事可乐的主要目标受众是年轻人，故以青春、健康的郭富城作为故事中的主角是非常恰当的。

二是所设置的情节既不能太复杂，但也要有点曲折，最好说明某种产品或服务解决了矛盾或难题，这样既能引人入胜，又能较好地宣传产品；如果情节过于复杂的话，就容易使受众沉湎于故事本身的曲折、离奇中，而忽略了产品的信息。三是在情节发展中自然而然地推出产品，而不是情节与产品的硬性拼凑，这里关键是要找到一个建构故事的良好情节框架，而产品应成为情节发展中不可或缺的因素。

4. 独白体

所谓独白体广告正文是以人物的自我言语来介绍产品，其标志为用第一人称"我"。常见的有两种情形：一种是受众的独白，通常是谈自己购买、使用了广告产品后的感受、变化来证明产品的功效，这是一种"让消费者告诉消费者"的宣传办法；另一种是站在广告主的立场上，来向受众做产品宣传，它能拉近产品和消费者的距离，较有人情味。例如，美国一女士写的征婚广告正文：

作家的头脑，模特儿的外貌，舞蹈演员的体形，这就是我——一个32岁的曼哈顿女画师，作为一个金发女郎，当然希望找个金发男子。我会溜冰、滑雪、网球打得不错，富于幽默，多情善感，爱跳踢踏舞（倘若你不会，到时候我来教你）。那么，你应该是谁?风度翩翩，肌肉发达，刚柔相济，会体贴人，不吸毒，更不可能是同性恋者，最好能像我一样地喜爱小动物，好吧，希望爱神之箭能够同时射中我俩。来信内容，定为保密。

这则广告正文自述了年龄、职业、外貌、爱好、性格等情况，也提出对理想中"另一半"的要求和条件。叙述合理清楚，语言风趣生动，是独白体广告正文的佳作。

5. 对话体

对话体广告正文借助于两个或多个人物间的一问一答来宣传产品，它针对性强，逐一解释产品特点，有较强的吸引力与说服力。特别是因其常模拟角色与情境，故给人身临其境之感，听起来也较亲切，在广播广告和电视广告中最为常见。

值得注意的是，对话体广告要注意人物与产品间应保持一定的联系，这样才可增加产品给予受众的真实感和信任感。例如，以两个家庭主妇的互问互答来介绍洗衣粉、调味品之类的日常用品，效果就比较好。反之，让她们介绍科技产品就不合适了，因为此时人物与产品构不成良好的关系。

6. 歌曲体

歌曲体广告是通过演唱歌曲（即广告歌）的方式来对产品进行广告宣传的一种方式。歌曲体因其旋律优美、动听，故特别容易感染人、打动人，广告所传递的产品信息也会潜移默化地到达受众心中。歌曲体广告通常有这样几种形式：一是唱半句。这种形式多用于广播、电视广告中，以突出产品品牌，如"松下电器"、"黄金搭档"就是这种类型。二是歌词只有一句或两句。三是一首完整的广告歌，如"雀巢咖啡"广告歌。优秀的广告歌一经播出，便广为流传，无论男女老幼，只要一听见那熟悉的旋律，便自然而然地会想到某一特定品牌的产品，甚至该广告已不再播了，但受众仍然对该广告歌记忆犹新。

广告正文形式除了以上介绍的几种以外，还有童话体、诗歌体、对联体等。

## 四、广告正文写作要求

1. 准确真实，忌夸大造假

真实是广告的生命。《中华人民共和国广告法》明确规定：广告应当真实、合法，符合社会主义精神文明建设的要求，广告不得含有虚伪的内容，不得欺骗和误导消费者。可见，无论是什么性质的广告，所宣传的事物都必须实事求是，有一说一，不能夸大其词，不能移花接木，这样才能使受众对广告主和产品产生信赖。例如，英国某市的一条街上有3家裁缝店，相互间为争夺客源，打出了各自的广告，其中一家裁缝店的广告是："英国最好的裁缝店"，另一家裁缝店的广告是："本市最好的裁缝店"，第三家裁缝店打出的广告是："本街最好的裁缝店"。结果第三家裁缝店门庭若市，因为前两家裁缝店的广告有失真、杜撰之嫌，而第三家裁缝店广告真实可信。可见，真实的广告内容是赢得受众对产品长久信赖的最基本的途径，而那些动辄夸耀自己产品"誉满全国"、"畅销全球"的宣传，是很难使受众相信的，弄得不好，反而会使受众对产品产生一种抵触情绪。况且，广告产品若是把自己说得十全十美的好，反而令受众生疑，因为在人们印象中，世上哪有十全十美的产品。例如，做房地产广告，你说你地段好、价格好、朝向好、房型好等，没有缺点，受众就会发生困惑：世上哪有如此价廉物美的东西？反而会对产品的真实性产生怀疑。

2. 突出重点，忌面面俱到

广告正文必须围绕广告主题。对产品信息进行提炼、分析、研究，从而抓住其中一二点做重点宣传。这个重点可以是产品在同类产品中独一无二的特点，可以是受众理解广告内容可能会产生的难点，也可以把解决受众使用产品的难题作为广告的重点。如果一篇广告正文对某种产品面面俱到地宣传，受众读后也许抓不住要点，广告效果反而会较差。因此，广告正文写作要去掉可有可无的信息，以突出重点，从这个意义上说，广告正文并非是讲得越多越好。有的广告主为了说明自己的产品有出众的优势，总想往广告中写进所有的商品信息，以使受众对产品有个全面的了解。然而，面面俱到的介绍，会使广告信息重点不突出，读者印象不深，效果反而不好。

例如，某房地产广告的正文是这样介绍自己的五大优点的：①因为配合市政动迁而非批租故价位低；②近地铁口所以交通方便；③邻近上影外景地，升值潜力大；④小区规划及单位设计专业水准高；⑤社区服务完善。

该广告介绍自己的优势可谓十分详细，但是它胡子眉毛一把抓，重点不突出，广告产品独一无二的优点也将淹没在许多特点的介绍中，广告效果未必好。如果有些商品信息非得通过广告加以表现，那么不妨把它设计成系列广告，系列的每一个单篇强调一二个产品特点，整个系列则共同传递产品的所有信息。当然，这里所说的不包括那些产品宣传小册子，诸如邮寄广告之类。

3. 具体明确，忌笼统空泛

广告正文是传递产品信息的主要载体。产品信息的介绍应该具体、明确，不能笼统、空谈，也不讲含蓄、朦胧。有的广告正文虽然语句流畅也较生动，但产品的信息量几乎为零。这样的广告不能不说是失败之作。例如，某电视广告画面播出的是人物的对话，一个问："方便面怎么吃？"另一个答："煮着吃。"该广告所述内容空洞，使人不得要领；其二，关于该方便面的牌子等一些关键信息却只字未提，这不由使人疑心这广告是白做了。

要求广告正文写得具体明确，并不是说广告正文写得越长越好，越详细越好，而是指正文需把产品的关键信息介绍给大家。例如，护肤品广告的正文就需具体介绍它的功效，而语言则需简明扼要。有些广告的篇幅长，看似信息量大，但由于文笔拖泥带水，反而使人不得要领。要避免正文叙述得笼统空泛，有一点要注意，就是必须站在受众的立场上而不是一味地从自己的角度看待事物,要把那些专业化、技术化的产品特性转化为感受化、具体化、个人化的具体利益。例如,"安全气囊"作为现代汽车的安全辅助工具,其基本特点是"救助",如何具体地表述这个特点而不是过多地说明它的技术性能或者笼统地陈述它的特点,中国台湾地区的广告人何清辉的广告正文是"在海上叫救生圈,在陆地上叫AIRBAG"。这个广告,十分准确而又具体明确地表达了"安全气囊"的特点和作用。

### 4. 亲切生动,忌枯燥乏味

广告大师葛里宾认为:"广告在技巧方面比写新闻要困难得多。因为车祸和抢劫案的新闻本身就便人们产生兴趣,并不再需要运用创造力来使那些故事有趣。而在今天做广告的许多商品则需要极大的创造力使人们有兴趣。"正因为如此,广告正文要努力给人亲切、生动、活泼、有趣的感觉,而不是枯燥、乏味的说理。

例如,下面某旅游公司为某游览胜地所写的广告文案:

当心吞下舌头或胀破肚子,因为这里的食物太美味了。

当心晒黑皮肤或脱几层皮,因为这里的海滩过于迷人了。

当心潜在海底太久而忘了上来换气,因海底生物太令人惊讶而着迷。

当心胶卷太少不够用,因生动镜头取不胜取。

当心登山临渊而累坏了您的身体,因山清水碧使人流连忘返。

当心坠入爱河而不能自拔,因这里是谈情说爱、欢度蜜月的世外桃源。

当心买的东西太多而无法带拿,因物价太便宜了。

当心被这里的豪华酒店、旅馆宠坏,因服务太体贴入微了。

当心与本地所有的人都交上朋友,因当地人太友善了。

当心乐不思蜀,不愿归去。

也可采用"让消费者告诉消费者"的办法,即选择某一具有代表性的、使用过广告产品的受众,让他(她)向人们介绍产品带来的好处,这样,不仅使受众有一种信服感,而且也给人以亲切感。例如,奥妙洗衣粉的电视广告就是一位家庭主妇的一段话:"用了奥妙洗衣粉,衣服白的更白了,艳的更艳了。"如此大众化的语言,朴实无华,给人亲切之感,也易让人产生信赖。

## 五、广告随文特征及构成

广告随文又称广告附文,是对广告内容作进一步的补充说明。具体而言,是向受众说明、介绍广告主、商品及有关附属信息的文字部分。它是整个广告文案的有机组成部分,具有重要的推销作用。随文的写作旨在强化企业、商品的某些特征,提供联系方法或进一步促进受众购买产品。例如,假如正文介绍了某企业获得了各种荣誉,那么随文一般都会附上有关获奖证书、证件的复印资料,这样,可增加受众对产品的信赖感。通常广告随文由以下几部分内容组成:

### 1. 企业标识内容

它是广告所宣传的企业或机构等广告主方面的信息,如企业名称、企业专用字体、专用颜色、企业的标识等,特别是做企业形象广告时,这部分内容必不可少。

### 2. 商品标识内容

它是广告宣传的产品方面的附加信息,包括产品的商标、商品名称等。这些要素也都是广告产品的关键信息,直接关系到产品能否长驻受众心中。

3. 联系方式

向受众提供与广告主联系的方法,是随文可见的内容。它包括广告主的地址、电话、传真、网址、手机号、邮政编码、联系人及联系方式等。

4. 权威机构的认证标识或获奖证明资料

如广告主过硬的获奖证明资料(如在同行业中获得过国内外奖项的)、获得过的重要证书(如专利认可证、卫生许可证、国际ISO认证等)。其中有些内容或许正文已提及过,但随文中如有相关的复印材料,对受众就更有说服力了。

5. 其他

随文内容还可以是产品的价格、优惠办法、银行账号、回购单、赠券、抽奖办法等。

> **情境引入**
>
> 在文案创作阶段,首先强调的是沟通力,即广告文案人员与目标受众和目标消费者的沟通力,广告是一种信息传播活动,传播的核心问题是传播者和消费者之间互相领会对方的含义。通过对目标消费者的特殊需求、生活方式和生活特性、特殊的文化环境和文化素养、特殊的语言表达和接受方式等方面的认知,大致确定下文体和媒体。其次选择不同媒体的文案格式和表达方式不尽相同,那么需要结合广告策划书中的媒体策略有针对性地写作,这次的广告以平面媒体为主,格式上相对要求完整。最后,具有美感和特色的广告语言令人无法拒绝,一个醒目的标题绝对能吸引人们关注的眼球,在品牌建设中,如无重大调整,广告语仍可延续以往风格。
>
> 根据以上大致的流程,小张查阅了产品和市场调查的资料并加以消化,然后用不超过20~30个的文字将产品描述下来,这20个字要包括产品的特点、功能、目标消费群、精神享受等4个方面的内容。紧接着你要问自己,我应该向我的消费者承诺什么?这一点很重要。若没有承诺消费者是不会买你的产品的,承诺越具体越好。不要写下虚假承诺,你的承诺靠什么保证在文案中要考虑清楚。最后要有一个核心的创意,这个核心创意一是单纯,二是可延伸成系列广告的能力很强,三是有原创性,可以震醒许多漠不关心、漠然视之的消费者。

## 课堂讨论

1. 如何理解广告文案?广告文案写作的前期准备是什么?
2. 不同媒体的广告文案结构有何区别?
3. 广告标题创作的重要性体现在哪里?
4. 有人说"广告讲得越多越好"。结合有关广告文案,谈谈你的看法。

## 知识巩固练习

一、选择题

1. 在众多的消费者眼中,正是有了"农夫山泉,有点甜",他们才认识了农夫山泉这个水,也正是这个"有点甜"才让农夫山泉这个品牌甜在了消费者心中,甜在了他们的生活中。这种广告语属于(　　)类型。

　　A. 颂扬式　　　　B. 号召式　　　　C. 情感式　　　　D. 品牌式

2. 假如你所在广告公司,代理一品牌汽车的广告,你最好选择(　　)广告图像来突现产品的特点。

　　A. 写意类　　　　B. 写实类　　　　C. 暗示类　　　　D. 寓意类

3. 在广告文案中,常见的广告标题主要有(　　)形式。

　　A. 新闻性标题　　B. 诉求性标题　　C. 悬念式标题　　D. 设问式标题

4. 广告口号的特征有(　　)。

　　A. 警示性　　　　B. 简练性　　　　C. 重复使用性　　D. 感官性

二、简答题

1. 简述广告文案的基本结构。
2. 简述电视广告文案写作应注意的方面。

三、评析题

1. 比较下列两组广告标题,看哪一个更生动、更吸引人。
（1）红鸟鞋油广告标题：
①约会前,请擦红鸟鞋油。
②请擦红鸟鞋油。
（2）太平洋保险公司广告标题：
①太平洋保险保太平。
②平时注入一滴水,难时拥有太平洋。
2. 评析下列几个广告语：
（1）新鲜每一天（光明牌牛奶广告语）。
（2）滴滴香浓,意犹未尽（麦氏咖啡广告语）。
（3）一旦拥有,别无所求（深圳飞亚达公司广告语）。

## 实训操作

1. 试分析下列案例广告文案的成功之处,如果让你为奶粉做广告,你会选择什么作为广告的宣传点?

**案例：D.IPLOMA 奶粉**

标题：试图使他们相会?
正文：
亲爱的扣眼：
　　你好,我是纽扣,你记得我们已经有多久没在一起了?尽管每天都能见到你的倩影,但肥嘟嘟的肚皮横亘在你我之间,让我们有如牛郎与织女般地不幸。不过在此告诉你一个好消息，主人决定极力促成我们的相聚，相信主人在食用 DIPLOMA 脱脂奶粉后，我们不久就可以天长地久，永不分离。

2．请以"低碳生活"为创意主题，撰写一则公益广告文案。

要求：诉求主题明确清晰，突出创意；构思具体巧妙；结构完整严谨；语言有一定感染力。

【实训目标】了解广告文案写作方法。
【实训组织】学生分组，选取一人为业务负责人。
【实训提示】结合材料，体现原创性、关联性、震撼性。
【实训成果】各组展示，教师讲评。

# 项目九　广告设计与制作

> **情境引入**
> 　　广告公司已经为 XX 啤酒企业的平面广告创作了富有创意的广告文案，现在是时候将其同版式、色彩、图形等完美结合了，那么到底怎样才能配合文案的完美诠释呢？又或者怎样把广告创意进行完整实现，具体化、形象化为最终广告作品呢？

建议你先学习下列任务：
1. 广告作品设计的基本原则与一般流程。
2. 平面广告制作基本工艺。
3. 电子广告的制作程序。

## 任务一　广告作品设计的一般流程

　　广告设计和制作是将广告创意具体化、形象化为最终广告作品的艺术创作活动，它是一项操作性、艺术性和服务性很强的工作；由于不同媒体的传播手段和传播特点不同，不同的广告作品在广告设计和制作的要求方面也有很大的差异。
　　广告设计是使某一广告创意化为某种形式语言的艺术创作活动。可以表现为一幅招贴画或一部广播或影视作品。广告作品设计是一项艺术性和社会服务性很强的工作，与广告策划整合共存，但更具有视觉传达的要求。

### 一、广告作品设计的基本原则

　　广告作品设计是一种应用美学，既讲究艺术品位，又强调实用性，在制作中必须遵循基本的设计规范。
　　1. 科学性
　　广告宣传作品主要是通过刺激公众的感官系统来产生作用的。因此，在设计过程中，应该自觉运用人的视觉规律、听觉规律和心理联想机制，使广告作品的字体设计、色彩组合、情节编排等参数完全符合人的感觉规律，以科学为保障，提高广告作品的宣传影响力。这是设计广告宣传作品的基础。
　　2. 艺术性
　　从某种意义上讲，广告宣传作品的设计也是艺术创作，属于精神财富塑造活动的一部分。因此，在广告作品设计过程中，应该接受艺术流派的指导，以艺术化的表现手法渲染艺术化的作品意境，提高广告作品的艺术品位，然后借助艺术品位强化广告作品的市场效用。
　　3. 特色性
　　广告作品的特色化主要表现在两个方面：一是意境内容的特色，二是作品形式的特色。当特色化的意境方案确定后，还需要借助特色化的表现形式来强化其个性色彩。在广告作品设计中，从字体运用、图画创作，到情节设计、色彩组合都应该形成自己独特、鲜明的风格，以特色化的作品形象提高广告的影响力。

4. 突出性

现代社会的信息流动量比较大，公众停留在一个广告作品上的时间相当有限，从头至尾欣赏整个广告作品的可能性比较小。为了让公众在相当有限的时间内接受广告信息，在设计中应该集中公众最感兴趣的内容，凝聚在一起，置于最显眼之处，突出宣传的核心信息，以便有效地吸引公众的注意力。

5. 相关性

广告宣传作品是针对目标受众而创作的。不同的商品拥有不同的目标公受众，他们的审美情趣、艺术品位不尽相同，这是策划广告宣传必须注意的事实。所谓相关性原则，就是指设计广告作品时应该准确分析目标受众的美学价值观和审美情趣，根据公众的审美需要和大众文化创作宣传作品。

## 二、广告作品设计的一般流程

广告作品设计是一项程序性很强的艺术创作，一般经历以下几个基本环节：

1. 确定广告的表现形式

根据广告策划所确定的媒介类型，初步决定广告的表现形式。这种形式大致有图画式、文字式、实物式和动态综合式。

2. 理解广告创意和宣传主题

把握好中心思想、创意和主题，这是广告作品设计的基础。广告作品的制作，强调服务功能和商业针对性宣传色彩。它不仅是创作人员的艺术灵感发还应是广告创意和主题的形象表现。

3. 领会广告文案的重要核心

把握好广告的个性精神，借助广告图形、字体、色彩、布局等表现手段来设计广告作品，直接关系着广告文案的诉求力和冲击力。

4. 构思、创作广告作品的草图

把广告形象草图交由广告策划创意总监和企业负责人审定。如果广告形象草图能够通过审定，表明它符合创意要求，能够为宣传商品、促进销售服务，即可进入下一个操作环节。反之，草图未能通过审定，就需要返工，然后重新提交审定。

5. 制作广告样本

根据样本的构图参数进行制版工作，然后进行印制。广告作品的设计是一个动态的过程，各个环节相互衔接，彼此循环。

【实例】

### 佳能复印机

广播广告文案（30秒）

（音效：复印机复印时的过纸声）

女：张秘书，你的材料复印好了，拿过来吧！

男：哎，好勒，谢谢啊！哎？不清楚——

女：什么？不清楚？这可是佳能复印机，你看好了，白纸黑字，印得多清楚啊！

男：啊不是不是，我是说，这两个，哪个是原版哪个是复印件，我搞不清楚了。（一个卡通音效：嗡嗡嗡）

男白：佳能复印机，张张都清晰。

选自：《第十八次全国优秀广播广告作品评选商业类广告获奖作品》

[评析]

这则广播广告情节幽默，语言诙谐，简洁明了，充分利用了广播媒介声音传播的优势，传递产品信息。

[议一议]

从这则广播广告，分析广告作品设计与制作一般经过什么样的流程。

## 任务二　平面广告作品设计和制作的基本技巧

平面广告是通过视觉传递广告信息的一种广告类别，因此，平面广告必须以视觉传达取胜。随着现代广告媒体的多元化和制作技术的不断发展，平面广告的创意、构思和制作水平也越来越高，计算机技术的发展，更为平面广告的策划、创意与设计注入了新的活力。

平面广告是广告中最大的一个分支，它是通过视觉传递广告信息的一种广告类别。因此，平面广告必须以视觉传达取胜。平面广告诉诸人的视觉，是一种图文并茂的广告形式，一幅平面广告作品一般具备3个要素：文案、图形、色彩。

### 一、平面广告的构成要素

1. 文案

文案是平面广告设计中不可缺少的构成要素，配合图形要素共同实现平面广告主题创意，具有引起注意、传播信息及说服受众的作用。平面广告中的文案要素包括标题、正文、广告语和附文。

2. 图形

平面广告中的图形要素包括图形和图像，是平面广告画面中的主要构成元素，可以形象地展现广告的主题与广告创意的内涵。平面广告中的图形可以是素描图像、油画图像、水彩图像或摄影图像等（图9-1）。

图9-1　世界顶级商业摄影师作品（Matteo Linguiti）

137

3. 色彩

运用色彩的表现力，如同为广告版面穿上漂亮鲜艳的衣服，能增强广告注目效果。色彩在平面广告中具有直接视觉刺激的作用，人们对平面广告的第一印象一般是通过色彩感受获得的。对于平面广告的色彩、图形、文案三大要素而言，图形与文案都离不开色彩的表现，色彩传达从某种意义上来说是第一位的（图9-2）。

图9-2　Apple鼠标平面广告

## 二、广告图画的设计

1. 平面广告中的构图

广告图画按其表现形式主要有广告摄影和绘图两种。广告摄影是广告设计与艺术摄影相结合的实用造型艺术，是一种借助摄影技巧和优美艺术语言进行宣传的载体。它以光线、基准画面、背景为造型要素，以巧妙的构思、形象的设计开辟了一个新的视觉审美领域。广告摄影在广告图画中占有相当重要的位置，在视觉传达中，具有效果逼真、可信度高、印象深刻等特点，对树立产品形象和组织形象起着良好的作用（图9-3）。

图9-3　手机广告

广告绘图的种类很多，包括油画、水粉画、水墨画等，表现的艺术形式大致有绘画、漫画、图表，其流派有写意派、现代派、抽象派，各有所长。

2. 平面广告中文字与图案的关系

平面广告中，不同的字体具有不同的视角感受，对不同的字体，要根据需要进行不同的组合。同时，在不以图片为主的版面中，文字的组合就可占较大空间，如果是以图片为主要诉求对象，文字应该紧凑地排列在适当的位置上，不可过于分散，以免因主题不明而造成受众不知所云（图9-4）。

图 9-4　文字应紧凑地排在适当的位置

每一件平面广告，都有它的目的。在这个前提下，不同的字体、不同的图案，一定要具有一种符合整体需求的特征。要在整体上形成统一性，而在局部又要有变化，让阅读者在心理、感觉上达到基调的统一。

在有图片的版面中，文字的组合应相对较为集中。如果是以图片为主要的诉求要素，文字应该紧凑地排列在适当的位置上，不可过分变化分散，以免因主题不明而造成视线流动的混乱。

### 三、广告字体的设计

1. 文字的可读性

平面广告的文字创意首要和周围的"环境"有所区别，因为文字的主要功能是向阅读者传达作者的想法和各种信息，要达到这一目的，必须给人以清新的视觉印象。文字的主要功能是在视觉传达中向大众传达作者的意图和各种信息，要达到这一目的必须考虑文字的整体诉求效果，给人以清晰的视觉印象。因此，平面广告中的文字应避免繁杂零乱，使人易认、易懂，有效地传达广告的主题和构想意念。

2. 文字设计要给人一种美感

文字作为画面的形象要素之一，具有传达感情的功能，因此，必须在视觉上给消费者以美感。平面广告中的文字要巧妙组合字形，使人感到愉快，从而获得良好的心理反应，进而在广告上停留更长的时间。文字的设计不能和整个作品的风格特征相脱离，更不能相冲突，否则，就会破坏文字的诉求效果。

在视觉传达的过程中，文字作为画面的形象要素之一，具有传达感情的功能，因而它必须具有视觉上的美感，能够给人以美的感受。

3. 文字设计要富于创造性

平面广告的文字设计要敢于创新，敢于出奇，根据作品主题的要求，突出文字设计的个性色彩，创造出与众不同的独具特色的字体，给人以别开生面的感受。设计时，要从字的形态特征与组合上想办法，使其外部形态和内在的含义相吻合，唤起人们的审美愉悦感受。

4. 文字设计要有协调美、组合美

平面广告中如果文字排列组合不得当，拥挤杂乱，缺乏视线流动的顺序，就会影响字体的美感，也不利于人们有效地阅读，这样就难以产生良好的视觉效果。文字要想取得良好的视觉排列效果，关键在于找出不同字体之间的内在联系，对其不同的对立因素进行和谐的组合，不但要保持各自的个性特征，还要有整体的协调感。对此可以从字体风格、大小、方向、明暗度等方面进行。同时，还要考虑到人们的阅读习惯，根据大众的阅读顺序，满足人们的阅读需求，最后达到广告的目的。

广告文字的设计是平面广告作品创意的重要组成部分，特别是在文字类广告中，文字的设计尤其占据重要的地位。例如，在印刷媒体广告中的报纸广告、杂志广告、书籍广告，文字的设计和广告画面设计往往构成统一和谐体，文字的设计应充分运用流畅、简洁的语言，独具风格的造型，赋予广告视觉的美。

### 四、广告色彩的设计

著名的色彩学家，（瑞士）约翰内斯·伊顿曾说过：如果你能不知不觉地创作出色彩的杰作来，那么，你创作时就不需色彩知识。

色彩有 3 个基本的要素。色相，即色彩的相貌，它包括红、黄、蓝三原色和三原色相互吸收形成的其他色彩；色度，即色彩的纯度、浓度和饱和度；明度，即色彩本身的明暗度，如黄色明度最高。

### 五、广告版式的设计

版式设计是在进行广告设计时，根据广告主题的要求，对传达内容的各种构成要素予以必要的关系设计，进行视觉的关联与配置，使这些要素和谐地出现在一个版面上，并相辅相成，在构成上成为具有活力的有机组合，以发挥最强烈的感染力，传达出正确而明快的信息。版式设计应该在尊重信息传递这一功能性的基础上考虑其艺术性。平面广告的版式创意则有以下几点：

1. 简明直观、生动感人

版式设计在传达某个具体的信息时，其视觉传达的各种元素，如标题、文稿、图形、画面、色彩等，总是直观与具体的。版面整体安排应力求单纯、简洁、条理清晰、一目了然，使其在瞬间产生强有力的视觉冲击、单纯而有力的诉求效果。

版面仅仅让人阅读是不够的，它还必须设法去打动读者的内在情感。平面广告中的版式设计就是为了使版式与其所负载的信息一起进入到一种艺术的感人氛围中，使读者在阅读时受到感染，从而把享受变成一种内心体验，把思绪自然地引入到文化的或艺术的境界中。

2. 简明易读、讲求空白

版式设计切忌繁杂凌乱。版式与其所传达的内容相比不可本末倒置。现代社会节奏紧张，简明易读就显得尤为重要。不要堆砌信息量，而应删繁就简，精练图文。另外，要讲求版面编排设计中的空白处理。空白处理不仅使版面编排流畅明快、疏密有序、布局清晰，而且在视觉上有非常强烈的集中效果，有利于突出广告诉求重点。

3. 主次分明、突出主题

任何一个广告编排，必须在众多构成要素中突出一个清晰的主体，它应尽可能地成为观众阅读广告时视线流动的起点。此外，还要在编排中以种种标识来引导观众的阅读，逐步地诱导观众按视觉流程进行视线流动。

主体要素的比例大小，一般要大于其他要素。但也可根据广告创意反其道而行之，将主体要素安置在特别小但却十分显眼的部位上，使其起到"小而不小的主体要素作用，在视觉上仍占主体的优势。

有时出于对版式设计的特殊要求，设计者可以根据手中的素材进行版面上的"按需分配"，以提高版式的艺术质量。主次分明原则的把握，重点反映在对素材的灵活调配及安置上。在进行平面广告版式设计的时候，还可以根据人们的视觉规律进行引导。如通过画面中人物的动势、手势或箭头等具有引导性的因素，来诱导人们的视线，达到很好的宣传意图。

## 六、平面广告的制作

所有的印刷广告，不管是报纸广告、杂志广告，还是其他单页、复页广告。其制作都要经过7个基本步骤：

1. 初稿设计

拟好草图，并加上标题；在征得广告主同意后，再制成一个详细的稿样。

2. 字体选择

常用的字体有数十种，但一般标题使用黑体字。正文内容中若须加强调部分，可用黑体字突出出来。字体的选择，以方便阅读为原则。一般情况下，人的阅读习惯是以楷体和宋体为方便，而外文字体最好是用小写体。好的字体设计，并不在于引起读者对字体的注意，而在于注意广告内容。

3. 美工画稿

美工画稿也即正稿，广告制作进入这一阶段，创作稿即可提供给印刷厂。要对广告作出修改，就必须在这一阶段进行，否则，将造成浪费。此外，正稿要做得比实际面积稍大，在四周留边，并在画稿背后标出广告稿的实际大小和缩放尺寸。

4. 画稿制作

把广告画稿（正稿）和标题、正文排好，拼接在一起，完成画稿制作。画稿制作是广告各部分的位置和尺寸大小的准确到位阶段，因此，一定要看一看是否符合原来的设计，并经广告主最后审查后制成清稿。如果需要对广告的布局做出改动，必须立即进行。

5. 制版

把画稿制作阶段做出来的稿样送给印刷厂的制版车间，由他们制出印刷版。报纸的印刷版一般为锌版，而杂志的印刷版一般为金属电铸版。

6. 清样

用广告印刷版手工印刷出来的第一张广告为清样。在这一阶段，必须对广告文图进行校对，并作些小的改动，使之更接近原来的作品。经校改后的清样交付印刷制版，即可印刷。

7. 印刷

现有的印刷技术有 4 种：活版印刷、照相凹版印刷、平版胶印和网版印刷。活版印刷是最古老的也是最灵活的方法，在付印前后，时刻都可对版面进行改动，因此，适合于报纸和杂志的印刷。照相凹版印刷印制出来的刊物质量最好，但价钱贵，一般只用于印刷长而量大的东西，如报纸和产品目录。平版胶印是最近发展最快的一种印刷方法，由于印刷质量高，印刷便宜，为许多报纸和杂志采用。网版印刷是最简单的方法，但印量小，只适合于印刷招贴或户外广告，这种印刷品的色彩浓厚而鲜明。

【拓展知识】

## 纸张的品质和质地

纸张是由植物纤维加入填料、胶料、色料等成分加工提炼的一种物质材料。构成纸张的原材料，主要有稻草、竹木、棉麻及可利用的废料等。根据原料的不同，所构成的纸张的性质也会不同。

填料是为了增加纸张的柔韧性、减少纸的透明度和伸缩性，并使纸张的表面平整均匀而采用的物料，如一般印刷用纸用滑石粉，高级纸用高岭土和硫酸钡等。

胶料是为了将纸张中的小孔隙进行填塞，以提高纸张的抗水性，也能改善纸张的光泽度、强度，并起到防止纸面起毛的作用。常用的胶料有松香、明矾、淀粉等。色料是为了增强纸张的色泽纯度，大都使用无机颜料或有机染料。

纸张根据印刷用途的不同可以分为平板纸和卷筒纸，平板纸适用于一般印刷机，卷筒纸一般用于高速轮转印刷机。

纸张的大小一般都要按照国家制定的标准生产。印刷、书写及绘图类用纸原纸尺寸是：卷筒纸宽度分为 1575mm、1092mm、880mm、787mm 等 4 种；平板纸的原纸尺寸按大小分为 880mm×1230mm、850mm×1168mm、880mm×1092mm、787mm×1092mm、787mm×960mm、690mm×960mm 等 6 种。

图书杂志开本及纸张幅面尺寸的标准，国家规定是采用 880mm×1230mm、900mm×1280mm、1000mm×1400mm 未裁切的单纸张尺寸印刷。由于设备、生产、供应等原因，原 787mm×1092mm、850mm×1168mm 大小的纸张，目前仍可继续使用，但需要注意的是，这种尺寸是要逐步淘汰的老标准开本，以后的纸张尺寸将向新的国家标准过渡。

纸张根据用处的不同，可以分为工业用纸、生活用纸、包装用纸、文化用纸等几类，其中文化用纸中即包括书写用纸、艺术绘画用纸、印刷用纸。在印刷用纸中，又根据纸张的性能和特点分为凸版印刷纸、胶版印刷涂料纸、新闻纸、字典纸、地图及海图纸、凹版印刷纸、画报纸、白板纸、书面纸等。另外一些高档印刷品也广泛地采用艺术绘图类用纸。

凸版印刷纸：这是应用于凸版印刷的专用纸张，纸的性质同新闻纸差不多，抗水性、色质纯度、纸张表面的平滑度较新闻纸略好，吸墨性较为均匀。

凹版印刷纸：凹版印刷纸洁白坚挺，具有良好的平滑度和耐水性，主要用于印刷钞票、邮票等质量要求高而又不易仿制的印刷品。

胶版涂层纸：又称为铜版纸，是在纸面上涂有一层无机涂料再经超级压光制成的一种高档纸张，纸的表面平整光滑，色纯度较高，印刷时能够得到较为细致的光洁网点，可以较好地再现原稿的层次感，广泛地应用于艺术图片、画册、商业宣传单等。

新闻纸：新闻纸主要用于报纸及一些凸版书刊的印刷，纸质松软，富有弹塑性，吸墨能力较强，有一定的机械强度，能适合各种不同的高速轮转机印刷。这种纸张多以木桨为制造原料，含有较多的木质素及杂质，纸张容易发黄、发脆，抗水性极差，故不宜长期保存。

胶版印刷纸：胶版印刷纸是用于胶版（平版）印刷的一种纸张，又分单面胶版纸和双面胶版纸两种，单面胶版纸主要用于印制宣传画单、包装盒等；双面胶版纸主要用于印制画册、图片等。胶版纸质地紧密，伸缩性较小，抗水能力强，可以有效地防止多色套印时的纸张变形、错位、拉毛、脱粉等缺点，能使印刷品保持较好的色质纯度。

白板纸：白板纸是一种纤维组织较为均匀、面层具有填料和胶料成分且表面涂有一层涂料，经多辊压光制造出来的一种纸张，纸面色质纯度较高，具有较为均匀的吸墨性，有较好的耐折度，主要用于商品包装盒、商品表衬、画片挂图等。

合成纸：合成纸是利用化学原料如烯烃类，再加入一些添加剂制作而成，具有质地柔软、抗拉力强、抗水性高、耐光耐冷热，并能抵抗化学物质的腐蚀，且无环境污染、透气性好，广泛地用于高级艺术品、地图、画册、高档书刊等的印刷。

## 七、印刷广告制作技巧

迄今为止，在近一百年间，报纸一直雄踞广告媒介的榜首，这证明报纸作为广告媒介是有其优势的。关键在于，创作什么样的广告作品能够充分地发挥报纸的优势而避其所短，在这方面有一些基本的技巧可以遵循。

1. 使用占优势的广告因素

实践证明，报纸广告在进行较好的设计和使用较大的版面时，可以在很大程度上导致读者的增多。因此在报纸广告中，在设计技巧上引用具有突破性的创意是很重要的。

2. 保持统一的风格

成功的广告往往具有始终如一的基调风格。如一个厂家为其生产的多种产品做广告宣传，或为某一产品而做的多项广告宣传，都保持统一的风格，这样的做法既能突出企业形象，又具有加强读者印象的竞争性作用，使读者一望而知是某厂家的广告。这种做法在对外广告宣传中具有长远的战略性意义。

3. 明确广告对象

人们的爱好和兴趣往往同年龄、性别、身份和所处的社会阶层有关。创作广告时，必须首先明确广告对象的有关基本情况，从而有意识地使广告内容具有相适应的倾向性。

4. 使用突出而醒目的标题

广告创作应该将所宣传的商品的主要好处和特点放入能引起兴趣的标题之中，以便读者看到广告标题后能对自己提出的有关问题，如"它跟我有什么关系？"，"能给我带来点什么？"，给出初步的解答，并使其有兴趣继续阅读广告的全文。标题应该能挑起人们的某些基本欲求，如安全、好玩、省时、有利于健康、时尚和流行等。

5. 采取简洁明快的构图

报纸广告因为印刷制作的原因，广告构图不应太复杂，而应尽量简化，能引导读者按照正常顺序读完全文。广告构图的内容，从标题、图片、解释词、价格，直到名称地址，都应有统一的格局，避免使用过多的不同字体。尽量不用异体字，避免过分的花边修饰和反白版图，不要因此而分散人们的注意。另外，构图布局要疏密有致，不要使图片和文字拥挤画面。

### 6. 内容要完整

报纸广告的优势之一就是能够做详尽的说明。在报纸广告的创作中应充分利用这一优势，详尽地说明广告产品或劳务的利益特点。此外，在广告中还必须说明产品的售价及与用户经济利益有关的指标。这样可以使广告更引人注目。

### 7. 不要在广告中故弄玄虚或卖弄聪明

不要在广告中故弄玄虚或卖弄聪明，否则会使广告的宣传效果适得其反。开门见山的标题和广告主题内容往往比耍花枪的广告效果要好。因为人们并不相信也不欣赏广告中所卖弄的聪明，恰恰相反，对故弄玄虚和卖弄聪明一般人都会反感。

### 8. 连续刊登

从广告心理学角度来看，报纸广告应讲究频率，连续刊登的效果较为明显，报纸有新闻性和时效性的特点，连续刊登广告可以给已接触广告的人加深印象的机会，同时又给未留意广告的人以更多的接触机会。但广告内容要有计划地变动，可以运用均衡发布、集中发布策略，增加读者的新鲜感，也可运用标题、图形、形式、内容的系列设计策略，使静态广告具有动态的连续性。

### 9. 版面大小、位置安排要科学

广告版面越大，注意率越高，自然效果越好，但广告费也越贵。一般版面幅度的注意率为：20 平方厘米 9.7%；100 平方厘米 36%；400 平方厘米 74%。因此要根据财务和实际需要安排版面。一般来说，初次广告刊登大一点好，后续广告逐渐缩小。换句话说，告知性、节日性广告使用大版面，提醒性、日常性广告使用小版面。

### 10. 广告字体设计得当

广告字体一般分为 3 类，即印刷体、美术体和书法体。从汉字字体上讲，印刷体含仿宋、宋体、楷体、黑体；美术体含象形、立体、彩色、附加装饰；书法体含正楷、隶书、篆书、行书、草书、碑书等。从英文字体讲，印刷体有古罗马体、现代罗马体、无饰线体；美术体有象形、彩色、立体和附加装饰；书法体有草书体、自由手书体等。从字体的性格属性讲，字体有粗犷、豪放、庄重、典雅、潇洒、飘逸、纤巧、秀丽、古拙、稚气等。

**【案例】**

《纽约时报》广告版面设计特点分析

《纽约时报》是一份成功而又有特点的报纸，在此仍来分析一下《纽约时报》广告版面设计的特点。

（一）实用

#### 1. 广告容量大、内容丰富

《纽约时报》是一份全国性报纸，读者口味千千万万，基于众口难调的考虑，可以推断，容量越大，内容越丰富的报纸"广告大餐"越有可能对读者"有用"。以 2004 年 6 月 16 日《纽约时报》为例，粗略估计一下可以看出，当天该报广告版面至少占总版面的 2/3。广告内容自然也是多种多样，既有日用百货广告（如 A 组第 5 版的衬衫、皮带等广告，n 版的男士香水广告等），又有商务产品广告（如 C 组 16 版的 DELL 商用计算机广告等）；既有单篇大幅广告（如 A 组最末一版的 I.G—VX3200 手机广告），又有集中在一起的众多分类广告（如 E 组第 6 版左下方的 "Theater directory"）。

2. 分类广告简洁实用

以 2004 年 7 月 4 日的《纽约时报》为例，该天报纸为周日版，有 14 个版组，其中第 10 个版组为 "Job Market"。该版组共有 8 个版，第 1 版的下半版和 5、6、7 这 3 个整版均为排列整齐的 "Job Market Opportunities" 分类广告。在美国这样一个人才流动频繁、有着大量移民的国家里，像 "Job Marker" 版组中这些简洁实用的分类广告，确实有很强的实用性。

再如，2004 年 7 月 4 日的《纽约时报》第 5 个版组为 "Travel"。此版组的第 10 版为整版分类广告，此整版分类广告的标题为 "SMALL INN & LODGES"。标题之下罗列出众多分类广告，每一则分类广告以大写黑体字拼出 SMALL INN & LODGES 的名字，独立一行，置于此则广告首行。其下用较小的字体介绍广告对象的位置、特点、联系方式等。对于周末出去度假的人来说，这样一版分类广告很实用。

（二）统一

《纽约时报》广告版面设计的统一特点表现在两个方面：一是历时态的稳定性；二是共时态的和谐性。

1. 历时态的稳定性

它指虽然每天的报纸都在更新，但是报纸广告版面的一些基本元素保持相对不变。也就是，在读者拿到当天的报纸之前，他就可以在一定程度上预期到自己拿到这份报纸后大致可以看到什么内容、什么形式的广告。

从内容上看，《纽约时报》以版组形式出现，大体而言，平时报纸有综合新闻、METRO、BUSINESS、SPORTS、ARTS、SCIENCE TIMES 等版组，周日则有综合新闻、ARTS&LEISURE、SUNDAY BUSINESS、WEEK INREVIES、TRAVEL SUNDAY STYLES、JOB MARKET、REAL ESTATE、AUBOMOBILET 等版组，每一版组独立成叠。

从形式上看，《纽约时报》广告版面设计上较恒定的一个风格是每一版组的最末一版基本上都为广告，可以是整版单幅广告，也可以是整版分类广告。这种安排保持了《纽约时报》广告版面形式的持续一致。并且从信息接收角度看，每一版组的最末一版刊出广告的做法也很有道理。虽然《纽约时报》各版组组合在一起构成一份完整的报纸，但由于每一版组都有一相对集中的主题，每一版组又独立成叠，因此，每一版组又相对自成一体。

2. 共时态的和谐性

它指一份报纸各版的新闻内容与广告内容和谐一致，相得益彰。

以 2004 年 7 月 4 日的《纽约时报》第 5 版组 "Travel" 为例，该版组共有 12 个版面。刊载于这 12 个版面中的所有广告几乎都与 "Travel" 有关。

《纽约时报》各版组主题鲜明，版组主题既统领新闻内容，又统领广告内容，新闻内容与广告内容做到了和谐统一。

（三）借势

借势即借助某些特殊节日提供的机会，运用富有人情味的广告版面，充分释放蕴含于节日中的 "势能"。

国外有许多以 "情" 为诉求点的节目，如父亲节、母亲节、情人节等。虽然节日不是天天都有，但是某一为期一天的节日可以带来多天的广告势能。广告版面设计应能充分 "借势"。

2004 年 6 月 16 日距 6 月 20 日的 "父亲节" 还有 4 天，《纽约时报》广告版面上的 "父亲节" 气氛就已很浓了。具体来说，A 版组第 1 版和第 9 版下 4/5 版均为 "Lord & Taylor" 所做的"父亲节"商品广告。B版组第3版下半版为男士运动衫广告，文字标示："Gifts for Dad"。B版组第8版为整版彩色广告，广告对象是"Hall Mark Gold Grown Store"为父亲节准备的各种商品。F版组的12版为"Free Shopping for Father's Day"分类广告。就在众多商家在《纽约时报》上为"父亲节"准备"大礼"的时候，《纽约时报》自己也不甘落后，它在W版组的第8版上做了个整版广告，广告上4/5版为彩版，背景是穿蓝色上衣的男子上半身，广告主体为该男子脖子上打的一条由《纽约时报》做的领带。以黑白报纸做成的领带在蓝色背景下尤其引人注目。该版下1/5版为文字，上写："A Father's Day Gift To Help Your Father Know Best……"

《纽约时报》在2004年6月16日借"父亲节"之势大做广告文章时还有一值得注意之处，即刊载这些广告的根本意图虽都是付费广告主希望销售更多的商品与劳务，但广告处处以"情"为诉求点，以向父亲表达"爱"意为推销产品的手段，广告主的真实目的被巧妙地隐匿起来。表面看起来，隐藏在广告背后的似乎是一位消息灵通的朋友，他正为不知给父亲挑什么礼物的读者出主意、想点子。

（四）有原则

《纽约时报》是一份商业报纸，自然要以营利为重要目的之一。营利的主要来源在于广告，因此，这份报纸需要大量刊载广告。这一切无可厚非，并且读者们也接受了这份报纸2/3强的版面为广告的现状。《纽约时报》可以仅将一个版面中1/5的空间留给新闻，而将4/5的空间留给广告（如2004年6月16日A版组第1版和第9版），也可以仅将一个版面约1/6版之一角留给新闻，而将其他版面留给广告（如2004年7月4日《纽约时报》第10版组第3版），但是《纽约时报》似乎在默默地坚持一个原则，那就是：不在头版刊载广告。

头版刊载广告对广告主来讲，表面上看是最优选择，但是这种做法很容易引起读者对广告主财大气粗、对报纸"失节"的反感。并且，头版刊载广告也可能会伤及报纸的公信力——读者可能会怀疑：报纸是不是广告主手中的工具，它到底能不能维护公共利益？！

（资料来源：http://news.sina.com.cn/o/2004-10-20/15483982143s.shtml）

[议一议]

1. 《纽约时报》广告版面设计的特点有哪些？
2. 简要分析《纽约时报》广告版面设计特点对中国报纸广告的启示。

## 任务三　电子广告作品设计和制作的基本技巧

不同于平面广告作品的设计与制作，广播广告、电视广告和网络广告的构成要素与基本技巧均有不同。

电子广告是通过电波或互联网络将声音、图像等广告信息传递给受众的广告形式，具有速度快、覆盖面广的特点。电子广告主要包括广播广告、电视广告和网络广告。

不同于平面广告作品的设计与制作，广播广告、电视广告和网络广告的构成要素与基本技巧均有不同。

一、广播广告作品设计和制作的基本技巧

（一）广播广告作品的制作

在这一环节中，就是把已经创作好的广播广告脚本或方案变成声音，直接播出或制成录音带录播，这是广播广告创作的最后一个环节。虽然在广播广告的创作中，创意等思维性的活动是最重要的，但是在某种程度上，制作水平和技术水准的高低也影响着广播广告的最终效果。

1. 整体规划三要素

一般来说，每一条广播广告都是用 3 种声音符号语言、音响、音乐来传达信息的，但这三者不是简单的叠加，而是要具体分析在每一条广告中究竟以谁为主、以谁为辅，谁先谁后、谁强谁弱，把握的总体原则就是要看是否有利于广告主体的传达。也就是要注意这三者的整体规划和把握，从整体上考虑这 3 个要素的平衡和主次关系，既要让每一个要素发挥各自的作用，同时又不破坏整体感觉。

2. 准备阶段

（1）确定演播脚本和录音方案。这一环节是上一阶段创意表现环节的延续，通常由广播广告的导演来最终确定，当然由于费用、时间等实际问题，有些时候有的广播广告并没有专门的导演，这一工作由广告的创意人员代办了，当然这样做也有它的好处：一是节省费用成本；二是这些专业的广告人更容易把握广播广告的创作，使它不偏离广告的方向，因为一般的艺术创作是以主创者"我"为中心，而广告创作则是以广告主为中心的"文学"创作。但是，严格地说，应该需要专职的导演来负责广播广告文案和脚本的录制，由他来确定创意的脚本，包括对台词、音效、音乐的情绪、整体格调、录音方案的最终把握，只不过要有人时刻提醒他不要偏离整个创作活动的广告策略和广告目标。

（2）选择和确定演员。就是决定广告文案由谁来读，脚本中的各种角色由谁来扮演。录制广播广告，选择的演员的声音要符合整个广告作品的情调与氛围，要考虑他的音色、音质，甚至包括他的兴趣爱好、性格特点，总之，要把看演员的声音形象是否符合你的广告产品的特性作为选择演员的标准。

（3）收集、确定音乐、音响资料。自己准备选取现成的或请作曲家、演唱者、乐队专门演奏、演唱，或请专业拟音师现场拟音。

3. 录音

（1）录音前。把脚本交给演播者，让他们熟悉文案，针对问题作必要的启发。有时还要与录音师做充分的沟通，让他了解脚本的意图。

（2）预演。一边让演播者尽快进入角色，一边检查录音设备的情况和效果，包括话筒的摆放位置、角度的远近等。

（3）正式录音。在彩排之后进行。关键是看导演对整体艺术气氛的把握以及录音师对技术指标的严格控制。

4. 合成

这是广播广告制作的最后一道工序，也是一个很重要的环节。不是简单地仅仅把录音阶段的工作带和素材带编辑合成在一起就完了，它应该是一项高度艺术性、技术性和经验性相结合的编辑工作，需要导演和录音师的密切配合。而广告最终能否达到原来创作意图的境界，

147

也全靠最后合成阶段的控制和把握。各种声音的主次、轻重、衔接及一些特殊的音效，如回响、反复等都要在最后的合成阶段来完成。因此说，在某种程度上广播广告的合成阶段类似于影视广告的编辑合成阶段，也需要一定的剪辑技巧。

（二）广播广告的制作程序

广播广告的制作过程极为简单。最简单的形式是现场直播，只要把广告稿提供给电台的播音员播送即可，但广告稿的长短必须与广播时间吻合。

录音广告一般是把广告词和伴音录制在录音带上，然后进行试音，最后在确定广告词和伴音之后，正式录音。经过审定后，即可安排播出。程序一般是：脚本—准备—录音—剪辑—录音带。创作前有一些准备工作要做：首先使听众注意力集中。可以先放一些暗示音乐（较快的音乐），了解播出时间与听众收听时间。

1. 预备阶段

在预备阶段，为了保证制作工作顺利、准时地完成，又不超支，广告主和广告公司要进行大量的准备工作。广告公司从自己的员工中指定一位制作人或从外面聘请自由制作人，再由制作人根据脚本挑选录音棚和导演，决定演员，估算开支，并向广告主提出制作预算，征求他们的认可。

为了控制制作过程，获得最佳音响效果，大多数广告公司都使用独立录音棚，因为最好的录音棚拥有经验丰富的音响导演、技师和最先进的录音设备，并与著名演员保持着密切的联系。在预备阶段，制作人（或导演）负责寻找合适的演员。演员的选择非常重要，因为演员是一种标志，象征着产品的形象。因此，在拍板之前，广告主和广告公司要首先考虑几个因素：演员的音调、演员的声音表现力与创造力、演员的知识结构与思维方式及演员的声望。如果脚本要求配乐，制作人要决定选用预录音乐还是请作曲家专门作曲。一般说来，制作人所需的任何音响效果都可以创作产生，大多也可以从预录资料带上获得。当然，采用哪种方式，肯定会影响到预算，但它们所产生的效果也会极大地影响广告的效果。演员找好，音乐也准备妥当之后，导演开始指挥排练，直至万事齐备可以录音为止。

2. 制作

（1）编辑。广告要用的所有元素，如人声、音乐、音效等集中到一起，进行一场录制。广告的特点不同，录制一场的时间长短也不同，短的半个小时，长的超过一天。由于录音棚以小时为单位收费，因此，预备阶段的排练就显得相当重要。

（2）录音棚。在一场录音中，人声演员和音乐演员都在录音棚内表演，录音棚内铺了地毯地板，有隔音板表层、麦克风、导播窗以及将控制室与仪器设备相连的墙式插座。录音棚的标准设备有麦克风、受话式耳机、话筒。播音员和歌唱演员用受话式耳机、话筒。播音员和歌唱演员用受话式耳机接收控制室里导演的指令或在演唱的过程中监控预录的乐器声道，以免音乐声道被录到声音声道上。音乐技师和工程师仔细挑选和调试麦克风，直至能表现声音的全部音域为止，录音棚内一般都设有独立的录音间（一间带窗户的小屋或一个独立区域），用以分隔外界噪声或后备演员的说话声，使录音技师得以更好地平衡整个合成声音。

（3）控制室。广告公司制作人、导演和录音工程师（往往还加上客户和客户主管）坐在控制室里，监控录音棚里产生的所有声音。一个厚玻璃和几面隔音墙将控制室与录音区隔开，这样，监听的人既可以听到话筒里演员的声音，又可以同时讨论各场录音的效果。导演和录音工程师借助一台音控台控制录音，用中央"控制台"控制声音，然后将声音送至相应的录音设备，在他们监控录音室输送过来的声音时，他们要保证声音的音调和强弱符合播出要求。控制台还有合成功能，可以将现场音响与预备音响混合，供直播或以后播出用。

3. 后期制作的修饰工作

广告经过多次录制之后，从中挑选出录得最好的一版。录音工程师一般分别录制音乐、音效和人声，然后在后期制作阶段（又叫修饰阶段）合成和润色。这也是广播广告的最后一步。制作合成是将语言、音乐、音响通过一定的技术手段，制作成一个完整的可播放的广告节目，是一个技术和艺术相结合的过程。制作合成前对声音的层次结构、音量控制、节奏把握、中间衔接都要有一个整体的构思。要让整条广告协调统一、流畅自然，要保证语言的清晰性。再通过多种技术手段让广告更动听。现在数字音频工作站的使用让广告合成更加得心应手。比如可以根据人物所在不同场景选择不同混响时间；根据内容需要通过调节 EQ、采样频率等制作电话声音、电视伴音效果；通过变调技术制作卡通效果；通过延时制作回声效果；还可以自己拟音或制作一些想象中的音响。

最后完成的录制品就是母带。工程师从母带上制作出复制带，然后送电台播出。

（三）广播广告的制作技巧

1. 广告内容要简短精练

广播广告的广告词有时可以比路牌广告、电视广告和一些报纸广告的广告词要长一些，但是，仍然要十分简短和精练。俄国文学家契诃夫有句名言："要知道在大理石上刻出人脸来，无非是把这块石头上不是脸的地方都剔掉罢了。"他还说："要是您在头一章提到墙上挂着枪，那在第二章或第三章里就一定得开枪。如果不开枪，那管枪就不必挂在那儿。"契诃夫虽然是在讲文学创作，但这个道理完全适用于广播广告的设计制作。

2. 广播广告应做到一则广告突出一个主题思想

对于许多听众而言，在收听广播时，往往注意力不很集中，容易转移。因此，广播广告应该进行某一方面的直截了当的宣传，并尽量说全产品名称、商标、适用范围和优点。同时反复强调主题，以加深听众对广告的印象。

3. 采用重复的方法强调商品品牌或企业名称

广播广告一定要采用合理重复的方法，来强调商品的商标或商品名称，以加深听众的印象，一则一分钟左右的广播广告，对品牌的强调，以不少于 3 次为宜。

4. 广播广告的语言表达通俗化、口语化和韵律化

广播广告本身就是以语言为主体的广告宣传，语言的选择和运用至关重要。广播广告语言一般应该采用通俗化、口语化和韵律化的形式，以便于受众理解和记诵。

5. 广播广告要寻求声响效果与文字、音乐的最佳组合

在广播广告的作曲、选曲上都应力求简单，选择一种能有助于听众接受声响的记忆氛围，以唤起听众对广告的记忆。要选择能够烘托音乐或体现广告主题的声响效果，使广告音乐和音响成为广告语言的有力补充，此外，广告的节奏也是应该注意的问题。

二、电视广告作品设计和制作的基本技巧

（一）电视广告的制作程序

在完成广告策划、广告文字稿本和分镜头剧本撰写工作后，进入电视摄像或电影摄制阶段。经过剪辑、配音、配乐、叠字幕或插入动画特技等技术环节，电视广告最终制作完成。

最后由电视台广告节目编辑将许多广告按顺序编在一起播放出来。

1. 撰写电视广告文案

文案撰稿人将构思的画面和声音、音乐、音响写成广告的表演脚本。

2. 撰写分镜头脚本

分镜头剧本总的写作，是由"起承转合"几个步骤完成的。"起"是缘起，即广告的来由，用画面、文字配以音乐或音响，引起电视观众的注意。"承"是开头引出的广告内容的展开。"转"是将广告诉求的主题巧妙地表现出来，相对于起承有变化和发展，让人感到意外，但又在事理之中，情理之内，不会转得使人"丈二金刚摸不着头脑"。"合"是广告诉求目的的集中点，是促销，是传达一种意愿，是介绍一种精神。在"合"的时候，应该让观众产生强烈的近因效应，十几秒钟的电视广告结束后，让人能记住最后的几个重要信息。

电视广告分镜头剧本的表现形式，总起来说与一般的电视片大体一致，其不同点在于，要用文字把所要表现的画面详尽地表达清楚，使摄像、制作人员能准确地用镜头把画面语言尽可能完美地创作出来。电视广告要在短短的几十秒钟内，把诸多信息表达出来，确实颇费心血。写作分镜头剧本，画面、声音、文字3条线平行发展，让摄像及后期制作人员在体会表现画面和音响的文字及语言配音文字中，发挥他们的创造性劳动，制作出能表现广告诉求主题的优美的电视广告片来。

3. 绘制"故事板"

由导演或美工人员绘制出"故事板"，选好演员准备好道具准备拍摄。

4. 拍摄广告片

拍摄广告片的摄录制人员、灯光、化妆、服装、场记、制片人，同拍电影的一套人马相差无几，但由于电视广告必须在十几秒或几十秒里传达广告主的重要信息，并使观众喜欢这些信息，这就决定了它的难度。

（二）电视广告制作的方式

广告片的制作方式有现场拍摄、室内拍摄和计算机制作3种方式，这3种方式是目前广告片制作较为普遍选用的方式。

1. 现场拍摄制作方式

这是由广告制作人员，直接携带摄像设备到现场直接把广告内容拍摄下来，经稍加剪接即可播出的一种广告制作方式。

2. 演播室拍摄制作方式

这种拍摄制作的方式是广告制作人员根据创意要求，需要置景和造型设计的广告拍摄方式。

3. 计算机绘画广告制作方式

这种广告制作方式是由广告创作设计人员向计算机编程人员提供广告创意和广告效果图，计算机编程操作人员通过运用计算机进行编制程序，绘制广告画面的一种广告制作方式。

（三）电视广告制作的技巧

电视传递广告信息，具有许多独到的特点，要设计制作出能够吸引电视观众的优秀电视广告作品，就要发挥电视广告得天独厚的优势。

1. 用画面讲话

电视是一种视听传播媒体，既有图像又有声音。但在信息传播过程中，吸引观众的首先还是画面。因此，电视广告要尽量做到用画面突出主要信息，紧紧抓住观众的注意力。无论是镜头抓取角度，还是画面的构图、色彩、组合等，都应有较好的视觉效果。

2. 先声夺人

通过对电视观众进行调查发现，一条电视广告片能否吸引观众的注意力。最初的4～5秒钟最为重要。因此，电视广告的开头要富有特色，能够先声夺人，一下子就吸引观众。为了吸引观众，电视广告的开头一般要选择新颖独特的角度，富有新意，饶有趣味，别具一格。电视广告中音乐、音响以及人物独白与对白、画外音等，要根据画面内容恰当运用。

3. 让观众记住产品的名称

在电视广告中，要想办法突出产品的名称。一般情况下，要能在广告的前几秒就出现产品的名称，同时，形式要尽量新颖，使产品名称对观众有一个强烈的刺激。

4. 使用好字幕

字幕是电视广告中一种重要的表现手段。为了构成对观众的多重刺激，加深观众的印象，将广告口号打成字幕，将会给观众留下较深刻的印象。电视广告词要简练，要用尽量少的语言，传递尽可能多的信息。

### 三、网络广告作品设计和制作的基本技巧

（一）网络广告作品的形式

1. 网幅广告

网幅广告（Banner）是以 GIF、JPG 等格式建立的图像文件，定位在网页中，大多用来表现广告内容，同时还可使用 Java 等语言使其产生交互性，用 Shockwave 等插件工具增强表现力。

2. 文本链接广告

文本链接广告是一种对浏览者干扰最少，但却最有效的网络广告形式。整个网络广告界都在寻找新的宽带广告形式，而有时候，需要最小带宽、最简单的广告形式效果却最好。

3. 电子邮件广告

电子邮件广告一般采用文本格式或 HTML 格式，把一段广告性的文字放置在新闻邮件或经许可的 E-mail 中间，也可以设置一个 URL，链接到广告主公司主页或提供产品或服务的特定页面。HTML 格式的电子邮件广告可以插入图片，和网页上的网幅广告没有什么区别，但是因为许多电子邮件的系统是不兼容的，HTML 格式的电子邮件广告并不是每个人都能完整地看到，因此把邮件广告做得越简单越好，文本格式的电子邮件广告兼容性最好。

4. 企业网站广告

大多数企业网站的雏形就是企业宣传用小册子的在线版，内容包括广告主的企业、产品、品牌的信息等，让潜在的消费者通过网络知道尽可能多的信息，把作为潜在消费者的浏览者变为最终消费者的能力。

5. 企业赞助广告

赞助式广告的形式多种多样，在传统的网幅广告之外，给予广告主更多的选择。赞助式广告其实可分为广告置放点的媒体企划创意，及广告内容与频道信息的结合形式。

6. 插播式广告

插播式广告也称为"弹出式广告"，访客在请求登录网页时强制插入一个广告页面或弹出

广告窗口。

7. 富媒体广告

富媒体广告，一般指使用浏览器插件或其他脚本语言、Java 语言等编写的具有复杂视觉效果和交互功能的 Banner，这些效果的使用是否有效，一方面取决于站点的服务器端设置；另一方面取决于访问者的浏览器是否能顺利查看。

（二）网络广告设计与制作技巧

1. 设计统一的网页风格

网页广告是通过主页到下层页的树状链接结构，通过返航按钮的设计，用户可以自由地穿梭其间。一个企业站点上许多不同的网页可能表达不同的广告内容，但必须体现一个企业整体的形象，所以，必须设计统一的网页形式以体现统一的企业风格，加强广告传播的同一性、延续性和律动性以增进广告传播的力度和效果。如要用到版面分割，也应注意各个网页分割方式的统一和连贯。

2. 企业与品牌形象的传达

企业与品牌形象的传达是现代信息社会符号化传播的特点，从某种程度上说，广告传播的结果就是最终树立企业与品牌形象在受众心目中的固定印象和价值认同。所以，在网页广告设计上，应将企业标志（标准字）以及企业的代表性商标置于页面领导性的固定位置，统一网页版式，并能充分引起视觉注意。

3. 注意网页间的链接设计

设计导航按钮的时候要多使用生动、形象的图形按钮，通过一些与所链接的内容相关的小图形（图像），使用户即使不看下方文字也能马上明白按钮指向的内容。同时，这些形式统一、编排整齐的图形按钮也增强了网页的美感。Web 主页通常分栏目编写，栏目中的字或小图标被设计为定位元素，指向其他的子页面，同时下层 Web 文档也应有支持返回上层和返回主页的超级链接。通常的方法是，在每个页面顶部和底部建立分栏按钮总汇，可以随时切换。另外，要设计相应的超级链接以实现到达详细解释性信息的跳转和链接。比如文中热字的使用。在 Web 页面上，高亮的字一般被用作定位元素，总是具有特殊的超级链接意义的，所以不要随意使用链接文本的颜色，以免产生混淆。

4. 图片处理和使用

应当合理地使用图片来解释页面中关键性的信息内容，而大的图像只应该提供给单独的视频请求。应该把每个页面上所有图片的总规模控制在 30KB 以内。同时，使用现有的技术使页面的访问时间尽量缩短。

5. 网页背景的设计

合适的网页背景的设计既能减少图像的使用，又能达到使页面生动、吸引注意力的效果。这个办法就是运用背景色块。尽量使用背景色块，避免使用背景图像。除非主页的视觉形象需要，一般来讲，如果用图像做背景，则应避免用大图像而用小图像连续重复排列的方式形成图案纹理的背景，否则会降低页面的访问速度。网页背景上如果要用文字，尽可能将背景色调和图案设计得淡雅、不抢眼，使文本易读。当然，深色背景下应用浅色文字。

6. 标题和文字设计

标题的字体设置不要太大，以节省空间。网页主页应该显示尽可能多的主要信息摘要，主页文字中多使用内嵌图像，会比普通图像节省空间；网页争取在首屏显示时就集中体现出主要设计思想和屏幕显示规划。注意网页文字的可读性，不要使用过多的字形字号，文字编辑形式要整齐、简洁。

7. 慎重地使用动画

网页设计要慎重地使用动画图像，因为它容易制约页面的访问速度，同时也容易造成对读者视觉上的强烈骚扰，对人的视觉感受产生不良影响。在使用动画图像之前，建议你仔细考虑这些因素：你为什么一定要用动画图像？为浏览方便、强调信息、还是宣传自己的身份？如果只是想赶时髦，那最好别用。此外，应尽量缩减动画的文件大小。

8. 多媒体视（音）频的运用

简短而动听的音乐会增加你进入某个主页的兴趣与好感，但应避免过于剧烈，毕竟上网跟阅读一样，通常需要一个宁静的气氛，除非你上的是摇滚乐队的主页。必要时可使用视频文件，但应让用户有开始播放、暂停和停止的权利。强加于人的方法会失去观众。

---

**情境提示**

平面广告是通过视觉传递广告信息的一种广告类别，因此，平面广告必须以视觉传达取胜。随着现代广告媒体的多元化和制作技术的不断发展，平面广告的创意、构思和制作水平也越来越高，计算机技术的发展，更为平面广告的策划、创意与设计注入了新的活力。在平面广告的类型中大致包括报纸、杂志、招贴画等。根据类别的不同，设计制作的方式、方法、效果、难度、成本都是不一样的。当前，在平面广告制作过程中，大家的感觉，计算机设计是必不可少的前提。但在实际应用中，计算机设计并不能担当整个平面广告设计制作的基础，往往由计算机设计出来的东西，会误导甚至破坏最终的广告效果。因此，计算机在广告中的作用仅仅是一个好的工具，一个参照，更多的时候应该发挥参与广告所有人（包括广告客户）的主观能动性和个性化的创造力。广告设计分为以下几个步骤：

（1）设计——沟通、创意、草图（比例不同的构图给人的视觉感受是不同的，例如1:1.618的比例使画面看上去要显得文雅高尚、文案字体选择和色彩运用）、计算机初稿。

（2）规划——发布角度、合理选材、创新处理、计算机出稿。

（3）制作——安排工期、严格施工。

（4）调整——整体校对、工艺交流、效果协调、追求完美。

（5）验收——整体验收、客户确认、善后处理。根据以上业务流程最终定稿交付广告主测评。

---

**课堂讨论**

1. 平面广告画面的图形要素有哪几种？有何作用？
2. 中文的4种基本印刷字体是什么？
3. 讨论平面广告版面编排设计的基本形式。有何体会？
4. 广播广告的制作流程是什么？在制作中有哪些需要考虑和注意的问题？
5. 电视广告制作的技巧你认为还有哪些方面？
6. 网络广告是否就是考评点击率？网络广告形式有哪些？

## 知识巩固练习

### 一、选择题

1. 在视觉广告中，不同构图比例会产生不同的感觉，看上去显得文雅、高尚的构图比例是（　　）。
   A．1:1.618　　　B．3:4　　　C．2:1　　　D．2:2
2. 视觉广告的主要要素有文字、图形和（　　）
   A．画面　　　B．色彩　　　C．标题　　　D．插画

### 二、简答题

1. 试简要分析四大媒体广告的制作程序。
2. 四大媒体广告制作上的技巧有何区别？
3. 报纸广告的版面设计有什么要求？

## 实训操作

**案例：森都电视广告脚本创意**

电视宣传片长度：2～3分钟。（统计为160秒）

宣传片制作方式：产品内容实景拍摄+资料片+三维效果制作+后期数字剪辑合成。

1. 电视广告创意思路

本次广告主题：森都现代城，就是我的生活选择。通过美好的电视画面表现（包括小区内的喷泉、罗马柱景观及西乐现场表演的画面到最后色调统一指示标识的显现等），彰显出了一种都市与大自然结合的生活细节，同时还通过楼群建筑格局的显示以及太阳能、地暖热气等表现手法演绎出了森都现代城建筑群与其他小区的不同之处。在本次产品推广宣传中，除了项目封顶主体之外，再就是新业主看房也是本次活动的一个主要元素。

影片创作基调：从片子开始属于软调——过渡自然、柔和、温馨、怀念，随后是显示建筑结构框架介绍和建筑材料电视画面具有视觉冲击力。

影片背景音乐：根据影片创作主题的要求，片子背景音乐最初启动选择节奏比较舒缓的音乐，根据镜头画面的前进到介绍项目产品功能时可以剪接节奏感较强的音乐作为背景，依此做到视觉与听觉相统一的感受。

媒体发布方式：隆尧电视台、售楼大厅的投影仪播放。

受众群体：已办理购房手续的客户及潜购买群体。

2. 电视分镜头脚本

电视镜头号、画面创意、时间、片中解说词、背景音乐、字幕。

镜头之一　咖啡与红酒轻轻的碰击，引出字幕。5秒，比较舒缓的音乐——回家。

镜头之二　黄昏。城市繁茂中心，在略显繁杂拥挤的车流人海中，一辆白色小车驶出，靓丽尊崇，车辆行人似纷纷为他让道。（三维）画面凝固，图像渐变为单一蓝色，15秒。

如今的都市人，每天除了一阵阵的忙碌之外，寻找一种寂静的理想生活空间几乎成了一种奢侈。效果声音，键盘打字的声音。

除了优美的背景音乐之外再就是对本片配音（浑厚的男生，声音要求较有亲和力的音质）的字幕：这是公元2008年某一天的傍晚，18:00整，繁忙的一天终于结束了！

镜头之三　坐在老板桌前的一位大都市白领用那疲劳而深邃的眼神往窗外的远处眺望。而后他从左往右寻找，最后落在远处的目标处（森都现代城楼群的小高层）。

随着眼前一亮，他找到自己多年梦寐以求的居所地。（中景特写）15秒。

啊，我终于找到了，那就是森都现代城！随之背景音乐从缓和向节奏感强转换了。

镜头之四　北环路与柴荣大街交叉处出现了一座庞大的建筑楼群（镜头由近向远景推，特写镜头）10秒，地处古城隆尧新城市发展中心区域的森都现代城，是河北祥银地产公司继森都花园之后的又一个商住为一体大型高档花园生活社区。背景音乐要具有迷人音符（如回家）。

镜头之五　随后是森都现代城中央景浏览，喷泉、罗马柱的走廊内，几个手拿小提琴年轻人正在陶醉地拉着优美动听的曲子或一群画画的孩子在专心致志画着水彩画。15秒，常说水为万物之母，更有水主财运的风水传说，所以他们欣然地选择了森都现代城。

镜头之六　几片树叶落在了广场的草坪上，与此同时一辆高级轿车从外往里缓缓驶入，正在站岗的保安敬礼后并打开栏杆放入。随着楼厅乘电梯的打开，更见证了森都现代城人文关怀。厨房、客厅、内梯、餐厅、卧室、阳台室内图像（三维制作）。

阔大的厨房，是制造亲情的工厂。

采光通透的卧室是温馨生活的港湾。

客厅与餐厅合在一体，使得空间更加宽敞、明亮。

站在全板式高层公寓的超大落地阳台上，品味一揽众山小、一瞰众楼低的王者风度，迎接阳光温薰的造访和空气生命的流动。

公园的湖景同整个小区的夜景更是让人迷醉，脱离低层空间稠密混浊空气的欢喜，感受心灵逸出尘世的飞翔。

25秒，走进森都现代城就有家的感觉，不仅广场景观好，而且美丽的草坪更是让业主感受到了大自然的美。

这就是一种"享受"！

（脚本来自：中国广告媒体网）

**【实训目标】** 有延续性地另创作一则电视广告。

**【实训组织】** 学生分组讨论，拟定合适的广告设计与制作方案。

**【实训提示】** 分析这则电视广告作品的特色，根据这则电视广告创意的主题进行再创作。

**【实训成果】** 各组拟定一份广告设计与制作计划，展示说明，教师讲评。

# 项目十　广告效果测评

> **情境引入**
>
> ××口香糖企业为其领导品牌推出新的广告。广告公司为之准备了3个不同的创意，每一个创意都已准备了初稿。初稿是动画形式的电视广告，画面是手绘的，有配音及音乐。广告主希望从中选择一个最有潜力的广告进行拍摄。
>
> 如果广告主要你帮他选择，你会怎么做？

建议你先学习下列任务：
1. 了解广告效果。
2. 广告效果测评的意义和原则。
3. 广告效果测评的方法。

## 任务一　了解广告效果

### 一、广告效果的含义

任何一项广告活动，都需要一定的物力、财力和人力的投入，并希望得到"产出"。这个"产出"，就是既定的广告目标。而广告目标的实现，是由广告作品通过广告传播媒体，在与广告受众进行信息沟通的过程中完成的。广告作品被广告受众接触，就会产生各种各样的直接的或间接的影响，带来相应的变化。这种影响和变化，就是广告效果。由于广告主开展广告活动的目的各不相同，他们希望得到的广告效果也会有所不同，但要求通过广告活动能够获取效益的愿望是一样的。

这里有一个问题的讨论需要深入，这就是广告究竟有没有用？有什么用？广告主企业花费那么多投入，所得到的回报是什么？这几乎是广告活动产生后就令人关注的一个焦点，也是只有通过广告效果的测评才能回答的问题。某一个产品需要进入一个新市场，广告能否有助于扩大、加强这一品牌的认知？某一企业有商品积压，广告能否帮助推销？企业需要树立形象、建立品牌，广告在这方面的支持、帮助有多大？所有这些都与广告效果有关。可以说，广告活动的核心与终端就是广告效果。

总体上来看，广告效果有狭义和广义之分。狭义的广告效果是指广告所获得的经济效益，即广告传播促进产品销售的增加程度，也就是广告带来的销售效果。广义的广告效果是指广告活动目的的实现程度，广告信息在传播过程中所引起的直接或间接的变化的总和，包括广告的经济效益、心理效益和社会效益等。

用一句话来表述，广告效果就是广告给消费者所带来的各种影响。

## 二、广告效果的类别

作为一种信息传播活动，广告所产生的影响和变化（效果）是广泛的、多种多样的，从不同的角度可以把广告效果分成很多种类。对广告效果进行分类，有助于对广告效果有更为深入的认识，便于根据不同类型的广告效果，采取不同的测定方法，以取得较为理想的测定结果。同时，也为广告战略策略的制定实施提供参考与依据。

### （一）按涵盖内容和影响范围分类

按涵盖内容和影响范围，广告效果可分为销售效果、传播（心理）效果和社会效果，这也是最常见的划分方法。

**1. 广告的销售效果**

其也称为经济效果，是指广告活动促进产品或者劳务的销售，增加企业利润的程度。广告主委托有关的广告代理公司运用相关传播媒体，把产品、劳务及观念等信息向目标消费者传达，其根本目的就是刺激消费者采取行动。购买广告商品或劳务，以使销售扩大，利润增加。广告的经济效果是企业广告活动最基本、最重要的效果，也是测评广告效果的主要内容。

**2. 广告的传播效果**

其也称为广告本身效果或心理效果，是指广告传播活动在消费者心理上的反应程度，表现为对消费者在企业、品牌等信息的认知、态度和行为等方面的影响。广告活动能够激发消费者的心理需要和动机，培养消费者对某些品牌的信任和好感，树立良好形象。广告的心理效果是一种内在的并能够产生长远影响的效果，是一个潜移默化的过程，主要由广告自身产生。

**3. 广告的社会效果**

它是指广告在社会道德、文化教育等方面的影响和作用。商业广告传播商品知识，影响人们的消费观念，但在其传播过程中，必然蕴含着社会价值和文化价值，会被作为一种文化而流行推广，会对人们某种社会意识的产生建立起到培育、加强或削弱的作用。非商业广告如公益广告、政治广告等，则直接对人们的道德情操、精神文明产生影响。广告的特性之一，就是通过重复、累积来发挥作用的，因此也就使广告无处不在、无时不在，在要人们"入眼"、"入脑"的同时，伴随着社会效果的发生。广告对社会所产生的效果是深远的，需要重视和引导。

### （二）按广告效果的时间关系分类

从时间关系上看，一项广告活动展开后所产生影响和变化会有多种情况。

**1. 即时效果**

广告发布后，很快就能产生效果。如商场里的POP广告，会促使顾客立即采取购买行动。直接广告可能会使目标消费者在很短时间内作出反应。

**2. 近期效果**

广告发布后在较短的时间内产生效果。通常是在一个月、一个季度最多一年内，广告商品（劳务）的销售额有了较大幅度的增长，品牌知名度、理解度等有了一定的提高等。近期效果是衡量一则广告活动是否取得成功的重要指标。大部分广告活动都追求这种近期效果。

**3. 心理变化效果**

消费者通过对广告的接触和认知，对商品或劳务产生好感以及消费欲望的变化程度，一般经过知晓—理解—信赖等阶段，最后形成购买行动。这些态度变化是消费者欲采取购买行动的酝酿和准备。因此，测评消费者的心理变化过程中的各项指标如知晓率、理解率、喜爱度、购买欲望率等，备受关注。消费者接触广告时所产生的心理变化，往往只能通过调查、实验室测试等方法间接得到。

4. 促进购买效果

它指消费者购买商品，或响应广告的诉求所采取的有关行为。这是一种外在的、可以把握的广告效果。一般可以采取"事前事后测评法"得到有关的数据。但是消费者采取购买行动，可能有多种因素，对这类效果的评价分析，也要注意广告之外其他因素的影响。

（三）广告效果的特性

广告活动涉及各方面的关系，广告信息的传播能否成功，受到各种因素的影响，由此导致广告效果具有与其他活动所不同的一些特性，主要表现在5个方面。

1. 时间推移性

广告对消费者的影响程度受到各种因素的制约，包括时间、地点、经济、政治、文化等方面的条件。同时，广告大多是转瞬即逝的，因而消费者在接触广告信息时会有各种各样的反应，有的对广告所传递的信息可能立即接受并产生相应的购买行为，但是，大多数人接触广告后并不会马上去购买，而需要购买某类商品时，对广告商品可能已忘置脑后了。从总的趋势看，随着时间的推移，广告效果在逐渐减弱，这就是广告效果的推移性。时间推移性使广告效果的表现不够明显。了解这一特点，有助于认清广告效果可能是即时的，更多的是延缓的，具有弛豫性。在进行广告效果测定时，不要仅仅从短期内所产生的广告效果去判断。

2. 效果累积性

广告信息被消费者接触，形成刺激和反应，最后产生效果，实际上有一个积累的过程。这种积累，一是时间接触的累加，通过持续不断的一段时间的多次刺激，才可能产生影响、出现反应。二是媒体接触的累加，通过多种媒体对同一广告的反复宣传，不断加深印象，产生效应。消费者可能在第6次接触某则广告后有了购买行动，而这实际上是前5次接触广告的累积。或者阅读了报纸广告后又收看了电视广告，结果对这则广告有了较好的印象，这应是两种媒体复合积累起来的效果。制定广告战略，应该根据广告效果的这一特性，防止急功近利，急于求成。应从企业发展的未来着眼，有效地进行媒体组合，恰当地确定广告发布的日程，争取广告的长期效果。当然，广告累积到什么程度会产生效果，有一个"阈"的问题，涉及广告留用的边际效用，这需要从另一角度去探讨。

3. 间接效果性

消费者在接受某些广告信息后，有的采取了购买行动，在使用或消费了某种商品（服务）后，感觉比较满意，往往会向身边或亲近的人推荐，激发他人的购买欲望；有的虽然没有去购买，但被广告所打动，劝说亲朋好友采取购买行动。这就是由广告引起的连锁反应，产生了连续购买的效果。广告所具有的这种间接效果性，要求广告策划时注意诉求对象在购买行为中扮演的不同角色，有针对性地展开信息传递，扩大广告的间接效果。

4. 效果复合性

由于广告效果受到各种因素的制约和影响，由此往往呈现出复合的现象。从内容上说，广告不仅会产生经济效益，促进销售，还会产生心理效果，对社会文化等发挥作用，需要综合的、统筹的评价。从传播方式说，广告是进行信息沟通的一种有效手段，但在企业整合传播所产生的营销效果中，不过是一个方面，还要看其他传播方式相互配合的复合效果，与公共关系活动等联系起来评价。从广告自身效果来看，产品生命周期不同，市场条件不同，广告所产生的效果也不一样。产品进入成长期，市场需求旺盛，广告促进销售、增加销售量的作用可能比较明显；而在市场不景气、产品处于衰退期时，广告虽然没有刺激销售量增长，但延缓了商品销售量的下降。因而，也不能简单地从是否提高销售量来测定广告效果。

5. 竞争性

广告是市场竞争的产物，也是竞争的手段，因此，广告效果也有强烈的竞争性。广告的竞争性强、影响力大，就能加深广告商品和企业在消费者心目中的印象，树立形象，争取到消费者，扩大市场份额。仅仅把广告作为一种信息传递，没有竞争意识是不够的。而从另一方面来看，由于广告的激烈竞争，同类产品的广告大战，可能会带动跟进，也会使广告效果相互抵消。因而，也要多方面地考虑判断某一广告的竞争力大。

认识了解广告效果的这几个特性，可以帮助我们更加准确地制定广告战略和策略，以争取理想的广告效果；也使我们能够更加科学、合理地测评广告效果，保证广告活动持续有效地开展。

## 任务二　广告效果测评意义和原则

### 一、广告效果测评的意义

所谓广告效果测评，是指测定广告目标经过广告活动之后所实现的程度，简而言之就是对广告活动的效益作总体或阶段性的评估。

广告策划完成以后，要按照计划进行广告设计制作和发布，针对广告目标，广告活动客观上存在一定的实现程度，对此需要加以评估和总结。广告活动过程无论是完结或出于某种原因没有进行到底，都存在相应的结果。这一结果包括两方面的含义：一是针对行为目标完成情况，体现行为水平的实际效果；二是由行为过程和效果所带来的连动效应。有时从实际效果看并不理想，但后续影响作用往往超出事物本身的范围，出现新的效应。

随着市场经济的发展，市场竞争日趋激烈，企业投入的广告费用也越来越大。但是，企业花巨资所作的广告是否达到了预期的效果？钱有没有白白扔掉？广告媒体的选择是否恰当？广告创意是否成功？可以说广告效果测定问题越来越引起人们的重视，在整个广告活动中的地位也显得日趋重要。

广告效果测评，从世界范围的广告发展来看，20世纪50年代以前，人们往往凭经验直觉和主观判断测评和评估广告效果。20世纪50、60年代，世界广告业发生了一个重大变化，即一些研究人员从广告公司、媒体单位和广告主企业中脱离出来，组成独立的广告研究所，专门从事对广告效果的研究和测定工作，从而将广告业的发展推进到一个新的历史阶段。另一方面，随着市场竞争的加剧，广告投入的大幅度增加和广告业务的丰富和拓展，以科学的方法和手段进行广告效果的评估也越来越成为广告主企业和广告公司所关注的问题。这些都说明了广告效果的评估工作对于广告主企业的营销活动、广告单位的经营发展和广告水平的不断提高，都有着极为重要的意义和作用。

具体而言，进行广告效果测定具有以下重要意义：

1. 有利于增强企业的广告意识、提高广告信心

一般而言，广告主企业对广告的效用是有一定认识的，但对广告的效果究竟有多大、是否合算，却没有多大把握。这些问题会影响广告主企业的信心，也影响对广告费用预算的确定。对广告效果进行正确的评价测定，一方面摒弃了单凭经验、感官主观地判断效果大小的做法，使企业广告活动规范化、严密化、精细化，做到胸中有数，科学决策；另一方面通过翔实的数据资料，具体说明广告的效力，使企业确实感受到广告所带来的效益，从而增强企业的广告意识，提高运用广告传播手段促进企业发展的信心。

2. 有利于加强广告目标管理

广告活动是企业最终争取一定经济效益的传播活动，有大量经济投入，必然希望获得理想的产出。要实现既定的目标，就要加强管理。通过对广告活动的各个过程、每个阶段的实际效果进行评估，与广告策划方案中的目标进行对照比较，衡量其实现的程度，全面而准确地掌握广告活动的现状，以及时发现问题，总结经验，控制和调整广告活动的发展方向，确保广告活动始终按照预定的目标运行。

3. 有利于提高广告投资的经济效益

对于广告主来说，广告效果测定有利于检测广告决策的正确性，改进、调整和完善其广告战略和策略，以获得良好的广告效果。企业的任何投资行为都讲求投入产出比，广告投入也不例外。通过广告效果测定，广告主企业可以了解通过广告活动到底给企业营销带来了多大的积极影响，如销售额的上升、消费者心理变化等，并通过与广告目标进行对比，了解广告活动的目标达成度，以及给企业带来的利益，以利于企业合理安排和控制广告预算，不断提高其广告投资的经济效益。

4. 有利于制定更加有效的广告策略

通过广告效果的测评，广告主企业可以检查和验证广告目标是否正确，广告媒体的运用是否合适，广告发布的时间和频率是否得当，广告主题是否突出，广告创意是否新颖独特等，这种评估为实现广告效益提供了可靠的保证。

广告主和广告人通过广告效果测评，可以及时发现广告活动中的成功之处和存在问题，总结经验教训，不断对广告设计与制作进行改进，并随着环境的变化，随时调整广告策略，使广告活动沿着正确的轨道进行。例如，广告效果的事前评估可以判断广告活动各个环节的优劣，以便扬长避短，修正不足，从而避免广告活动的失误，使广告活动获得更大的效率。广告效果的事后评估，还可以总结经验，吸取教训，为提高广告水平提供借鉴。同时，广告效果的评估还可以为广告活动提供约束机制，监督并推动广告质量的提高。

5. 有利于促进整个广告产业的发展和繁荣

广告效果的测定，是运用科学的方法和现代科技手段对广告活动进行定性和定量分析，以判定广告的传播效果和销售效果，其涉及的知识包括统计学、心理学、传播学、社会学、计算机知识等多方面的内容。广告效果测定有利于广告公司提高业务素质、监控能力和经营效益，可以促进广告策划、创意、设计和实施水平不断提高，从而使广告业朝着更加科学化、规范化、系统化的方向发展，促进整个广告业的繁荣发展。

## 二、广告效果测评的原则

测定广告效果是完整的广告活动过程中必不可少的重要内容，是检验广告活动成败的重

要手段。但由于影响广告效果的因素较多，使广告效果测定存在很大难度。为了科学、准确地测定广告效果，在测定过程中应遵循以下 6 条原则：

1. 综合性原则

影响广告效果的因素是复杂多样的，具体广告测评中的不可控因素也是复杂多变的，因此不管是测定广告的经济效益、社会效益还是心理效益，都要综合考虑各种相关因素的影响。即使是测定某一具体广告的效果，也要考虑广告表现的复合性能、媒体组合的综合性能以及时间、地域等条件的影响，才能准确地测知广告的真正效果。从全面提高广告效益而言，广告效果的测定也应该是对广告的经济效益、社会效益和心理效益的综合测定。

2. 目标性原则

因为广告效果具有迟效性、复合性、间接性等特点，因此对广告效果的测定就必须有明确具体的目标。比如广告的目的是推出一项新产品，那么广告效果测定就应针对广告的新闻价值和刺激性；广告的目的是争取更多的消费者，广告效果测定应着重在测定尚未使用这类产品的消费者的态度的改变；广告的目的是促进销售额的增长，广告效果测定的重点就应放在销售额的增长幅度。只有确定具体而明确的广告效果测定目标，才能选定科学的测定方法和步骤，达到预期目标。

3. 真实性原则

广告效果的测评结果只有真实可靠，才能达到预期目的，起到提高经济效益的作用。在广告效果测评中，样本的选取一定要有典型性、代表性，对样本的选取数量，也要根据测定的要求尽量选取较大的样本；对于测试的条件、因素要严加控制，标准必须一致；测试要多次进行，反复验证，才能获取可靠的检测结果。

4. 客观性原则

影响广告效果测评的各种因素，时时刻刻都处在不断的运动和变化之中，它们相互影响、相互关联又相互制约，形成一个复杂的有机体。因此对广告效果测评切忌主观片面，不能凭以往的经验和偏见来处理现时复杂的问题，必须以客观的、冷静的头脑对现时复杂的广告活动进行综合性的科学分析。

5. 效益性原则

广告效果测评，是广告运营活动的重要环节，是提高广告效益的有力手段，因此对广告效果测评本身也要讲求经济效益。广告效果测评工作要有计划、有步骤地进行，要根据测评目的的要求、经费的多少、测评人员的技术水平和测定对象等具体情况，选取最经济有效的测定方法，才能达到预期的测评效果。

6. 经常性原则

因为广告效果在时间上有迟效性，在形式上有复合性，在效果上有间接性等特点，因此对广告效果的测评，就不能有临时性观点。具体说，某一时间和地点的广告效果，并不一定就是此时此地该广告的真实效果，它还包括前期广告的延续效果和其他营销活动的效果等。因此必须掌握前期广告活动和其他营销活动及其效果的全部资料，才能准确测评现实广告的真正效果。同时，广告效果测定的历史资料，含有大量的经验和教训，对现时的广告效果测评具有很大的参考价值。而且，长期的广告效果测评，只有在经常性的短期广告效果测定的基础上才能有效进行。

# 任务三　广告效果测评的方法

## 一、广告本身效果测评方法

广告本身效果的测评又叫接触效果测评，是指以消费者接触广告作品后所引起的各种心理效应大小作为标准来判断效果的方法。主要项目有注意度、知名度、理解度、记忆度、购买动机、视听率等。广告本身效果测评的好处是，能单独判断广告的效果而不受其他客观因素的影响，能比较科学地反映广告作品和广告媒体的宣传力量，是测定广告目的达到何种程度的最佳手段。

广告本身效果的测评可分为事前测评和事后测评两种。事前测评是在广告未正式传播之前的预测。目的是为了搜集各种反应，以修正广告作品。事后测评是以广告播出的实地消费者为对象所搜集的心理反应，进行总结性的测评广告本身效果。

广告本身效果测评的方法很多，现就其中几种主要方法做一介绍。

（1）判定法。又叫价值序列法，它属于事前测评法的一种。它主要是指在广告公司或广告主拟订出几则广告后，征求消费者的意见，并根据消费者的意见排列出名次、顺序，从而选用排在第一位的广告作品。这种方法的特点是成本低廉，可以搜集大量第一手资料；不足之处是较难获取准确信息，同时调查结果也易流于一般化，缺少独到见解。

（2）评分法。这是一种事前、事后两个阶段都可使用的测定方法。它是指将广告的各要素列表，并请消费者对各要素逐项评分，得分最高，说明广告效果最好。这种方法首先设计一个广告要点评分表，再请消费者打分。

（3）函询法。这种方法主要是在广告中说明可以函索详细说明书和小件样品，以回函人数来估算广告的收读人数。收读人数越多，说明广告效果越好。函询法一般要给回函者一定报酬，以鼓励积极回函反馈信息。

（4）专家意见综合法。该方法是广告文案设计完成之后，安排有关广告、消费心理研究、营销等方面专家，多方面、多层次地对广告方案及媒体组合方式将会产生的效果作出预测，然后综合所有专家的意见，作为预测效果的基础。这是一种比较简便的方法，但应注意所邀请的专家能代表不同的创意趋势，以确保所提供意见的全面性和权威性。

（5）配对法。这也是事前测评法其中的一种，指提供两则广告作品，依照判定法的做法，由消费者评选出其中一则。评定时应包括标题、正文、插图、标语、布局等广告作品的全部内容。

（6）仪器法。仪器法就是指利用视向器、按钮仪、电位器、视听器等多种机械仪器来测定广告本身的效果。视向器可以测定文字的易读性、引人注目程度、观看程序等。按钮仪可以判断广告节目受欢迎的程度。电位器可以测定人们观看广告时的情感反应。视向器可以记录人们是否收看广告。

（7）访查法。这是一种直接派员调查消费者对广告有什么反应的方法。其中包括3种具体的方法。第一种，电话法，即通过电话询问消费者反应的方法。第二种，日记法，即向消费看发放调查问卷并请消费者记录视听情况的方法。第三种，访问法，即直接派员上门访问。

（8）访查衡态法。这是一种测试消费者对广告态度的方法。在具体应用中又可分为3种方法。一是差别法，即用鉴定广告画面刺激大小与受测试者表情是否同步变化，来检验消费者对广告画面的印象是否符合作者的意图。二是三性法，即用妥善性、独特性和可信性这三性来评定广告的哪一则主题最稳妥。三是改变法，即测试消费者对广告观感前后的态度变化程度，以此来鉴定广告对消费者的影响程度。

（9）投射法。这种方法是用引导的手段，诱使调查对象在看了广告资料后，自由发表意见。投射法具体包括两种形式，一是自由联想法，二是语句完成法。

## 二、广告社会效果测评的方法

测评广告社会效果，主要采用两种方法：事前测评和事后测评。

1. 事前测评

一般在广告发布之前进行。主要是邀请有关专家学者、消费者代表（意见领袖）等，从有关法规、道德、文化等方面，对即将推出的广告可能产生的社会影响做出预测评析，包括广告的诉求内容、表现手法、表达方式、语言、音响等，综合有关意见和建议，发现问题，及时修订改正。

2. 事后测评

在广告发布之后进行。可采用口函、访问、问卷调查等方法，把广大消费者的意见反响及时收集整理，分析研究社会公众对广告的态度、看法等，据以了解广告的社会影响程度，为进一步的广告活动决策提供参考意见。

对广告的社会效果进行测评，也是关乎企业和产品形象，在社会和消费者中确立何种印象、认识等的大事，应予以重视，绝不可认为是多此一举而轻视放松。

## 三、广告销售效果测评的方法

1. 统计法

统计法是运用有关统计原理和运算方法，计算广告费用与商品销售额的比率，以测定广告的销售效果。具体包括3种方法。

（1）广告费用比率法。这是指一定时期内广告费在商品销售额中所占的比率。其计算公式：广告费比率＝广告费用/销售额×100%。广告费比率越低，表明广告销售效果越大。

（2）广告效益法。它又包括两种计算方法：

广告效益＝销售增加额/广告费增加额×100%。它表现的是一定时期内增加单位广告费所带来的销售额的增加量。

广告效益＝（本期销售额－基期销售额）/本期广告费用额×100%。它表现的是本期广告投资引起销售额的增减变化情况。

（3）广告效果比率法。其计算公式为：

广告效果比率＝销售额（量）增长率/广告费增长率×100%。这个指标也可称为广告增销率，广告费增长率越低或看销售额增长率越高，则广告效果越大；反之，则越小。

2. 实验法

它是通过有计划地进行实地的广告实验，考察广告效果的方法，因而又称为现实销售效果测定。实验法一般是在进行大规模广告运动之前，通过确立具备进行对比观察条件的实验组与对照组，运用不同实验手段测定和比较销售状况的变化，从而决定广告费投入规模、媒介选择或文本选优的一种广告效果测定方法。

3. 区域比较法

区域比较法是选择两个条件类似的地区，一个地区安排广告，另一个地区不安排广告，通过比较两个地区销售额的变化来检测广告销售效果的方法。

4. 费用比较法

它是通过对不同市场安排不同的广告投资，以测定不同市场的销售差异，从而确定销售效果与广告费之间关系的一种方法。测定目的是确定广告费的投入规模。

费用比较法的典型操作方法是：首先选定几个市场条件相近的地区，安排发布同一个广告；但不同地区安排的广告费投入不同，如试验地区有 3 个，一区按标准投资，二区按高出标准 20% 的规模投资，三区按低于标准 20% 的规模投资；最后比较 3 个地区在不同广告投入规模下广告销售效果的差异，以确定最佳的广告费投入规模。

5. 分割接触法

分割接触法是指在同一期报纸或杂志销往两个地区时，用机械印刷办法使同一期报纸或杂志的半数刊上 A 广告，另一半刊上 B 广告，而且，A 广告发往 A 市，B 广告发往 B 市，然后测定广告销售效果的方法。

6. 媒体组合法

媒体组合法是指通过选定几个条件类似的地区，在不同地区安排不同媒体组合的广告，以测定广告销售效果的方法。测定目的是对媒体组合方案选优。

运用媒体组合法测定销售效果时，如果各地区不同媒体组合广告花费相差悬殊，那么在分析销售增长情况后，还必须借助广告销售效果的统计测定法，进一步计算并比较不同地区不同媒体组合的广告效益，然后对广告媒体组合进行选优并确定最佳规模的广告费投入。

分割接触法的目的是通过测定广告在两地的销售效果，对 A 和 B 两个广告文体进行选优。使用该方法应特别注意一点，就是 A、B 两市的销售效果一定要有可比性；否则，所得结论也不可信。

7. 销售反应法

销售反应法是指通过分派调查人员到各实际销售点，直接同购买者交谈，了解其购买原因，最后统计出在广告直接影响下采取购买行为的消费者的数量。这种方法可以为分析广告直接影响效果的比率提供第一手材料，但是这种方法费时费力，覆盖面窄。

8. 促销法

促销法是指首先选定两个地区，其中一个地区只发布广告而停止其他任何促销活动，另一个地区则既发布广告又进行促销活动，然后通过比较两地区销售量的变化来测定广告的销售效果的一种方法。

促销法可用于测定广告在整个促销组合中的销售效果，也可以用于测定不同促销组合的销售效果。运用促销法时同样要注意的一点是，两地区销售效果必须有可比性而且市场条件相近。

9. 市场占有率法

这是一种间接方法，广告效果本身特性有竞争性这一条，因而对广告销售效果的评价，可以用市场占有率的提高与降低幅度来衡量。

市场占有率＝本企业产品销售额（量）/ N 行业同类产品的销售总额（量）×100%

以调查的总人数所得的值,称为广告效果指数(Advertising Effectiveness Index,AEI)。广告销售效果系数法与广告效果指数法的区别在于不再除以被调查的总人数,而是除以总购买的人数,因而所得的值就表明广告对购买人群的作用。

> **情境提示**
>
> 在广州和北京同时进行测评,采取街头访问的方法。在每一个城市访问300位被访者(3个广告,每个广告各有100个被访者)。对于每个广告,事先邀请该品牌的经常使用者到市区内指定的地点。访问分以下几个步骤进行:首先是了解被访者近期对不同品牌口香糖的购买情况及购买意向,请被访者连续观看每一个广告3次;然后请被访者回忆,评价这个广告;最后询问被访者观看广告后对不同品牌的口香糖的购买意向。
>
> 测评结果:通过测评发现其中一个版本所引发的受众购买意向明显高于其他两个版本,所以推荐使用该版本继续发展。测评更准确地了解到该版本中哪些要素吸引了受众的注意,哪些要素推动了受众的购买意愿,为接下来的广告制作提供了清晰的指引。

## 课堂讨论

1. 广告效果测定的内涵是什么?作用有哪些?
2. 广告效果如何分类?具体有哪些?
3. 广告效果有哪些方面的特征?
4. 广告效果测定有哪几个层次?分别是什么?各个层次之间的关系是什么?
5. 对广告心理效果和行为影响效果测定的难点在哪里?
6. 广告效果测定的程序有哪些?各个阶段的工作重点是什么?如何才能保证广告效果测定结果的有效性?
7. 广告效果测定的方法有哪些?

## 知识巩固练习

一、选择题

1. 从广告的影响范围来看,广告效果分为(　　)。
   A. 传播效果和销售效果
   B. 经济效果和社会效果
   C. 经济效果和心理效果
2. 广告传播效果的最低程度是(　　)。
   A. 理解
   B. 认知
   C. 购买欲望和行为倾向
3. 广告效果测评的指标是(　　)。
   A. 传播指标和销售指标

B．心理指标和销售指标
　　C．经济指标和社会指标
4．广告事前测评的方法包括（　　）。
　　A．判定法　　　　　　　　　　B．专家小组评定法
　　C．回函法　　　　　　　　　　D．机械法

## 二、简答题

1．简述广告效果的内涵。
2．简述广告效果的特点。
3．简述广告效果测评的方法。

## 实训操作

**案例：动感地带广告效果测评**

"动感地带（MZone）"是国内第一个以 15~25 岁年轻群体为目标客户的移动通信业务品牌，是中国移动提升市场竞争层次、开发业务品牌营销的重要举措。该举措在移动通信市场引起普遍关注，并受到学生和年轻白领的认同。

"动感地带"以"我的地盘，听我的！"广告语明确地表达了业务个性色彩，并以多种优惠的资费套餐和个性化的自助服务成为移动市场的亮点。本报告主要针对动感地带推出一系列广告，评估其广告效果，洞察其广告在大学校园中的影响，了解顾客的需求与期望，检验移动投放的广告是否符合顾客需求、期望，从而更好地为下一步的广告提供参考，为公司制定切实有效的广告投放战略，提高广告传播的效果，提供客观有效的建议。

一、测评背景及目的

"动感地带"（MZone）是中国移动通信公司继全球通、神州行之后推出的第三大移动通信品牌，2003 年 3 月正式推出。它定位在"新奇"之上，"时尚、好玩、探索"是其主要的品牌属性。"动感地带"不仅资费灵活，同时还提供多种创新性的个性化服务，给用户带来前所未有的移动通信生活。"动感地带"这一全新的客户品牌采用新颖的短信包月形式，同时还提供多种时尚、好玩的定制服务。它以 SIM 卡为载体，可以容纳更多的时尚娱乐功能。动感地带将为年轻一族创造一种崭新的、即时的、方便的、快乐的生活方式。它为年轻人营造了一个个性化、充满创新和趣味性的家园。它代表一种新的流行文化，用不断更新变化的信息服务和更加灵活多变的沟通方式来演绎移动通信领域的"新文化运动"。

二、测评内容

动感地带的广告传播效果、广告销售效果、广告的社会效果，其中还有传媒的宣传效果。

三、测评结果与分析

1．广告传播效果

广告传播效果是指广告发布后对目标受众所产生的心理反应。下面将从这些方面针对调研情况逐个进行分析。

（1）到达度。在测量到达度时主要分为 4 类媒体，即网络、电视、报纸杂志、逛街购物

（主要指户外媒体）。从数据分析中发现，网络媒体在高校校园中的到达度是最高的，达到了98%，接下来是户外广告，达到了88%，报纸杂志是65%，最低到达度的是电视媒体，仅为31%。经过调查发现，在高校宿舍中的电视拥有率很低，因此影响了电视的到达度，这大大区别于居民生活中电视强势媒体的地位。

（2）注意率。调查结果显示，有82%的调查对象接触过动感地带的广告和宣传，仅有18%的人没看过类似的广告宣传。可见，在高校中动感地带的广告还是具有较大的覆盖规模，基本上涵盖了大部分的目标受众，达到了较好的宣传效果。

（3）记忆率。调研结果显示，调查中有69%的人记得动感地带广告的形象代言人——周杰伦的名字，其中有86%的人表示对周杰伦印象深刻；另外有85%的人能够准确记住至少一个动感地带的广告词，比如"我的地盘，听我的"。这样经过累积的广告记忆率高达89%，这说明动感地带的广告推广是十分成功的，至少在高校来说是这样。

（4）理解度。在理解度方面，有54%的人能准确理解动感地带广告的含义，完全领会其意图。12%的人只能对广告的内涵作出片面的解释；剩下的34%则对广告十分含糊，不能领会其意。这从侧面说明了动感地带的广告在深入推广方面还有待挖掘，在广告设计方面继续改进，使更多的大学生能够体会广告的含义。

（5）喜爱程度。调查结果显示，有83%的人由于种种原因表示喜爱动感地带的广告，只有16%的人不喜欢，其余1%的人则没有作出表态。在喜欢动感地带广告的人群中，94%表示喜欢广告的风格，90%喜欢它的形象代言人，认为周杰伦充分表现了年轻人个性化的一面，也有69%喜欢它的广告词。不喜欢动感地带广告的人群中96%的人认为其广告过于张扬。

2. 广告促销效果

广告促销效果是指广告发布后对产品销售额和利润额的增减的影响度。其测度有很多方法，本文主要是采用广告效果指数法。

计算得出广告效果指数$(AEI)=[a-(a+c)\times b/(b+d)]/N\times 100\%=6.93\%$

其广告促销效果还是比较明显的。

3. 广告社会效果

广告的社会效果是指广告信息传播后，对受众产生的社会影响，包括法律规范、伦理道德、文化艺术等方面。在日常生活中，动感地带广告对社会受众所产生的影响是随处可见的，由于动感地带的广告强调个性化，突出一种张扬的性格，从某种程度上迎合了年轻的大学生消费群体，因此可能导致某些受众去模仿广告行为，如模仿形象代言人的动作及把动感地带的广告语当作口头禅的行为。

（案例来源：林昌华. 动感地带广告效果调研报告. 市场研究，2007（4）：20~24，有删节）

【实训目标】测评广告效果。

【实训组织】学生分组，可以从不同角度测评。

【实训提示】结合材料，掌握广告测评方法。

【实训成果】各组展示，教师讲评。

# 项目十一 广告管理

> **情境引入**
> 市民高先生告诉记者,日前他通过快递在网上购买了几盒"人民大会堂特供月饼",想在中秋节送给长辈,拿到手里一看,质量很一般,连呼"上当"。记者打开"人民大会堂特供月饼"网页,上称:"本品为特供人民大会堂国宴月饼、精品月饼,已持续4年为人民大会堂专用,不上市销售。"龙房川律师事务所的陈川律师认为,在产品外包装上使用"人民大会堂国宴专用"或类似字样,与国家机关构成联系,已构成违法行为,为什么"人民大会堂特供月饼"会涉嫌违法呢?

建议你先学习下列任务:
1. 了解广告代理制。
2. 广告公司的经营管理。
3. 广告的法律管理。
4. 广告行业自律。

## 任务一 了解广告代理制

### 一、广告代理制概述

广告代理制就是广告公司在广告经营中处于主体和核心地位,为广告主全面代理广告业务,向广告主提供以市场调查为基础、广告策划为主导、创意为中心、媒体发布为手段,同时辅以其他促销手段的全面性服务。

实行广告代理制,可以使广告业内部形成良性运行秩序,最大限度地发挥广告主、广告公司与媒体的长处。

### 二、广告代理制的特点

这是在广告业的三位一体——广告主、广告公司和广告媒介中,广告公司占据中间位置,是广告主与广告媒介联接的桥梁,一头是需要做广告的客户,另一头是能提供广告手段的媒介单位。广告公司实质上实行双重代理:一是代理广告主开展广告宣传工作,即从事市场调研、拟定广告计划、设计制作广告、选择媒体安排刊播,提供信息反馈或效果测定;二是代理广告媒介,寻求客户,销出版面或时间,扩展广告业务量,增加媒介单位的广告收入。

## 三、实行广告代理制优点

实行广告代理制，要求广告公司处于广告经营的主体地位。

有利于实行广告专业化、社会化，可提高广告策划、创意水平，提高广告的社会经济效益。

有利于加强对广告业的宏观调控。政府有关部门可以采取措施，扶持各种类型的广告公司，促进完善其经营机制与提高从业人员素质，还可提高广告业全面服务水平。并且可以集中力量，抓住广告管理重点，防止虚假违法广告的发生。

有利于制止广告业中不正当竞争。可以促使广告行业内分工明确：广告主负责投资决策，委托广告公司策划、实施，媒介单位负责广告的编排发布。各司其职，互相协作，有利于消除争拉广告的混乱现象。

有利于广告客户广告计划的保证实施。广告公司能提供一班有熟练技能的广告人员，为客户服务。对多数客户来讲，聘用广告专职人才是不合算的。而且，广告公司人员有广泛的市场营销经验，一般比本单位雇员有较大的客观性、创造性。因此，客户可以依靠广告公司，全面实施自己的广告计划。

有利于向广告媒体提供销售时间罢免的经济方法。因为媒介无须与成千上万个广告主洽谈生意，只需与少量的经认可的广告代理商打交道，从而减少了信用的风险。并且，广告制作的形式和内容，也将会更加符合要求和规范。

【实例】

### 广告代理商助力"果冻"的成功

一种新产品问世，要力求达到大量销售的目的，必须要做广告，而广告代理商的策划好坏便直接关系到该产品能否在市场打开销路，占得一席地位，甚至在同类产品中，获得后来居上的优势？经过近30年的努力，今日我国的广告界中，已有几家经营制度化的广告代理业者。新产品的销售广告计划，如能充分信任这些广告代理业商，委托这些广告公司负责做广告策划，充分接受广告代理公司的建议，往往会收到意外良好的市场效果。

"果冻"这种新产品，在去年夏秋两季，所创造的巨大成功，就是基于成功的广告策划而形成的一个很好的实例。这种新产品的制造者（广告主），在产品研制达到可以问世的标准后，就将整套的广告工作，包括对产品的命名、包装设计、商标设计、市场研究、广告的步骤等，全部委托××广告公司代理。××广告公司接受了这样整套的工作，深感责任重大，倾全力来为广告主研究设计。

首先，他们会同广告主，列出了新产品在市场中的竞销对象，是冰淇淋、冰棍、水果等。在详加分析比较后，找出新产品有几项优点：它和很多水果一样，都不含淀粉，在营养和味道方面，亦胜过冰淇淋。它又和冰淇淋一样，在凉快和简便性方面，胜过水果，而且能止渴，同时也较之其他产品卫生。

根据这些优点，广告公司举行了"动脑会议"，这是广告策划工作中非常重要的一个步骤。在这个会议上，首先研讨为产品命名。开始由大家分别提供了50余个名称，第二步，从其中选出了3个。最后，再从这3个名称中选定这个新颖，读来顺口易记，亦符合产品本质的名称——"果冻"。

接着，广告公司又研究确定了几个工作重点。

对于广告诉求，决定以"零下40度的滋味"7个字为重点、为标题。这7个字是策划中非常精彩的一笔，它的确可列为广告标题（诉求点）中的佳作。它的创意构想非常出色，不仅包含了产品的各项优点，而且十分新颖、独特。

对于销售对象，广告主所提出的主张，是以成人为主；而广告策划者所提出的研究结论，是以儿童为主。广告主和广告策划者，双方曾为此多次讨论。在广告策划者的恳切建议下，广告主接受了广告公司所提出的诉求对象，最终确定为"儿童"。

对于商标，广告主在广告公司所设计的多种图案中，最后选定一个简明的"C"字图案为商标，使消费者容易记认。同时这个字图也代表了厂商的名称。广告公司同时提出，应再选取一个代表商品的形象，使消费者一看到这个形象就会想到这种商品。选择了多次，终于选定一个在日本很流行，有两个大耳朵和胖得可爱的米老鼠为形象。

对于包装，广告公司则遵照了广告主的主张，以塑料袋为主，配合美观、精致的米老鼠图案，刺激消费者对它产生"一见就喜爱"的感觉，而有了这个感觉，消费者的购买欲亦自然而然地会随之产生。

对于售价，广告主决定为每个只售一元。这种售价，极适合一般消费者的购买力。亦增加了广告代理业者、执行广告必能获得成功的信心。

对于广告媒体的选择运用，策划决定先以报纸、电视、售点广告为主，并编制了广告歌曲应用在电视广告中，以引起孩童们的注意和学唱。

按照该策划的实施步骤，在一切准备完毕，便开始做区域性的销售。先从南方地区起试销，竟然一鸣惊人，销量直线上升，深深引起冷饮业的重视。其旺销之势，连广告主亦感到意外。广告主在这一套计划中，虽然支付了80万元左右的广告费用，却很顺利地达到大量销售的目的，亦获得了超出当时预计的经营利润。

从这个实例中可以看出，广告主与广告代理业者的坦诚合作，是这种新产品成功的最主要因素。广告主非常尊重广告代理商所提供的研究和计划，广告代理商受到这样的鼓励，亦尽心尽力为广告主服务。

在产品销售期间，广告公司的策划人员，在欣赏我国女乒在世乒赛中大获全胜的电视实况转播时，引起一个灵感。随即打电话给广告主，建议他把握机会，在各报刊登庆祝广告，进一步拉拢新产品和消费者之间的感情，广告主认为这一建议很有价值，立即同意。次日，各报的第一版，便出现了××果冻庆祝女乒光荣胜利的广告。许多消费者都认为这是一则很够感情的广告，使新产品又获得了一阵良好的广告效果。

此外，广告主所选择的销售路线，亦甚精确。他们尽量减少委托各地点心店销售，因为这和点心店自制自销的产品有冲突。广告公司策划则改为委托各地的小卖店、杂货店、食品店代销。在这些店里，都布置了销售点广告，深能引起路人注目。广告跟上了，销售终端愿意推销，这样又形成了双赢的局面。与此同时，这种产品的售价虽低，包装则极精美，更易被境况富裕的高级家庭和上流交际聚会场所采用。

还有，可以从此案例中得到一点启示：假如当时的广告主把广告代理商只看作是广告美术设计者，只看成是办理广告刊播手续的承办者，不重视现代广告代理商所具备的功能和能力，就不会获得如此巨大的经济效益和社会效益。

（资料来源：互联网）

# 任务二　广告公司的经营管理

## 一、广告公司的经营

广告公司的经营应该根据广告市场环境的变化调整广告公司的核心业务。同时，广告公司应适时调整其经营策略，定位于为企业提供广告服务和营销咨询，调整自己的主营业务。

（一）公司发展与必需的基本建设

1. 明确发展策略

广告公司要做到先强（综合实力，特别是竞争力）后大（营业额、规模和网点）再专业化（人员素质和发展方向）；整合（原有资源、新形势下根据发展方向可利用的机会）团队（核心领导层、各个部门的后备力量及忠诚度和中间重要的凝聚力、配合运作体系）练功夫（职业生涯规划与公司目标的统一、各岗位的基本动作和高标准能力）。

2. 建立公司的企业理念和发展方向

像众多品牌需要定位一样，广告公司若想从众多的公司中脱颖而出，必须也对自身进行定位，亦即建立公司的企业理念和发展方向，对内上至经理下至每一员工应充分理解这一理念；对外一致贯彻这一理念，使公司内外步调一致，稳步发展。

3. 广告公司应该具备完整的服务

在市场推广中要为客户提供市场调查、营销推广、广告设计、广告传播、公关活动、网络互动行销等各项整合营销传播工作。

（二）广告公司经营策略

1. 广告公司的规模化生存

业务范围单一的广告公司已经承受不住现代社会进步的压力，"规模扩张"正是它们强力增长的支撑力，以媒体资源的规模化、以区域性整合为主要目标的向集团化发展。

2. 资本运作和规模扩张

和其他行业的发展一样，说到规模扩张就要说到资本运作。广告行业的资本运作形式目前主要有广告公司间的投融资、广告主和媒体对广告公司的投资、广告公司通过上市进行融资等。2002年末至2003年初的短短一个月内，TOM、白马和媒体伯乐在香港地区相继上市。宏智广告也借壳上市成功。这些都说明了公司为了筹集更多的发展资金从而扩大公司规模。

3. 广告公司的专业化生存

时代的进步也促发了广告主在激烈的竞争中蜕变得日益成熟，在争夺市场的基础上积累了丰富的营销经验和媒体宣传策略，然而对广告公司的要求也日趋专业。本土广告公司都面临着被广告主选择的局面及较短时间的合作等的挑战。

（三）广告公司客户的开发与维系

广告公司的客户都希望以可以接受的安全成本，获得适合他们的需求。他们需要"正确的观念，实效的解决方案，快速的行动，及时的成果"，他们接受系统的概念，但更希望结合他们的动态现实，有更适合他们的、有针对性的、灵活的、可操作的解决方案。明白了客户的情况，知道了客户需要什么，在此基础上去开发客户、维护客户，加强广告公司立足于激烈的市场竞争中！

**【知识拓展】**

### 莫康孙（麦肯光明广告公司总经理）选择客户的原则

不可争取公司现有客户的竞争品牌或产品。

在争取客户时，注意得到优厚的利润回报。

愿意寻找具有国际市场眼光、有胆识的本土客户。香港地区的国泰航空，最初是亚太地区的小品牌，麦肯把它打造成为国际大品牌。20世纪70年代，麦肯只是在巴西为可口可乐做广告，现在把它作为广告业国际巨头。

喜欢全方位和长期客户。麦肯和埃索石油已经合作了102年。

客户应该具有专业性，能够为广告公司提供专业资料。

客户应该具有合理性，按时付款。

客户应该人性化。

### （四）广告公司的品牌经营

品牌代表的是产品在市场的知名度，是在消费者心中的美誉度和可信度；品牌是产品品质优秀、服务优良的一种象征，是对客户的一种保证，也是一种品味的表现。"冰冻三尺非一日之寒"，品牌的形成是在日积月累中铸造出来的。作为一个专业的广告公司，做好品牌宣传是非常有必要的。我们推广品牌应辩证地认识品牌企业规模，处理好扩产与限产的关系，推进品牌经营的长远效益增长。

## 二、广告公司的管理

### （一）广告公司系统化管理

在信息化浪潮席卷全球、日益渗透到社会生活各个领域的今天，客户对广告公司的要求提出了更专业的服务、为了给客户提供精细化和个性化的服务，建立集中的、统一的"以客户为中心"的信息化业务管理平台提上了议事日程，并以此完善公司内部管理，加速信息流传速度、提高协同办公的效率，使公司在未来竞争中处于领先地位。

然而经营广告公司首先必须搞好企业的经营管理，运用科学的管理知识和方法，进行系统化的管理、人员管理、业务管理、财务管理、行政管理、运营管理等加强企业规模化，从而使企业保持在业务水平稳定发展、企业信誉水平不断提高、市场竞争能力不断增强的良好生存环境之中，为企业的发展打下坚实的基础。

### （二）职业管理广告公司领导的方式与艺术

**1. 领导者具备的素质**

（1）专业的知识是领导者最基本的条件，是公司运行的前提保证。

（2）积极的态度。

（3）强烈的动机。

（4）良好的习惯。

（5）纯熟的技能。

**2. 领导的方式**

对于广告公司的经营管理者来说，"班子"建设是极为重要的。"凡事预则立，不预则废"，人才的战略性储备，是为公司的持续发展而储备的，如果一个公司可持续发展的人才梯队尚未形成,"将帅"人才严重匮乏,那么这个企业想要追求高速发展,是注定要失败的。只有始终以人才的培养作为公司的发展创业之本、竞争之本、发展之本,以独特的人才招聘战略,开阔的事业发展空间,优良的人才成长环境,有效的激励机制和以人为本的公司文化理念,"筑巢引凤",才会使公司成为人才聚集的高地。只有拥有一流的人才,才能打造一流的企业。

3. 领导的艺术

领导者必须懂得运用沟通的方法,保证同事和下级的最大限度的合作。拒绝沟通,也就意味着拒绝与别人的合作。沟通是管理的真谛。一个公司要想充满生机和活力,实现高速运转,有赖于上情下知,上意下达;有赖于部门之间协同作战。良好的沟通能够让组织的成员感觉到组织对自己的尊重和信任,从而产生极大的责任感、认同感和归属感,从而具有强烈的责任心和奉献精神。

4. 企业忠良

员工要用经营自己的事业的心态经营公司给自己的任何一个工作。培养员工职业经理人的意愿,不要被传统的模式所束缚。

(三)客户管理

1. 广告客户的开发

作为一个广告公司,要明白客户在哪里?客户的目标是什么?开发新的客户,其实就是一种"销售",销售需要战略以及一连串战术的配合,制定一套完整的作战计划是非常必要的,选择一个适合自己公司经营的客户是很重要的,清楚地了解公司的实力,不可急功好利。在实践过程中逐步成长,建立稳定的基础,也要认识到营业额不等于"利润"。

准备做一个提案给客户的时候,要将最好的一面在提案的时候表现出来。整个团队才是与客户在未来朝夕相处的人,清楚地将每位队员的角色扮演分配妥当。开发客户是公司全体员工的责任。

2. 现有客户业务稳固和新业务拓展

不要让开发客户成为"不实广告"的例子,服务现有客户与开发新客户必须具有同样的水平,使售后服务与贩卖当下无落差。有了新客户真好,但是现有客户的经营比开发新客户更重要,广告公司的基础在于现有客户的稳定度。

(1)加强 AE 与客户的沟通。公司与客户之间的桥梁是 AE。只有 AE 与客户建立更加紧密的关系才可能维持乃至发展有的业务关系。因此 AE 应及时察知客户广告意向。

【知识拓展】

AE,就是广告业和服务业的客户执行或称客户主任。其中 AE 是 Account Executive 的缩写。一个专业的广告 AE 是超级销售人员+高级客服+初级营销策划+媒体顾问+市场调研人员,要具备全面的广告和营销知识,整体跟踪广告制作和投放全流程,做基本的市场调查、效果评估等。

(2)主动出击,引导客户的广告投资。无论是从策划、创意还是活动等方面,公司要以主动出击的形式出现在客户面前。摆脱被动地为客户提供服务的方式。一旦在赢得客户信任后,客户部将尽全力争取引导某个客户在广告投放和促销整合的系统化。也只有这样才能显示公司广告专业的特长——策略整合与创意表现,从而带来更高利润和更广泛合作范围。

（3）大处着眼，小处着手。首先公司上下应戒除看重短期利益的想法，在必要时不对客户过分的要求一味让步，坚持原则，同时加强自我包装。让客户在得到公司服务的同时明了只有顺应广告行业必要的操作规范，公司才有可能提供最佳的广告方案和有力执行，这也有利于将来健康管理客户业务的需要。

（四）人才管理

1. 人才的选择标准

（1）态度。

（2）个性。

（3）能力。

（4）经验。

（5）知识。

2. 人才的培训

广告公司的员工就是公司的资源，通过培训使员工统一认识，更好地达成共识并提高效率，待新员工基本到位后开始，应该以以下几种方式组合：

（1）日常培训。企业每周应该固定一个培训日，结合工作实际，以案例讲习、攻坚难题等方式向员工贯输一个整体思想，培养员工之间共同的兴趣。这样可以不失时机地提高整体素质，而且不仅仅是广告的，应该是涉及文化、商术、经营头脑、管理意见等。应该让培训有计划、有针对性，并达到预期效果。

（2）针对专业培训。规模性的广告公司要做好针对性的专业培训。媒介部进行媒介策略训练，创意部作创意发散训练，客户部作提案模拟训练。提高部门的专业能力、配合能力。

（3）集中培训。团结是发展的前提，团结是团队壮大的主要过程。这样看来广告公司做好集中培训也是也有必要的。集中培训则要从个案研究、提案预演为主，并结合一段时间培训的反馈和问题汇总突击解决。让员工与员工多交流，在短时间内突击技巧，达到消除差异的效果。

【实例】

## 日本电通广告公司的培训

1. 成立电通大学

职工必须接受培训。

2. 设立针对外国人才的培训制度

电通连续8年在中国的大学系统里进行广告学培训，在电通成立95周年纪念的时候，为了促进中国广告行业的发展，也是为了日中友好的大前提，电通当年的成田社长提出了这样一个规划：每年跟中国6所大学的广告专业合作，选派教师进修，而来自东京电通的人员去大学给学生讲课进行培训。

电通与中国国内6所高校签署了中日营销研究交流项目。时间从2001~2004年为期3年，该项目包括"联合广告讲座"、"留学研修制度"、"中日企业交流研讨会"和"委托研究项目"4个方面的内容。八木先生说："这个项目也是电通教育内部员工的一个做法，参与这个项目的员工'不谦虚不行，没经验不行'，还要能把周围的人调动起来。本着'教学相长'的原则，这个合作项目也有利于电通在中国业务的开展。"

（资料来源：互联网）

3. 销售人员

销售人员应该掌握一定的方法、流程，做起事来往往会收到事半功倍的效果。

## 任务三　广告的法律管理

### 一、广告管理的含义

广告管理是指国家、社会和广告业内部对广告活动的指导、监督和控制，其目的不仅是为了限制广告活动的不良倾向，更为重要的是为了指导广告业务健康地发展，为社会主义市场经济的繁荣昌盛发挥更大的作用。

广告管理是对广告活动全过程的管理，包括广告主的设想、广告经营单位的设计制作、广告作品在广告媒介上的刊播等一系列过程中的人和物的管理。按管理者的不同，广告管理又分为宏观管理与微观管理两大类：前者是工商行政管理的重要组成部分，是工商行政管理部门的业务管理内容之一；后者是企业经营管理的一部分，是为企业经营目的服务的一种具体管理内容。

广告管理又有广义与狭义之分：前者泛指有关广告的调控、指导和监督，可以理解为国家对广告的管理、广告行业自我管理（广告行业自律）、广告组织的内部管理及广告的社会监督等；后者指国务院授予广告执法权的国家工商行政管理部门依法对广告活动和广告经营进行的有效调控、指导和监督，它包括对广告主体、广告行为、广告内容的管理等。

### 二、广告管理的范围

广告活动不仅是一种经济活动，而且是一种政治宣传活动。所以，广告管理所涉及的范围是很广泛的，有物质生产领域，也有上层建筑领域。例如，对商品广告的管理涉及工商企业，对文化广告的管理涉及文化教育部门，对政府公告、交通广告的管理又涉及上层建筑。也就是说，广告管理不仅要最大限度地促进市场经济的发展，还要使广告活动符合我国的社会制度、民族习惯、精神文明建设等一系列要求；必须遵照党的宣传政策，开展对广告的管理工作。

广告管理还涉及再生产的各个环节，不仅与生产领域、流通领域的各项活动密切相关，而且直接关系到消费领域中广大消费者的利益。广告管理反映了国家的意志，而社会主义国家的意志又集中体现了全体劳动人民的利益，因此，广告管理要顺应社会主义生产目的的要求，使广告活动符合消费者的利益。

就具体的广告活动而言，凡在我国境内进行的广告行为，都属于广告管理的范围：在空间或来源方面，包括一切国内实施的广告，其中有内商广告和外商广告两部分；在主体方面，包括任何广告主体实施的广告；在经营行为方面，包括各种经营方式和手段；在广告内容方面，包括所有的广告信息和表现形式。总之，只要是涉及广告的经济活动，广告管理就无时不有、无所不在。

### 三、国家对广告实施管理的性质和特点

由于广告活动的进行牵涉到广告主、广告经营者、广告发布者的自身利益，难免会出现

忽视消费者和社会公众利益的情况，这就需要国家对广告实施管理，以规范广告经营行为，保障广告业的健康发展。

（一）国家对广告实施管理的性质

1. 国家对广告实施管理是一种外部宏观管理

首先，国家对广告实施的管理并不具体参与广告活动的组织、策划、创意设计、实施发布等管理活动，而是在这些活动超越法律许可的限度和范围，从外部强制采取措施，使其回到正确的轨道，是一种外部管理；同时，国家对广告实施的管理并不针对某个个人、某个组织或某个地区进行具体的管理，而是对整个社会所有广告活动和广告行为都有进行管理的权力，是一种宏观的管理。

2. 国家对广告实施管理是一种行政执法管理

国家对广告实施管理，是依据法律进行的，是由政府广告管理部门依法行使管理概略进行管理的。它是一种主动管理，并不需要有人控告才予以受理，它可以随时随地查处违法广告行为；而且这种管理是代表国家进行的强制性的行政执法管理，被管理者必须无条件接受。

（二）国家对广告实施管理的特点

1. 全面性

国家对广告实施管理的对象是在国家行政管辖区域内所有广告活动和从事这些活动的当事人，无论其具有什么身份、背景、国别，无论是广告主、广告经营者、广告发布者，也无论是临时性广告活动，还是经常性广告活动，都属于管理的对象。

2. 复杂性

由于广告活动牵涉的面极广，管理对象的类型、目的、活动手段、活动方式、活动区域错综复杂，所以国家对广告的管理也就相当复杂。它既要保护消费者和社会公众的利益，又要处理好广告主、广告经营者、广告发布者之间的关系，维护其正当的权益。

3. 强制性

国家颁布的广告法规同其他法律、法规一样，是国家意志的具体表现，是由国家强制力保障执行的，对所有广告活动及当事人，都具有普遍的约束力。国家对广告实施管理，由广告管理部门依法管理，带有强制性的特点，任何从事广告活动的组织和个人，都必须管理，其管理带有行政执法的性质。

## 四、广告管理的意义

1. 保护消费者的合法权益，促进社会安定

广告是消费者购买商品或接受服务的指南，因此，广告必须真实地传递商品或服务的信息，不得欺骗公众，牟取暴利，损害消费者的利益。近些年来，随着经济的蓬勃发展，我国广告业的发展很快，而广告管理工作却未能跟得上，在广告内容和表现形式上都出现了一些混乱现象。特别是一些关系到人身安全与健康及民生大计的医药、食品、化妆品、家用电器产品、农药、化肥、种子等，不实的广告宣传，使消费者上当受骗，危及生命财产安全，危及国民经济的基础，直接危害社会秩序的稳定，造成了极坏的影响，引起了极大的民愤。所以，工商行政管理部门必须加强对广告的管理，防止虚假广告的出现，坚决打击不法分子。

2. 保护企业合法权益，维护社会主义经济秩序

这些年来，各个工商企业为了争夺市场，扩大商品销售而展开了激烈的广告竞争，如饮

料大战、方便面大战、彩电大战、空调大战、化妆品大战等，此起彼伏，愈演愈烈，有的几乎已经到了不择手段的地步，如利用广告攻击其他企业及其产品，以暗示性诋毁手段损害别人声誉等，这些行为不仅扰乱市场，而且损害了企业的利益，破坏企业的声誉。为了保护企业的合法权益，促进公平竞争，必须加强对广告的管理，以抵制不良的经营作风。广告管理不仅仅是对违法广告的取缔和处罚，更为重要的是对合法广告宣传的保护和扶助。广告管理通过这些工作和相应措施，可以维护社会主义经济秩序，促进市场经济的发展与繁荣。

3. 防止精神污染，促进社会主义精神文明的建设

由于广告作为经济信息的传播手段，必然要借助一定的艺术形式和信息媒介，才能把代表某种思想意识、生活方式和价值倾向的信息传递给社会各界，因此，广告不仅在传递经济信息、促进物质文明建设方面发挥着重要的作用，对精神文明建设也有重要的推动作用。如果缺乏管理，放任低级、庸俗、封建、迷信的内容与色情暴力的形式出现在大众传播媒介上，就会对社会造成极大的精神污染。加强对广告的管理，制止或取缔这种低俗的广告，可以有效地防止精神污染，推动社会主义精神文明建设的发展。

4. 美化市容，保护环境

现代的城市，广告几乎已是无所不在，如果缺乏有效的管理，任由广告主或广告经营者设置、张贴各种类型的广告，如在古建筑上安装艳丽的霓虹灯广告、在纪念碑上悬挂卫生用品广告、在电线杆上随意张贴江湖游医广告、在旅游风景区设置非旅游广告等，不但会严重地影响市容，破坏环境，而且也极不严肃。因此，为了美化市容、保护环境、保护文物古迹和自然风光，必须加强对广告的管理，有计划、有选择地在这些地方设置各种广告招贴、路牌、霓虹灯、灯箱等户外广告。

5. 保证国家对广告业的统一领导

就目前的状况而言，我国的广告业在所有制、经营渠道、经营方式等方面都存在着各种各样的差异。为了使从事广告活动的各部门、企业间协调发展，国家必须通过法律及行政等手段，加强对各广告经营部门的领导与管理，健全组织管理机构，以确保各广告经营部门和单位都纳入国家的统一领导、管理的监督之下，认真执行国家的广告方针、政策、法律、规章，促进我国广告事业的健康发展。

总之，广告管理的最终目的，就是用立法和行政监督、管理的办法，限制广告活动中的不良倾向，维护消费者的利益，保证国家对广告业的统一领导，促进广告事业的健康发展。

【知识拓展】

## 美国的广告管理

纽约 FIB 学院终身教授、博士温特斯先生和佩吉女士，在为中国广告协会组织的广告赴美培训团所作的报告中，介绍了美国广告业的现状与发展趋势，广告公司在经营中应当注意的问题等方面。

据介绍，1998 年，美国在宣传媒体上的广告投入为 1340 亿美元（另一说为 2500 亿美元），其中电视广告投入占 38.7%，报纸占 34.3%，杂志占 12.4%，户外路牌占 1.8%。广告投放最多的为通用汽车，达 29 亿美元，宝洁公司投入 26 亿美元，万宝路为 20 亿美元，克莱斯勒达 16 亿美元。

美国发行量最大的报纸为华尔街日报，达 130 万份。该报整页广告收费为 15.5 万美元，

彩页收费 19.5 万美元。

　　教授们强调指出，这些数字仅反映了在宣传媒体上的广告投入，实际上广告主的广告投入比这些数字要大得多，因为在美国，广告主和广告公司越来越重视行销服务。

　　教授们认为，广告与行销服务联系在一起才完整，才有生命力。现在广告主与广告公司的联系越来越紧密，广告主除在宣传媒体上继续投入外，在其他行销方式上也倾注了更多的热情。他们要求广告商参加行销的全过程，特别是电子商务的广泛开展，使那些非传统的促销方式更直接、更有效、覆盖面更广。最近在美国商界就发生了一件很大的事：几家著名的大百货公司联合起来组织了一个电子销售网，推行电子商务，实现信息共享。因此，越来越多的广告公司更为重视整合营销，甚至连公司名称都改为传播公司或干脆直接叫跨国营销公司，如著名的 BBDO 广告公司就改为了 ICC 公司，即整合传播公司。

　　温特斯教授认为，广告公司要从原来仅从生产者的角度考虑问题，转变到从消费者的角度考虑问题，要针对消费者的想法、习惯进行创意，要注意创新。要利用所有的媒体传递信息，实现"无缝结合"。同时，做广告时要充分利用以前的基础，发挥名牌的扩充效应。例如耐克运动鞋的广告非常成功，深入人心，广告公司在做耐克运动服的广告时，就在运动鞋的广告基础上进行扩充，使消费者产生联想，认识到这两个广告、两种商品有关联，有递进关系，从而加深印象，提高品牌忠诚度。这一点，对我国的一些有名牌产品的企业，在推出新的产品时是很好的借鉴。中国广告协会组织的广告赴美培训团还参观考察了两家广告公司，拜访了美国广告商（4A）协会和电视广播局。

　　两家广告公司一家是全美最大的专门做美国亚裔市场的广告公司，叫姜李广告公司。该公司在美广告业排名第 156 位，1999 年广告经营额为 8800 万美元。在与姜李公司座谈中给大家留下最深印象的有 3 点，一是他们非常重视市场调研工作，对美国亚裔的情况，诸如人员构成、年龄状况、文化程度、收入情况、消费程度等都有非常详尽的数据；二是他们认为，在信息高度发达的今天，各国青少年的爱好、饮食、服饰、流行等方面的差距越来越小，跨国广告公司所做的广告及推出的商品越来越容易被青少年普遍接受，这对发展中国家的本土广告公司实际上是个威胁，应当引起重视；三是该公司董事长提出，今后一个国家征服、战胜另一个国家，靠的不是枪炮，而是名牌，作为广告公司，就要为本土企业创立名牌，以达到国家相互间的平衡。在另外一家名为无穷户外广告公司，学员们则见识了美国户外广告的繁多种类，了解了美国政府对户外广告的一些管理办法和措施。

　　美国广告协会即 4A 协会，是由广告商组成的，有 500 个成员，加上这些成员的分公司，共 1200 个会员。全美有广告公司近 4000 家。4A 协会会员的广告经营额占广告总经营额的 75%，从业人员占 52%。其经营主要靠会费收入和提供服务收取一些费用。会费是按广告经营额的比例缴纳，1999 年协会收入为 1200 万～1300 万美元。协会由董事会领导，还建有各种理事会，除一些专职人员外，主要是依靠会员中的专业人员组成。协会在东、西、中部设有 4 个办事处，共有 95 个专职人员。还设有 45 个专业委员会，如户外、广播、金融委员会等。协会工作人员至少是学士学位，很多是图书馆系的毕业生。他们的主要工作是为会员提供信息服务，包括网上信息服务，一般是应会员的要求就某个问题进行调查研究，提出研究报告给会员，这些服务是收费的。同时，协会还要研究如何对广告公司进行管理，包括每年列出 180 家广告公司收入与支出的百分比供会员公司参考，就广告人的工资报酬提出建议，对名人做广告的酬金制定出参考意见，帮助客户寻找适合的广告公司等。协会在华盛顿设有一个由 7 人组成的办事处，其职责为游说国会，以图在立法时保护会员的利益，并就会员提出的一些问题与政府部门进行交涉，尽管很困难，但会员很支持。例如，佛罗里达州对广告收税高于其他州，使佛罗里达州的旅游业收入减少，旅游业就给州政府施加压力，而广告协会也派人或花钱请说客游说，迫使佛罗里达州政府减少广告税收。协会董事会的组成，是由协会提名，会员选举产生。协会的负责培训部门还组织大学生到广告公司实习，使他们毕业后能顺利找到理想的工作。

美国电视广播局是由 500 个地方电视台作为会员单位组成的行业协会，不是政府机构，其主要任务是帮助地方电视台提高收视率，从而增加广告收入。该局自称类似于游说机构，主要是向广告主宣传，说服他们利用电视媒体，并以具体数字和详尽案例说明在地方电视台做广告最有效。他们认为报纸广告重视价格，而电视广告重视品牌，因此，促销靠报纸，树立品牌则靠电视。美国对电视节目中广告时间的长短没有规定，这主要看各电视台的经营水平。但行业内有一个大家认为可以遵守的规定：一般黄金时间在一小时内可播广告 10~10.5 分钟，其他时间可增加，如半夜可达 16~18 分钟。以前美国的处方药不能做广告，现在已经取消了这项禁令。电视台不接受广告主直接到电视台去做广告，而要通过广告代理公司，因为电视台是不进行广告的创意和制作的，必须由专业广告公司进行。为了使中国广告业更加注重营销效果，培训团专门考察了美国艾菲（EFFIE）广告行销奖。此奖项是由纽约行销协会创立的，已有 32 年的历史。这是美国唯一的以广告销售效益为评奖标准的奖项。现在，艾菲奖在巴西、加拿大、英国、波兰等国家都开展起来，他们统一标准，统一注册商标，由美国艾菲奖派人监督指导。就在中国开展广告营销效果奖的问题，孙英才团长与艾菲奖的行政总裁进行了详尽的交谈与探讨。

在美期间，培训团还对美国的户外广告进行了认真的考察，拍摄了大量的宝贵资料。美国户外广告量并不太大，但制作精美，形式多样，很有视觉冲击力，而且与周围的环境十分协调，给人美的享受。

（资料来源：互联网）

### 五、广告管理的内容

1. 对广告主的管理

广告主既是出费刊播广告者，又是广告内容的决策者，是广告的责任主体。对广告主的管理主要体现在两个方面：

（1）规定广告主的宣传内容必须在其民事权力范围、经营范围或国家许可的范围之内；

（2）规定广告主有提供主体资格证明和证明广告内容真实、合法、客观的证件及其他有特征规定的产品广告证明的义务。

2. 对广告经营者及其行为的管理

（1）必须依法核准登记，取得《广告经营许可证》，才能从事广告经营活动。

（2）必须符合相应的资质条件，才能从事特定的广告经营活动。

（3）必须在核准的范围内进行广告经营活动。

（4）必须按规章建立各项工作制度，如广告承接记录、广告审查、广告合同、广告档案、财务规定等，并遵照执行。

（5）必须服从工商行政管理部门的监督、检查，按要求配合年检、填报经营报表，服从工作检查等执法活动。

3. 对广告内容的管理

广告内容有双重含义：一是指广告所要传播的信息；二是指信息附着的表现形式，如语言文字、影像照片、音乐音响等。

（1）广告要传播的信息必须真实、客观。

（2）发出广告信息的主体资格及信息本身必须合法。

（3）必须维护国家利益和社会公德。

（4）必须维护消费者的利益。

（5）广告信息的传达必须清晰、明白，不得误导受众，更不能欺骗消费者。

（6）必须体现公平竞争，不得贬低他人。

（7）特殊产品，如食品、药品、烟酒、农药等，必须遵循国家规定的特定标准进行广告宣传。

4. 对广告费的管理

对广告费的管理，主要是采取广告收费价格备案的办法，即收费标准由经营者自定，报工商行政机关和物价管理机关备案。另外，广告业务代理的费用标准，也是由国家工商行政管理机关会同国家物价管理部门制定。

### 六、广告管理机关及其职能

（一）广告管理机关

广告管理机关在组织机构上是工商行政管理机关内部的一个职能部门，其设置以工商行政管理机关为基础。国务院发布的《广告管理条例》第5条规定："广告的管理机关是国家工商行政管理机关和地方各级工商行政管理机关。"国家工商行政管理局内设广告司，各省、直辖市、自治区及计划单列城市工商行政管理局设广告处（有的与商标管理机构合并，称商标广告处），地、市、县的工商行政管理局设广告管理科、股或者兼职人员，成为各级广告管理部门的存在形式。

（二）广告管理机关的职能

1. 立法和法规解释职能

国家工商行政管理局作为国务院的直属机构，是全国广告管理的最高机关，代国务院和国家立法机关起草广告法律、法规；单独或会同有关部门制定广告管理部门规章，并负责解释。地方工商行政管理部门可以依照立法程序和权限的有关规定，代有关部门起草地方性的广告管理法规。

2. 控制职能

一是根据社会经济发展的情况，适当控制广告经营单位的数量和比例，划定经营范围；二是通过审批和注册登记来确定广告经营单位的合法权益。

3. 监督职能

监察广告主体的广告经营活动，督促其在合法的范围内依法从事经营活动，禁止有损国家、社会利益，有损消费者利益的行为或不正当竞争。

4. 检查职能

审查广告经营者的经营活动，了解、掌握其发展动向，及时发现并处理问题。检查分经常性检查和随时检查两种：前者如对广告经营单位进行的年检制度；后者是随机检查，如对违法、违章、虚假广告，一经发现或接到报案，马上进行查处解决。

5. 指导职能

这是指对广告经营单位的宣传和经营活动进行帮助、扶持和指导，使其重点发展行业需要又符合自身条件的特色经营，从而促进行业个体和整体的发展。另外，还包括对广告行业组织——广告协会工作的指导和扶持。

6. 服务职能

及时向广告主、广告经营者或其他各界提供广告信息、法规、政策等方面的咨询服务，有效组织广告从业人员的培训等，促进地区广告工作的开展。

# 任务四　广告行业自律

## 一、广告行业自律的含义及特点

（一）广告行业自律的含义

广告行业自律，是指广告业者通过章程、准则、规范等形式进行自我约束和管理，使自己的行为更符合国家法律、社会道德和职业道德要求的一种制度。建立广告行业规范，实行广告行业自律，是广告业组织与管理的重要内容，它与政府对广告业的管理和消费者对广告活动的监督共同构成对广告业的组织与管理体系。

（二）广告行业自律的特点

1. 自愿性

遵守行业规范，实行业自律，是广告活动参加者自愿的行为，不需要也没有任何组织和个人的强制，更不像法律、法规那样，由国家的强制力来保证实行。他们一般是在自愿的基础上组成行业组织，制定组织章程和共同遵守的行为准则，目的是通过维护行业整体的利益来维护各自的应得利益。所以，行业自律主要是依靠参加者的信念及社会和行业同仁的舆论监督作用来实现，违反者也主要依靠舆论的谴责予以惩戒。

2. 广泛性

广告业自律调整的范围比法律、法规调整的范围更加广泛。因为广告活动涉及的面十分广泛，而且在不断发展变化，广告法律、法规不可能把广告活动的每一环节都规定得十分具体，而行业规范则可以做到这一点。因此，广告行业自律不仅在法律、法规的范围之内能够产生积极的作用，而且在法律、法规没有规范的地方也能发挥其自我约束的作用。

3. 灵活性

广告法律、法规的制定、修改和矫正，需要经过严格的法定程序，而行业规范等自律规章、准则只要经过组织参加人的大多数同意即可修改、补充，便于按发展情况随时制订或改进新形式的规范，使参加者遵照执行。

## 二、广告行业自律与广告行政管理的关系

广告行业自律与政府对广告行业的管理都是对广告行业实施调整，二者之间既有密切的联系，又有根本的不同。

（1）政府管理是行政执法行为，行业自律不能与政府管理相抵触。也就是说，广告行业自律必须在法律、法规允许的范围内进行，否则就要被取消。

（2）行业自律与政府管理的基本目的是一致的，都是为了广告行业的健康发展，但是层次又有所不同：前者的直接目的是维护广告行业在社会经济生活中的地位，维护同业者的合法权益；后者的直接目的是建立与整个社会经济生活相协调的秩序，它更侧重于广告业对社会秩序所产生的影响。

（3）行业自律的形式和途径是建立自律规则和行业规范，调整的范围只限于自愿加入行业组织或规约者；而政府的管理是通过立法和执法来实现，调整的范围是社会的全体公民或组织。

（4）行业自律的组织是民间性的，它可以利用行规与舆论来制裁违约者，使违给者失去良好的信誉，它没有行政和司法权力；政府管理则是以强制力为保证，违法者要承担法律责任。

广告业自律是广告业发展到一定阶段的必然产物，它对于提高广告行业自身的服务水平，维护广告活动秩序，有着不可替代的作用。世界上广告业比较发达的国家如美国、日本等，都十分重视广告行业自律对于广告业发展的积极意义，行业自律逐步形成系统和规模，不断得到加强和完善。

### 三、我国的广告行业自律及行为规范

（一）广告行业自律

我国的广告行业自律是伴随着广告业的恢复和发展而逐步产生、完善和健全起来的。在广告业恢复初期，行业自律主要是广告经营者制定的内部承接广告守则，对一些不符合国家法律、法规规定和社会公共道德的广告做出抵制性规定。随着广告业的逐步发展壮大，广告业的横向交往不断增多，单独、分散的自我守则，已不适应形势发展的需要，迫切需要在全国范围内统一协调广告经营活动。

1981年8月，为了适应原国际贸易体制下国际广告活动的需要，首先成立了中国对外经济贸易广告协会。

1983年12月27日，中国广告行业组织——中国广告协会宣告成立，承担起对全国广告从业者进行指导、协调、咨询、服务，协助政府进行行业管理的职责。

1987年5月13日，中国广告协会与中国对外经济贸易广告协会共同组成国际广告协会另分会。

中国广告协会在领导会员遵守广告法律、法规的同时，开始建立全国广告业统一的自律规则和行为规范。1990年，中国广告协会第三次全国代表大会通过了《广告行业自律规则》。规则共10条，要求入会会员切实贯彻《广告管理条例》，树立良好的行业风气，维护公平竞争，抵制不正当竞争，以建立良好的广告经营秩序，提高广告业的道德水平和整体服务水平。主要内容如下：

（1）广告活动力求广告的经济效益与社会效益的统一，并以此原则检验广告效果。

（2）制作、发布的广告内容要健康向上，符合社会主义精神文明的要求。除非有充分的证明，广告中不应出现"独家"、"首创"、"第一"、"最好"、"最多"等绝对声明用语。广告中不得有诽谤或贬低他人或竞争者的内容。

（3）广告经营单位之间的竞争应体现在优质服务方面，不得采取不正当手段。要按规定支付国内外广告代理费用，不得随意压低或抬高代理费标准。

（4）广告发布价格标准，应根据媒介的收视听率、读者范围、媒介的权威性及服务水平来制定。各经营单位需按媒介价格标准统一报价，不得随意抬高或压低广告价格。

（5）在接受广告时，要认真审查广告内容，查验有关证明、文件，建立经营管理制度。

（6）承办广告就进行市场调查、消费者研究及相关法规许可范围的研究，以保证广告的科学性、合法性，避免盲目性。广告创作要坚持创新，尊重版权，不得抄袭他人创意，不得侵犯公民的肖像权。

（7）广告经营单位之间应当友好合作，密切配合。对于广告公司经过认真策划、设计制作的广告，各媒介单位应予以支持。广告公司应按媒介的特点和技术要求代理广告，保证广告质量。

（二）广告行业规范

广告业是一门属于知识密集型、技术密集型、人才密集型的高新技术产业。广告业之间的竞争，实质上是人才的竞争。人才素质是广告业能力与水平的基本标志。为了提高广告从业人员的素质，逐步实现广告业的专业化、社会化，提高广告行业的服务水平，中国广告协会于1991年制定了《广告行业岗位职务规范（试行）》，对广告行业内部从事不同工作的人员的岗位职务规范做了要求。它把广告工作人员分为9类，分别是：

（1）广告公司正副经理、媒介单位广告部门正、副经理（主任）。

（2）广告公司部门经理、媒介单位部门经理（科长）。

（3）广告策划人员。

（4）广告设计人员。

（5）市场调查人员。

（6）广告文稿撰写人员。

（7）广告业务人员。

（8）广告审查人员。

（9）工商企业广告业务员。

在政治素质方面，要求所有从业人员拥护党的领导，遵守国家法律、法规，开拓进取，廉洁奉公，热爱广告工作，全心全意为人民服务。

在文化素质方面，除广告业务员外，要求具有大专以上文化程度或同等学历。

在业务知识方面，要求熟悉广告管理法规和有关经济法规，根据从事工作的不同而具备不同领域的专业知识，了解广告经营的基本程序。

在工作能力方面，要求能合格地完成本职工作。

此外，对广告经营单位的主要负责人，还要求具有一定的工作经历。

（三）广告专业技术岗位资格培训制度

既然人才是广告行业竞争的焦点，要提高服务质量，广告行业必须广泛吸纳各方面高素质的人才。但是由于我国的广告业的起步较晚，高等学校对广告人才的专门培养更是从20世纪80年代才开始的，数量有限，远远不能满足广告行业迅猛发展对人才的需求，很多年来，从事广告工作的人员绝大多数都没有受过严格、规范的专业教育。因此，为了使广告从业人员能够比较全面、系统地掌握从事广告业务所需的基本理论、专业知识和实际工作技能，达到岗位任职资格要求，并逐步建立起与国际惯例相接轨的专业技术资格认证制度，贯彻、落实《关于加快广告业发展的规划纲要》提出的广告人才教育培训目标，1993年5月，国家工商行政管理局决定从1994年起在广告业建立"广告专业技术岗位资格培训制度"。如今，已有大量的广告从业人员接受了培训，取得了岗位任职资格，从而有效地改进了广告从业人员的知识结构。相信长此以往、持之不懈的努力，定会对中国广告事业的发展产生深远的影响。

> **情境引入**
>
> 国家工商总局已作出明确规定，同国家名称、国旗、国徽、军旗、勋章相同或近似的，以及同中央国家机关所在地特定地点的名称，或标志性建筑物的名称和图形相同的，不得作为商标使用。同时根据《中华人民共和国广告法》，"商品不得使用国家机关和国家机关工作人员的名义进行宣传"，网络卖家的这一做法也违法。因而网售"人民大会堂月饼"涉嫌违法。

## 课堂讨论

1. 广告代理制有哪些优点？
2. 广告公司经营策略有哪些？
3. 广告管理的重要意义是什么？
4. 广告行业自律的特点是什么？

## 知识巩固练习

一、选择题

1. 广告公司主要收入来自媒介用广告版面时间的售出而给予的佣金。按国际惯例，大众传播媒体的佣金比率是广告费的（　　）。
   A．16.67%　　　　B．15%　　　　C．18%

2. 中国广告协会于1991年制定了（　　），对广告行业内部从事不同工作的人员的岗位职务规范做了要求。
   A．《中华人民共和国广告法》
   B．《广告管理条例》
   C．《广告行业岗位职务规范（试行）》

二、简答题

1. 简述广告公司客户管理的主要内容。
2. 广告管理机关的职能有哪些？
3. 简述广告行业自律的特点。

## 实训操作

【**实训目标**】分析各类广告管理案例。

【**实训组织**】学生分组,收集广告管理案例进行案例分析。

【**实训提示**】结合材料,掌握广告管理的基本职能和任务。

【**实训成果**】各组展示,教师讲评。

# 参考文献

[1] 李爱哲．广告理论与实务．北京：中国传媒大学出版社，2010．

[2] 舒咏平．广告传播学．武汉：武汉大学出版社，2006．

[3] 吕巍．广告学．北京：北京师范大学出版社，2006．

[4] 王军元．现代广告学．苏州：苏州大学出版社，2007．

[5] 张健康．广告学概论．杭州：浙江大学出版社，2007．

[6] 杨海军．现代广告学．郑州：河南大学出版社，2007．

[7] 潘向光．现代广告学．杭州：浙江大学出版社，1996．

[8] 汤哲声．现代广告学概论．苏州：苏州大学出版社，1997．

[9] 星亮．广告学新论．兰州：甘肃文化出版社，1998．

[10] 苗杰．现代广告学．北京：中国人民大学出版社，2000．

[11] 李东进．现代广告——原理与探索．北京：企业管理出版社，2000．

[12] 倪宁．广告学教程．北京：中国人民大学出版社，2001．

[13] 何修猛．现代广告学．上海：复旦大学出版社，2001．

[14] 崔晓林．现代广告理论与实务．青岛：青岛出版社，2001．

[15] 翟祥，邹平章．广告学教程．成都：四川人民出版社，2001．

[16] 马广海，杨善民．广告学概论．济南：山东大学出版社，2002．

[17] 李宝元．广告学教程．北京：人民邮电出版社，2002．

[18] 韩光军．现代广告学．北京：首都经济贸易大学出版社，2003．

[19] 江涛．广告管理．武汉：武汉大学出版社，2003．

[20] 王长征．消费者行为学．武汉：武汉大学出版社，2003．

[21] 陈月明．文化广告学．北京：国际文化出版公司，2002．

[22] 樊志育著．世界广告史话．北京：中国友谊出版公司，1998．

[23] 现代广告杂志社．中国广告业二十——统计资料汇编．北京：中国统计出版社，2000．

[24] 中国广告猛进史（1979-2003）．北京：华夏出版社，2004．

[25] 余虹，邓正强．中国当代广告史．长沙：湖南科技出版社，1999．

[26] 陈培爱．中外广告史．北京：中国物价出版社，2001．

[27] [美]朱丽安·西沃卡著．美国广告200经典范例．周向民，田力男译．北京：光明日报出版社，2001．

[28] [美]大卫·奥格威．一个广告人的自白．北京：中国物价出版社，2003．

[29] [英]戴夫·桑德斯著，20世纪广告．何盼等译．北京：中国青年出版社，2002．

[30] [美]托马斯.C.奥吉恩，克里斯.T.艾伦，理查德.J.塞梅尼克著．广告学．程坪，张树庭译．北京：机械工业出版社，2002．

[31] 范鲁彬．中国广告25年．北京：中国大百科全书出版社，2004．

[32] 樊志育．世界广告史话．北京：中国友谊出版公司，1998．

[33] 赵琛. 中国近代广告文化. 长春：吉林科技出版社，2001.

[34] 余明阳，陈先红. 广告策划创意学. 上海：复旦大学出版社，1999.

[35] 何佳讯. 现代广告案例、理论与评析. 上海：复旦大学出版社，1998.

[36] 马谋超. 广告心理. 北京：中国物价出版社，1997.

[37] 陈培爱. 如何成为杰出的广告文案撰稿人. 厦门：厦门大学出版社，1995.

[38] 余小梅. 广告心理导论. 北京：北京广播学院出版社，1997.

[39] 舒咏平. 广告创意思维. 合肥：安徽人民出版社，2004.

[40] 余明阳，陈先红. 广告策划创意学. 上海：复旦大学出版社，2003.

[41] 丁邦清，程宇宁. 广告创意——从抽象到具象的形象思维. 长沙：中南大学出版社，2003

[42] 饶德江. 广告策划. 武汉：武汉大学出版社，2002.

[43] 张金海，程明. 广告经营与管理. 北京：高等教育出版社，2006.

[44] 张金海. 广告经营学. 武汉：武汉大学出版社，2002.

[45] 纪华强. 广告战略与决策. 沈阳：东北财经大学出版社，2001.

[46] 严学军，汪涛. 广告策划与管理. 北京：高等教育出版社，2002.

[47] 匡文波. 广告策划与管理. 北京：高等教育出版社，2001.

[48] 纪宁. 媒介新动向. 沈阳：沈阳出版社，2001.

[49] 何佳讯. 广告案例教程. 上海：复旦大学出版社，2002.

[50] 刘林清. 广告监督与自律. 长沙：中南大学出版社，2003.

[51] 周茂君. 广告管理学. 武汉：武汉大学出版社，2002.

中国水利水电出版社　　万水书苑
www.waterpub.com.cn　　www.wsbookshow.com

# BOOK

**现代服务业技能人才培养培训方案及研究论文汇编**

中国高等职业技术教育研究会 组织编写

体现了"就业导向、校企合作、双证衔接"的特点

《现代服务领域技能型人才培养模式创新规划教材》丛书是由中国高等职业技术教育研究会立项的《现代服务业技能人才培养培训模式研究与实践》课题（课题编号：GZYLX2009-201021）的研究成果。

该课题与人力资源社会保障部的《技能人才职业导向式培训模式标准研究》的《现代服务业技能人才培训模式研究》子课题并题研究。形成了包括市场营销、工商企业管理、电子商务、物流管理、文秘（商务秘书方向、涉外秘书方向）、艺术设计（平面设计方向、三维动画方向）共6个专业8个方向的人才培养方案。结集成《现代服务业技能人才培养培训方案及研究论文汇编》由中国水利水电出版社正式出版。

## 市场营销专业精品教材

中国高等职业技术教育研究会科研项目优秀成果
现代服务领域技能型人才培养模式创新规划教材

- 服务营销
- 消费心理与行为
- 连锁经营
- 销售管理
- 营销策划
- 市场调研
- 电子商务与网络营销
- 渠道管理
- 市场营销技术

联系人：杨谷　　联系电话：010-82562819/20/21/22转222　　电子邮箱：yg@wsbookshow.com

# BOOK
## 电子商务专业精品教材

中国水利水电出版社
www.waterpub.com.cn

万水书苑
www.wsbookshow.com

### 免费电子教案

本社的高职及本科教材多数配有电子教案，您可以从中国水利水电出版社网站的"下载中心"（http://www.waterpub.com.cn/softdown/）或万水书苑（http://www.wsbookshow.com）下载。

咨询与服务电话：010-010-82562819/20/21/22 转 222，312，322，213。

### 免费样书寄送

如果您对本社的某一种或多种教材感兴趣，可以通过电话或邮件等方式和我们联系，我们将免费寄送。

中国高等职业技术教育研究会科研项目优秀成果
现代服务领域技能型人才培养模式创新规划教材

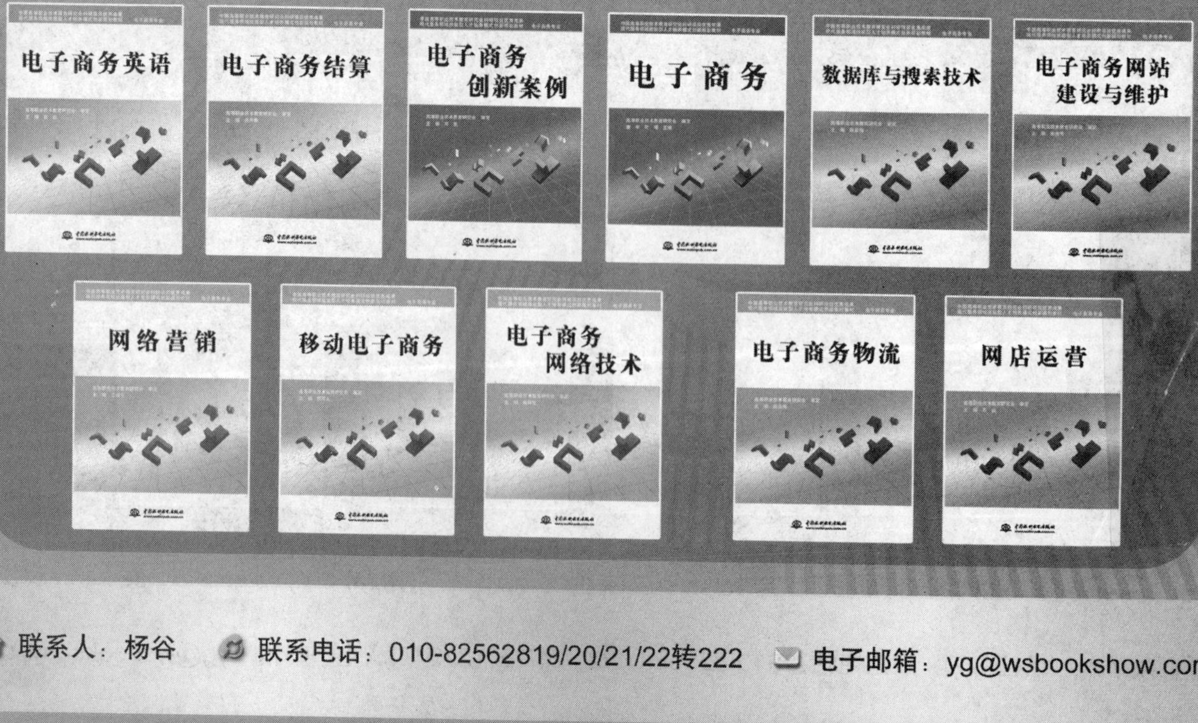

- 电子商务英语
- 电子商务结算
- 电子商务创新案例
- 电子商务
- 数据库与搜索技术
- 电子商务网站建设与维护
- 网络营销
- 移动电子商务
- 电子商务网络技术
- 电子商务物流
- 网店运营

联系人：杨谷　　联系电话：010-82562819/20/21/22转222　　电子邮箱：yg@wsbookshow.com